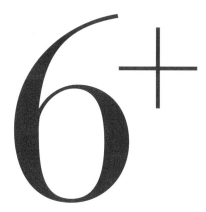

ANTWERP FASHION

LUDION

CONTENT

4

6+ ANTWERP FASHION AT THE FLEMISH PARLIAMENT

In a short period, the Flemish Parliament has built up a strong reputation for pioneering exhibitions. *6+. Antwerp Fashion at the Flemish Parliament* is the fourth major successive exhibition, following *Icons of Design in Flanders* (October 2003–March 2004), *Panamarenko at the Flemish Parliament, On Land, at Sea and in the Air* (October 2004–March 2005) and *Jan Fabre at the Flemish Parliament: Viewing Boxes and Concept Models 1977–2004* (January–June 2006).

It may not always seem obvious but, in order to introduce a piece of the outside world, a parliament needs to open its doors to external events. As representatives of the Flemish people, traditionally we have three tasks: conducting our legislative work, monitoring government and approving the budget. Where these core tasks are concerned, this Parliament has grown to become a true symbol of a self-aware Flanders. The new professionalism that prevails here is our key advantage.

For a parliament seeking to promote its distinctive character I also see a fourth role, which is that of the glass house. We are an open window on Flanders for Brussels. The many people who visit to follow us in our work are the best evidence of this. Putting ourselves more in the public eye also means seeking contact with our citizens. By bringing people and opinions together, this Parliament can work towards more democracy, towards a better democracy. Bringing people together for an exhibition can be a first step in increasing the involvement of citizens with their Flemish Parliament.

A final reason for our pride in being able to bring this exhibition to the Flemish Parliament is its focus on Antwerp fashion, on an economically important sector of modern Flanders. This catalogue is therefore also a unique document. It traces the emergence of Antwerp as a centre of fashion on the global map, alongside traditional epicentres such as Paris, London and Milan. It also reveals how the students of the Antwerp Fashion Academy – some in the spotlight and others behind the scenes – still continue to put their stamp on the international image of fashion.

I wish you great pleasure in both the exhibition and this catalogue.

Marleen Vanderpoorten
Speaker of the Flemish Parliament

5

6

FASHION, THE MAGIC MOMENT

Looking ahead. This is what we do: the fashion designers, makeup artists, graphic designers, photographers, scenographers, journalists, light and sound designers, model agencies – in short, all of us who love fashion. So, has much changed in the more than forty years since we first became involved in fashion? Not really. Back then, as now, teachers passed down rules, etiquette, a language for bodies and patterns that provide a basis and serve as guidelines for a course of study. They, too, were concerned about us expressing ourselves, our individualities and personalities, and they stimulated us to be trendsetters instead of followers of a system. Systems change. Assignments and commissions are amended and techniques modernized. The tradition of the dressmaker/tailor, however, remains. Designers give direction, surprise us or set us on false paths, but most of all they give the energy we need in order to take fashion further. The man or woman who works with the fabric, reinvents the pattern or refines and improves the silhouette, forms the basis and the incentive for the magical moments of fashion. These are the moments that ensure this is going to be the ultimate fashion, this is the unique designer who is going to surprise us in the future and that our designers are going to conquer America, Asia, Russia, the Middle East; that they will reach new horizons, expand our industries and give sustenance to our institutes and museums.

There are moments that are precious to me: the 1968 upheavals, the years of the Wolstraat and the Muze in Antwerp, the 1970s and the shows in Paris, the 1980s and the Golden Spindle competitions, the great breakthrough of fashion from Antwerp in the 1990s. But fashion and creativity are also a phenomenon of action and reaction, the response to social or artistic revolutions, to political events, to 9/11. The important moments such as these are what we have tried to record here, in the form of a book and an exhibition. In the last forty years, here in Antwerp, Flanders, a new history of fashion has been written. And we are proud of it.

The Flemish Parliament has invited the Fashion Museum Province of Antwerp to interpret this captivating history in an exhibition and accompanying catalogue. I wish to extend my heartfelt thanks to the Flemish Parliament and its speaker, Ms Marleen Vanderpoorten, for their confidence and their generosity.

Fashion is a dream. Let's keep it a dream!

Linda Loppa
Director of the Fashion Museum Province of Antwerp

Dries Van Noten, autumn–winter 1997–1998

EYES, MASKS AND MASQUERADE

The cover of this book shows an image from the Antwerp designer Ann Demeulemeester in 1989. It was chosen by the curators as both the cover and the poster image for the exhibition because, they felt, it represents the nature of Antwerp fashion – not about stars, or glamour, but with a sense of understatement. Indeed, the quiet ambiguity of the image is redolent with possibilities. The model is a mystery. Though she's blindfolded, she doesn't look powerless. Her mouth is mobile, her hands are eloquent, her stance alert. She wears a black blindfold, which might be part of a game. Or maybe she's only pretending to be blindfolded. Blindfolds are also worn by people about to be executed, but she doesn't look like that: her arms are unbound and she adjusts the blindfold herself, so she's no prisoner. In fact, the blindfold looks more like a Zorro mask, and the white shirt is like a pirate's. Perhaps she's a buccaneer, like the female pirates of the eighteenth century who sailed incognito, disguised as men. Her eyes are covered, deprived of the power of the look. But the blindfold is also a kind of mask and, if the look is powerful, so too is the masquerade – maybe more so. In 1929, the psychoanalyst Joan Rivière wrote, in an oft-quoted passage:
'Womanliness… [can] be assumed and worn as a mask… The reader may now ask how I define womanliness or where I draw the line between genuine womanliness and the 'masquerade'. My suggestion is not, however, that there is any such difference; whether radical or superficial, they are the same thing'.[1]

In the 1980s, this theory of masquerade gave a new generation of women a metaphor for the way that femininity can be enacted on and through the surfaces of bodies. It suggested that femininity was not so much a matter of biological destiny as of cultural play, and display. Makeup, gesture and fashion are all part of the masquerade, which can dissimulate, feint, fake, enact, become. 'A mask is not primarily what it represents but what it transforms'[2], observed the anthropologist Claude Lévi-Strauss. The woman who voluntarily puts on the mask takes control of the image. She is in charge of the representation, the masquerade of femininity.

The image for Walter Van Beirendonck's W.&L.T. (Wild & Lethal Trash) summer collection from 1992 shows a masked woman, too, with the difference that her eyes are uncovered and she can see: the mask consists of cosmetics, not cloth, like a new layer of skin. Reminiscent of the 'replicant' (android) Priss in Ridley Scott's film *Blade Runner*, who sprays a single band of makeup across her white face at eye level, the model's black eye makeup and red lipstick by Inge Grognard have been extruded into two horizontal bands that stretch across her face and wrap around her head. The effect is warrior-like. Makeup becomes a form of estrangement, disrupting the familiar association of red with lips, black with eyes: Similarly, in the early 1980s, models for Comme des Garçons wore makeup that had 'slipped' down the face: a slick of red lipstick on the chin, a smudge of black eye shadow like a bruise on the cheekbone. In 1975, describing a brief vogue in the late 1960s for red eyes and black lips, the writer Angela Carter argued that this artificial reversal of the so-called 'natural' order revealed the hidden truth of red lipstick – that it is a 'wound in the face'.[3] For Carter, such makeup was an act of transgression, exposing the covert meanings that lurk below the surface of more conventional makeup.

9

1. Rivière, J. 'Womanliness as a Masquerade' first published in *The International Journal of Psycho-Analysis*, 10 [1929] reprinted in Burgin, V. et al. eds. *Formations of Fantasy*, Methuen, London and New York, 1986.

2. Lévi-Strauss, C. *The Way of the Masks*, trans. Sylvia Modleski, University of Washington Press, 1982, p.144.
3. Carter, A. *Nothing Sacred: Selected Writings*. Virago, London, 1982, p.98–99.

10

The photograph for Dries Van Noten's autumn–winter collection 1997–1998 shows a model whose face looks as if it has been scraped painfully across a rough surface, leaving long scratches along her cheekbone instead of blusher and eye shadow. Both images disrupt the idea that cosmetics enhance women's natural beauty and foreground its artifice. When the makeup is done – as here – by an avant-garde makeup artist like Inge Grognard, contrivance comes to the fore. From behind the scenes, the invisible puppet mistress manipulates the masquerade. A woman in these images can become a pirate, a warrior, the walking wounded: all of these things are possible, yet none of them is a fixed reality. Endlessly played out on the surface, there is no 'authentic' gender behind the masquerade of womanliness. There are just limitless façades on which to enact the drama of femininity as a form of choreographed deception. The same idea underpinned the work of the Surrealist artist Claude Cahun who, from 1919 onwards, consciously rejected conventional femininity and shaved her head, sometimes dying the resulting stubble pink or green, before photographing herself in different guises and settings: variously male, female and doll-like, in elaborately staged scenarios. Cahun, too, understood the made-up face as a mask with no essential self beneath. In one collage she superimposed image after image of

her own face, writing down the side: 'Under the mask, another mask. I'll never stop taking off these masks.'

In the image for the A.F. Vandevorst autumn–winter collection 2002–2003, the model's makeup, also by Inge Grognard, is clown-like – slightly sinister. Her face echoes that of Jack Nicholson as The Joker in *Batman*, and is a pre-echo of the clown photographs that Cindy Sherman, that mistress of disguise, first shot for *British Vogue* in June 2003.[4] Grognard's imagery pre-dates Sherman's by a year, but it also draws on the sinister potential of the clown whose white face is bloodless, whose painted smile is a rictus. Sherman, who started making her clown images after 9/11 – which occurred in the middle of New York fashion week – exploited the dark and disturbing imagery of the clown to make the Ronald McDonald-like face both threatening and morose. Grognard's image is more ambiguous, caught somewhere between menace and jauntiness. The model's eyes are in deep shade beneath the peak of her cap, which is tantalizing, because the set of her cap, the angle of her head, suggest a frank and speculative gaze, but the observer cannot quite see it. She has a 'gamine' kind of femininity: her long hair makes a contrast with her bare skin, at once girlish and masculine with its faint evocation of a hairy chest. She could be a tomboy, a buccaneer, a shapeshifter or a trickster. Or maybe the makeup artist is the trickster?

Grognard's makeup for the Martin Margiela photograph for the autumn–winter collection 1996–1997 resembles another Cindy Sherman: the picture where she wears a 1980s, black, executive suit with a mass of dishevelled, blonde hair obscuring her face and her hands angrily clenched at her side, as if powerfully to refuse the masquerade.[5] Grognard's image, however, inspired by the shadow cast by a hat on the face, is more nuanced and ambiguous. The makeup suggests both a shadow and a veil that covers the top half of this half-black, half-white face with its red, red lips. But the veil is painted: like that of Walter Van Beirendonck, it is skin – not cloth. The ambiguity recalls Elsa Schiaparelli's 1930s, black-suede gloves with red snakeskin nails appliquéd onto the fingertips. Always the play of meaning is on the surface of the body. Skin, fabric, makeup, colour

4. These images were later produced as independent art works; see, for example, Cindy Sherman, Untitled #144 (pink wig, turquoise bomber jacket), 2003.
5. Cindy Sherman, Untitled #122 (Black suit), 1983.

meanings onto it. For, as Judith Williamson has observed in her article on Cindy Sherman, how one is treated on any particular occasion depends on the wardrobe choices one has made first thing in the morning.[6]

The author Andrea Stuart has described the early 20th-century showgirl as the epitome of the modern woman, whose daily makeup routine was a way of performing herself into being. Far from being the passive object of the male gaze, Stuart writes, the showgirl manufactures her own image. The mirror in which she puts on her stage make-up is 'a tool of self-realization, a space where a woman becomes a spectacle to herself, where she discovers and reinvents herself, where she quite literally makes herself up'.[7] All women can do this; but models do it professionally, for they are paid to be chameleons. As Mary-Ann Doane observes: 'The masquerade, in flaunting femininity, holds it at a distance.'[8] And, to a subject in process, sweet girlishness is the best disguise of all.

constitute invisibly thin layers like the colour washes of a Venetian oil painting. Here, the eyes just show: half screened by the tumbling hair, mysterious and seductive, like the veil itself. The image suggests a contradiction. On the one hand, there are the eyes, supposedly the windows to the soul, which give access to the 'truth' of the self. On the other hand, the masquerade, with its emphasis on surface, layering and play, suggests that the truth of the self resides in illusion, and that deep meaning is found only on the surface.

Grognard's makeup for the photograph for Dirk Van Saene from the summer collection of 1998 is different from her usual style – on the face of it. Framed by a circular sweep of some mud-coloured substance, the model's natural-looking face is girlish, sweet and unadorned, with just maybe a bit of mascara, a slick of lip-gloss, the eyebrows slightly tweezed, perhaps. But this face is a mask, too. The masquerade of femininity runs deeper than make-up, recalling Cahun's credo 'under this mask, another mask'. Perhaps the model has many masks and many faces, as suggested by the tangle of matted, blonde hair on her left side. Perhaps she will wear another face tomorrow, moving through sweetly girlish to vampish and predatory. Or maybe that's what we project onto her: she just puts on the mask and, hey presto, like magic we project the

6. Williamson, J. *Consuming Passions*, Marion Boyars, 1984, p.152.
7. Stuart, A. *Showgirls*, Cape, London, 1996, p.71–72.
8. Doane, M-A. 'Film and the Masquerade: Theorising the Female Spectator', *Screen*, vol.23, no.3–4, Sept–Oct 1982, p.81.

14

1663
1982

Antwerpse mode-klas op verkenning

Jo Wyckmans : expeditie doorheen de Londense mode-wereld

Jo Wyckmans : «Londense mode uitdagend»   (Ms)

« IK HOU NIET van de Londense modecreaties, maar er zitten wel ideeën in die tot iets kunnen uitgroeien ». Aldus de mening van Jo Wyckmans, een van de vijftien studenten van de Antwerpse Academie, die onder leiding van de professoren mevr. M. Prijot en de h. P. Serneels, een studiereis ondernamen naar de Britse hoofdstad. Vermits het hier de klas voor mode en kostuum betrof, ging de aandacht in de eerste plaats uit naar de jongste modecreaties, het kostuumatelier van de Royal Opera, de winkelstraten, en werden de bezoeken aan de historische gebouwen en musea tot een minimum herleid.

Voor Jo Wyckmans was de kennismaking met Londen een verrassing en anderzijds ook een ontgoocheling.

— De stad heeft op mij meer indruk gemaakt dan Parijs, maar voor wat de mode betreft blijft Parijs het centrum. Een eerste duidelijk verschil is het volgende : De Parijse mode richt zich tot de hoge wereld ; de Londense meer tot een lagere klasse. Het zijn trouwens uitsluitend de jonge meisjes die te Londen de moderichtlijnen volgen. Voor hen is het vooral een reactie tegen het conservatieve.

Het wordt een «demonstratie» die naar het ordinaire verglijdt, veel aandacht schenkt aan sex, en slechts nu en dan plezierig is. Met hun korte rokken - zij doen aan twintig centimeter boven de knie - en hun wit geschminkte gezichten, kan men nog moeilijk gewagen van vrouwelijke charme. Het zijn jongemensen die er dikwijls uitgeleefd uitzien. De groep die dit volgt is zestien tot twintig jaar oud. Zij werken om kleding en platen te kunnen kopen. Hiermee schijnt hun wereldbeeld af te zijn.

— Voor de herenmode blijft Londen de top voor wat het klassieke aangaat. De zakenman met de bolhoed houdt er trouwens stand. Daarnaast streeft men er in de herenmode eveneens naar een reactie op het conservatieve. Men tracht aanpassingen te vinden op de militaire uniformen van 1800. De Londense mode wordt dus gekenmerkt door het ontnuchterende, het te opzichtige, en bereikt niet het gedistingeerde.

Zij wordt dan ook niet door de elite aanvaard. Dit wil niet zeggen dat er te Londen geen ideeën te vinden zijn. Die zijn er veelvuldig, maar zij worden niet voldoende uitgewerkt.

— Te Londen ontstaan de ideeën, maar Parijs heeft de soepelheid om ze tot iets moois uit te werken. Dit verschijnsel is trouwens ook in de etalagekunst te zien. Er worden heel wat inspanningen gedaan, maar men heeft altijd de indruk dat ze niet helemaal af zijn. Toch is het best mogelijk dat wat men nu te Londen ziet, het begin is van iets groots. De stoot wordt immers gegeven door jonge mensen die iets durven. De huidige mode wordt er bepaald door enkele jonge ontwerpsters, van 22 tot 28 jaar, die pas hun studies voltooid hebben. En zij vinden er een massale navolging, wat bij ons zelfs niet mogelijk zou zijn. Dat komt door de grootstadsfeer, waar men zich vrijer voelt.

Jo Wyckmans houdt van het modevak, maar blijft zeer nuchter tegenover alle nieuwigheden.

— Bij mode mag men nooit vergeten dat het om zeer vergankelijke stijlen gaat. Een bepaalde mode heeft slechts één seizoen tot doel. Op-art in de mode veroverde binnen enkele weken de ganse wereld, maar het seizoen is nog niet ten einde, en we zijn er al op uitgekeken.

De bijzonderste verrassing van de reis was de kennismaking met de Britse industriële vormgeving.

— Op dit gebied is Londen toonaangevend. Men vindt er nog enkel heel oude of hypermoderne winkelinrichtingen, en die moderne zijn zeer mooi. Niet dat halfslachtige dat bij ons nog altijd als uiterste geldt. Het is dus wel duidelijk dat er te Londen iets aan het broeien is dat nu een eerste uitbarsting kent ; nog niet in verfijnde normen werd geleid, maar zeer spoedig een invloed kan hebben op de ganse wereld. Er gebeurt wat. Iedereen die er bij het modevak betrokken is, voelt dat aan en dat wordt een niet te onderschatten stuwkracht.

Nog enkele trefpunten : de beleefdheid van de Londenaars ; hun discipline bij het wachten op de bus ; hun fantastisch georganiseerde musea ; hun verzameling historische kledingstukken en stijlinterieurs ; hun rijke verzameling oude Vlaamse wandtapijten.

Het laatste modesnufje van Londen : een mengeling van veel zwakke pastelkleuren waarin een hevig contrasterende kleur.

Jo Wyckmans twijfelt er niet aan dat er ook in ons land kansen zijn in het modevak. Het bewijs is er trouwens. Hij blijft zich nog één jaar specialiseren aan de Antwerpse Academie, maar tevens is hij reeds in dienst als ontwerper voor een Belgische confectiezaak, gespecialiseerd in regenmantels. Zijn doel : «Een goede Belgische mode in de confectie opbouwen». Dat is alvast een vijfjarenplan.

Piet Sterckx

De Nieuwe Gazet, May 13, 1966

JO WIJCKMANS: EXPEDITION THROUGH THE LONDON FASHION WORLD

Students from the Antwerp Academy take a field trip to London, led by Mary Prijot.
Jo Wijckmans (student): 'I don't like London fashion, but there are ideas in it that could grow into something.' [...]
'[London fashion] becomes a "demonstration" that slips into the ordinary, puts a lot of focus on sex. [...] Still, it is very possible that what you now see in London is the start of something big. That first leap is always made by young people who dare to do something.'

16

1663
– Founding of the Royal Academy of Fine Arts in Antwerp by David Teniers the Younger.

1953
– Pierre Cardin establishes a fashion house in Paris.

1954
– Vidal Sassoon opens a hairdressing salon in London.

JOURNAL DE LA VIE ANVERSOISE

Des étudiants de l'Académie à Londres

Un groupe d'étudiants de l'Institut National Supérieur des Beaux-Arts s'est rendu du 29 avril au 7 mai dernier à Lon-

Faisant tous partie de la section «mode-costume de théâtre» ces 13 étudiants ont, à l'occasion de cette visite à la capitale

Le groupe d'élèves après le voyage à Londres, encadrés de leurs professeurs.

dres sous la conduite de Mmes Mary Pijot et M. Mertens ainsi que de M. Piet Serneels pour y effectuer un coyage d'étude.

Jusqu'au dimanche 15 mai, samedi et dimanche compris, 9 - 19 h., exposition «L'Art Britannique dans les collections privées belges», dans la grande salle des guichets de la SOCIETE GENERALE DE BANQUE – anc. BANQUE D'ANVERS Meir 48, Anvers.

3343 A

britannique, pu faire plus ample connaissance ou entrer en contact avec des écoles et instituts où se pratique le noble art de la création de mode.

La «School of Fashion Design» du Royal College of Art, le «London College of Faschion» les ateliers de costumes de Covent Garden, etc... les accueillirent également. Ainsi ces jeunes filles et jeunes gens, dont l'âge moyen se situe aux environs de 20 ans, surent découvrir au cours de leurs nombreuses visites les éléments qui, sans doute adaptés à nos normes conti-

nentales, leur permettront d'inspirer leur sens créatifs et il est sûr que cet afflux d'idées portera ses fruits.

D'ailleurs, lors d'une conférence de presse tenue à l'Académie, professeurs et étudiants ont au cours d'une conversation à bâtons rompus avec la presse, fait part de leurs impressions de cette semaine britannique dont ils sont enchantés, et qui permettra, espérons-le, aux étudiants de finir de fort brillante façon leur dernière année de spécialisation.

J.

17

Le Matin, May 12, 1966

STUDENTS FROM THE ACADEMY IN LONDEN

1955
– Mary Quant opens her first store in London.

1961
– Courrèges and Yves Saint Laurent fashion houses open in Paris.

MODE ONTWERPEN MET ZESDE ZINTUIG

Linda Loppa uit Berchem (Antwerpen) doorsnuffelt buitenlandse modetijdschriften, keurt splinternieuwe stoffen en werpt kritische kennersblikken naar collecties van Dior, Yves St.-Laurent en Valentino. Linda Loppa is modeontwerpster. Ze tekent slanke, elegante figuurtjes met kilometerslange benen, gehuld in soepel vloeiende mantels.

— Eerst wilde ik architecte worden en volgde daarom de lessen aan de academie te Antwerpen. Al spoedig verloor ik mijn hart aan de mode. Na de oriëntatie-afdeling werd me dan ook van naald tot draad uitgelegd wat kostuumgeschiedenis en snit en naad is. Ook tekenen stond op het programma, eerst naar de natuur en later de karikaturale, uitgerekte modefiguurtjes.

Tweemaal per jaar sjouwt Linda haar tekentafel naar de woonkamer. Telkens ze vijf minuten tijd heeft, tekent ze haar ontwerpen op. De inspiratie komt soms op de meest onverwachte momenten. Een goed ontwerp wordt echter niet tussen de soep en de aardappelen gemaakt, maar vraagt veel voorbereiding.

— Het volstaat niet een mode tekening te maken. Je moet ook de stof, knopen, kousen en bijpassende halsdoeken kiezen. Vanmorgen ben ik nog naar een weverij geweest om een stof te laten weven met de juiste kleurschakeringen.

MODEBRON

Of België toekomstmogelijkheden biedt aan modeontwerpsters ?
— Ik werk voor een confectiebedrijf, maar je kunt natuurlijk ook zelfstandig werken. Ik heb veel geluk gehad want mijn werkgevers laten me volledig vrij in het ontwerpen van mijn collectie. Ik reis ook veel naar het buitenland om daar belangrijke modehuizen te bezoeken.

Dat is noodzakelijk omdat Antwerpen niet aan de bron van de mode ligt: Parijs. Als je zelfstandig werkt kun je hier in België nooit genoeg verdienen om die reizen te ondernemen. Nu en dan kun je een collectie verkopen aan een modehuis of kleine ontwerpers voor een film, doch dit zijn uitzonderingen.

wisten we een jaar geleden al dat in 1972 de wind waait van uit de zeehoek met de marinebode.
— In september, oktober en november tekenen we de wintermode voor anderhalf jaar later. Een collectie bestaat uit 60 tot 70 ontwerpen die in december, januari en februari op tolle worden gezet. Dan kan het nog gebeuren dat het afgewerkte kleed heel verschillend is van het geschetste.

KAAS OP JE BROOD VERDIENEN

— Het einde voor een modeontwerpster is natuurlijk het tekenen van haute couture. Om daar echter de kaas op je brood mee te verdienen moet je uitwijken naar Parijs of Rome.

Het ontwerpen van klaar-om-te-dragen kleding is echter even boeiend en zelfs moeilijker. Bij haute couture maak je een

droomkleed voor een vrouw met een ideaal figuur. Je kan dan je creativiteit botvieren op een uniek model, dat dan ook ongeveer 50.000 fr. zal kosten. Bij pasklare kleding moet je voor ogen houden dat je zowel dikke als magere, lange als kleine mensen kleedt.

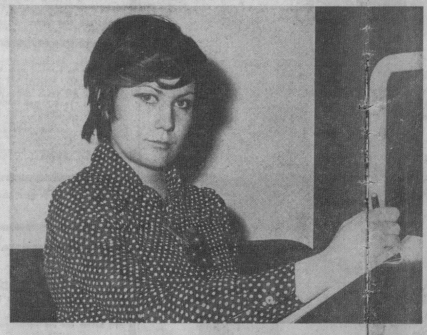

Je hoeft geen helderziende te zijn om de mode anderhalf jaar op voorhand te kennen. Vraag het recept maar aan Linda

Opmerkelijk is wel, dat er meer mannen dit beroep uitoefenen.

SPEURDERSNEUS

Een modeontwerpster moet niet alleen creatief en handig zijn maar eveneens beschikken over een speurdersneus. Ze gaat op ontdekkingstocht naar buitenlandse modemarkten. Daar treedt een zesde zintuig in actie dat haar verklapt, wat de modetiran 16 maanden later zal voorschrijven.
— Je moet het kaf van het koren kunnen scheiden en over een « feeling » beschikken. Zo

Modetijdschriften zijn documentatie voor Linda. Ze geven het tijdsbeeld weer, nu vooral gekenmerkt door de mode van 1930 : vuurrode lippen, blozende wangen en opgestoken haar.
— Belangrijk is dat je een onderscheid maakt tussen het extravagante en het ongeweekse. De actieve vrouw heeft vooral praktische kleren nodig. Daarom boeit de vrouw in de straat me zo : ik let nauwkeurig op welke mantels worden gedragen, welke handtassen en schoenen. Kleren maken immers ...

FREDDA JORIS

mondjesmaat

● De eeuwig dynamische G...
bert Bécaud heeft zop...
naar zo goed als jaarlijkse
traditie, zijn Olympia-sh...
'72 in de zwarte groeven g...
legd. Opvallend veel oude z...
pers in dit live-opgenom...
spektakel. Heel oude ze...
want « Les croix » was e...
eerstelling van Bécauds u...
uitputtelijke inspiratie. V...
der de herneming van...
geestige « Les tantes Jea...
nes », van « Me que me que...
« Les marchés de Provence...
« La ballade des baladins...
« Liberaçao » is daarentee...
een van zijn jongste muzik...
geesteskinderen. Het ho...
heeft niet herhaald dat sho...
rat Bécaud slechts ... on...
derlijk vakwerk aflevert...
zowel muzikaal als naar...

Jong

Elke dinsdag, woensdag, donderdag en vrijdag

« HARVEST » VAN NEIL YOUNG

RIJKE OOGST

Achttien maanden ongeveer hebben de popscharen op Neil Youngs vierde solo-lp moeten wachten. Misschien zit de rugkwaal waar deze jonge begifgde muzikant door geplaagd wordt er wel voor een of ander tussen. Wie zal het zeggen? De sombere gelaatstrekken van Young op foto's werden door inders wel eens door de voortdurende pijnscheuten die dit begaafde ex-Buffalo Springfield lid telsteren, uitgelegd. En ook de onbestemde triestheid in Youngs liederen zou hierin zijn verklaring vinden. Maar nu komt de man pas zelf te zeggen, dat hij helemaal geen koukleum en dat hij zijn muzikale schepselen helemaal niet zo hartelijk vindt, als algemeen wordt uitgelegd. En die lange wachttijd zou enkel te verklaren zijn door technische moeilijkheden. (in Engeland moesten inderdaad een hele hoop lp's ingetrokken worden, omdat er ruis op zat) en onenigheid over het hoesontwerp. Nou bed, «Harvest» ligt er en on-

klopt (evenals trouwens John Harris die er piano in speelt en hier op het nummer «Harvest» meepingelt) Timm Drummond (bas), Jack Nitzche (slide en piano) en de uitstekende Ben Keith (steel guitar).

KLAAGMUUR

Van «A Man Needs a Maid» kijk je wel even op. Neil zingt, alsof hij voor de klaagmuur van Jeruzalem staat en dan loodzwaar en als een hond in een kegelspel komt het London Symphony Orchestra binnen gedonderd, klokkenspel en zware aanslagen op de vleugel inbegrepen Jack Nitzche, wiens arrangeurkunst overigens buiten kijf staat, is hier verantwoordelijk voor. Gelukkig maakt Neil het vlak hierop weer allemaal goed met «Heart of Gold», een topper waar ook James Taylors stem werd voor ingehuurd. Tevergeefs, aldus Young, heb ik stad en land afgezocht naar dat peperkoeken hart en intussen word ik toch maar steeds een dagje ouder. Te mooi.

Source unknown, 1972

FASHION DESIGN WITH A SIXTH SENSE

Interview with Linda Loppa, in which it seems that young designers do not see Belgium as a country with many possibilities for the future. If you want to survive financially as a designer, you need to move to Paris or Rome.

Antwerp Academy, fashion department, 4th year 1971 (student unknown)

19

1965
– Mary Quant opens a store on Nieuwe Gaanderij in Antwerp.
– Founding of Benetton.
– Mondriaan collection presented by Yves Saint Laurent.

– *Dim Dam Dom*: launch of the remarkable style programme on French television, legendary for its interviews with great French designers such as Coco Chanel.

1966
– Paco Rabanne, known for his futuristic, metallic dresses, inaugurates a fashion house in Paris.

De Post, January 16, 1972

WOMEN WANT
TO BE SEDUCTIVE

From a review of a fashion show and
happening by designer Ann Salens.

An Saelens [*sic*]: 'The classic fashion
show is kitsch. It spoils women,
reduces them to the level of the
impersonal, the applied norm, the
bloodless.'
An Saelens [*sic*] does not approach
her profession from a commercial perspective. She is less interested in gross
turnover than in generating creations
that express her intuition as faithfully
as possible.

20

– The first tuxedo for women by Yves Saint
Laurent and launch of the YSL Rive Gauche
prêt-à-porter line.

AN SAELENS:

DE VROUW WIL VERLEIDEN

„In de grond ben ik agressief. Ik geloof dat elke vrouw het is. Mijn shows zijn het ook; ik wil shows die totaal vrij zijn."

An Saelens: jong, donker kortgeknipt haar, scherpe trekken, boeiende hese stem, een blik die nog duidelijker spreekt dan haar woorden. Geboren te Oostende, opgegroeid in Limburg, sinds tien jaar in Antwerpen gevestigd. Wie poorter is in deze stad kan nergens anders poorter zijn. Maar ze verkoopt ook in Parijs, Düsseldorf en Amsterdam.

Haar boetiek vind je in de Wolstraat, ergens in het oude stadsgedeelte waar de nieuwe stijl echt wel een nieuwe lente geschapen heeft. Ze rookt zware Michel en vertelt, zonder pose, soms hortend, altijd autenthiek, over haar werk. Ze schijnt formules te wantrouwen, de gemeenplaats, het pasklare antwoord. Liever lacht ze in een soort zelfironie dan er zich met een elegante uitdrukking van af te maken.

21

Het gesprek komt voorzichtig op gang, tot de grens van de banale uitwisseling voorbij is, tot het subjectief, contact wordt.

Enkele meisjes die nauw bij haar werk betrokken zijn, zitten er nonchalant bij. Het pakje sigaretten gaat heen en weer. Er komt een klant binnen, kiest, past.

„Inspiratie?" zegt An, „Ik weet het niet. Dit blauw hier kan me inspireren. Rommel. Een stuk stof. Het figuur, de persoonlijkheid van een vrouw. De jurkjes van mijn shows zijn gemaakt voor de grietjes die ze tonen."

Die shows van An Saelens zijn iets aparts, en ze weet het. Ze zijn gegroeid uit een behoefte aan wat ze zelf omschrijft als agressiviteit: „De klassieke modeshow is kitsch, verknoeit de vrouw, haalt haar naar beneden tot het niveau van het onpersoonlijke, de opgelegde norm, het bloedloze. Het is gewoon een aanslag." An be-

doelt een reactie te zijn. Ze rebelleert tegen het vastgestelde patroon dat men wil opdringen. „Ook een vrouw moet vrij zijn. Gewoon zichzelf."

„Vrij van wat?"

„Nou, van de complexen die je worden ingegoten. Bestaande normen. Laat een vrouw zich prettig voelen in haar vel."

De modellen en de shows liegen er niet om: ze voeren een regelrechte aanval uit tegen het traditionele vrouwentype. Als dusdanig betekenen ze veel meer dan een decoratief probleem. Ze rekenen af met de passieve receptieve aard die oudergewoonte aan de vrouwelijke natuur wordt toegeschreven. De „grietjes" van An Saelens zijn onafhankelijk, energiek, zelfbewust. Haar mannequins komen niet uit het beroep: ze kiest hen omwille van hun drang naar vrijheid die uit hun voorkomen en temperament moet blijken. Die drang beschouwt An niet

als het aanvoelen van een momenteel nog aanwezige onvrijheid; ze zijn er over heen, zegt ze, ze hebben zichzelf reeds veroverd.

Je moet al erg belabberd zijn als je het verband tussen de shows en de erotiek niet kan merken. Het is er de „grietjes" niet alleen maar om te doen een mooi jurkje te tonen; ze komen een ritueel opvoeren waarin de erotische vitaliteit van de vrouw nogal duidelijk centraal staat. In een laaiende dans van licht, kleuren, beweging en lichamen wordt een vrouwelijkheid beleefd die wild is, teder, meeslepend, agressief inderdaad.

„Ik geloof dat de vrouw wil verleiden", zegt An Saelens. „Dat zij het initiatief tot het erotische spel wil nemen. De man wenst verleid te worden."

Ongeveer vijf jaar is ze met die shows bezig: het zullen er nu al wel twintig zijn.

Hoe reageert het publiek op

zo'n spektakel dat in wezen enkele muurvaste zekerheden omver werpt?

„De eerste keer hadden wij het nogal lief en vriendelijk opgevat. Pas daarna is de lijn duidelijk geworden. Wel, aanvankelijk zijn de mensen nogal verrast; ze weten niet goed hoe ze het allemaal moeten opvatten. Ik geef toe dat het een beetje vreemd kan lijken, ja. Er moet nog zoveel veranderen in de mentaliteit. Misschien heeft de vrijheid iets afschrikwekkends als je er de eerste keer mee in aanraking komt."

Nooit wordt twee keer dezelfde show opgevoerd. Er is geen strakke regie. Het contact moet het doen, het vermogen van de ploeg om elkaar aan te voelen.

In feite benadert An Saelens het vak niet vanuit een commercieel standpunt Ze interesseert zich minder voor een massale omzet dan voor het tot stand brengen van een creatie die zo nauwkeurig mogelijk haar intuïtie uitdrukt. Het succes dat zich toch sinds enige tijd begint af te tekenen verrast haar wel een beetje.

„Aan welke dingen heb je een hekel, An?"

„Koude mensen, onverschilligheid. Gewoonte. Middelmatigheid."

Ze steekt een sigaret op en denkt even na over haar antwoord.

„Koude mensen", zegt ze, „kunnen ook boeiend zijn. Als de intensiteit van hun kilte maar groot genoeg is. Ik verafschuw wat halfslachtig is."

„Waar hou je van?"

„Uitersten. Verandering. Spanning. Beat. Kleuren. Alle kleuren.

„Wat vrees je het meest?"

„De dood. Eigenlijk meer de aftakeling dan de dood. Het leven dat stolt, iets vreselijks. Maar ik verwacht het niet, ik kan me niet realiseren dat het mij zal overkomen. Het is onwezenlijk. Ik doe wat ik wil, ik leef met wie ik wil. Leven is zo intens."

1968
– Halston sets up a prêt-à-porter line and
fashion house in New York.
– Couture-Future, a luxury prêt-à-porter line,
created by André Courrèges.

– Stanley Kubrick: *2001: A Space Odyssey*.
– May: student protests in Paris and other
European cities.

Verblindende show in de Antwerpse Akad

MODE IS

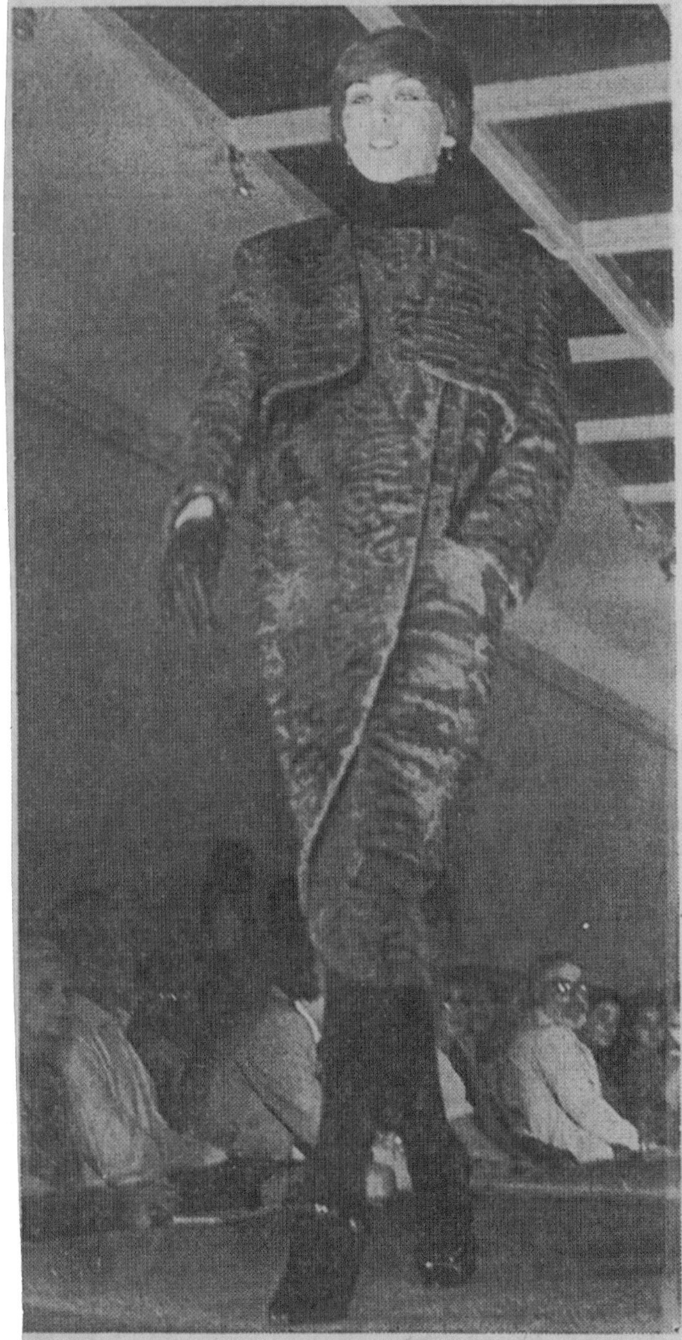

Daniëlle Sanderichin (18) uit Berchem won de grote Swakarprijskamp met het ontwerp van deze bontjas met afneembare spencer.

(Van onze redaktrice)

Weelderig gekrullebaarde, humanitair ingestelde politieagenten die gemoedelijk de orde handhaven tussen het publiek van een modeshow, ja dat zie je toevallig ook nog eens een keer. In de Blindenstraat te Antwerpen namelijk, waar de lokalen van de politie verscholen zitten tussen de diverse gebouwen van de Akademie. En het vrolijke, hippe kunstenaarsvolk schijnt een zeer goede invloed uit te oefenen op zijn gestrenge buren. Dat ondervonden we tijdens de moeizame zoektocht naar een geoorloofde parkeerplaats op de avond van het jaarlijks defilé.

Het is voor niemand een geheim dat er een krisis heerst in de textielsektor. De finalisten (dit jaar twee) die na 4 jaar studie in het mode - atelier van de Kon. Akademie voor Schone Kunsten met hun diploma op zak buitenkomen kunnen dan ook twee op het eerste gezicht zeer verschillende kanten op: kostuumontwerpen of commercieel, eigentijds mode - ontwerpen. Twee vakken waarin zowel kreativiteit als vakmanschap vereist zijn. Twee takken die we op deze modeshow overvloedig vertegenwoordigd zien. Zo kregen de leerlingen van het tweede leerjaar als opdracht: kostuums ontwerpen uit respektievelijk de Duitse Renaissance, de Barok, de Middeleeuwen, enz. De personnages, die statig over het enorme podium schreden waren zó weggelopen uit een schilderij van Holbein of van Breughel. Ook technisch betekent dat een hele prestatie want die rokken hangen zomaar niet bol, die gepijpte kragen en die pofmouwen zijn geknipt en ondersteund via een aantal geraffineerde knepen, de knepen van een vak dat al jarenlang in de vergeethoek is geraakt en dat nu opnieuw moet worden uitgekiend, uitgevoerd in moderne materialen. De ingewikkelde konstrukties van hout en riet, waarmee de originele personnages hun hoepelrokken ondersteunden, worden vervangen door het eigentijdse schuimplastiek, bijvoorbeeld.

ADEMBENEMEND

Historische en hedendaagse mode lijken elkaar soms te vervoegen: bij een paar grijze troebadoers met cape of de verblindende koningin van de nacht, in zilverlamé; een zwart, geheel gedrapeerd gewaad, de grote Balenciaga waardig; een grijs model met één ontblote schouder; een vlamrode zuil met flonkerende waaier in top; een diepblauwe koker met geplooide papyruskraag.

Toen we tijdens de pauze even achter de schermen kropen, konden we de perfekte afwerking van deze kreaties bewonderen. Zelfs de (beroeps-) mannequins, normaliter een behoorlijk blasé - ras (ze dragen immers dag - in - dag - uit kleren van de grootste couturiers), waren entoesiast. Het winnend model van de Swakara - prijskamp, gewonnen door de 18 - jarige Daniëlle Sainderichin uit Berchem, was uitgevoerd in roestbruin Zuidafrikaans lam (Breitschwanz). Dit ontwerp werd bekroond tussen 48 inzendingen: de eerste drie werden eerst door de laureaten zelf in katoen uitgevoerd, waarna de «toile» van de eerste laureaat door de

1969
– Ann Salens opens a store on Wolstraat in Antwerp. Her extravagant, brilliantly coloured, artificial silk dresses and wigs, her flamboyant lifestyle, daring fashion shows and events at unusual locations earn her the epithet 'the bird of paradise of Belgian fashion'.

1970
– Kenzo established in Paris.
– Coco Chanel dies.

mie voor Schone Kunsten

EEN KUNST

e van de Bontwerkers in
itschwanz werd vertaald.
 rechte, mouwloze over-
zjas, waarover een korte
ncer. Verder is de hele
ektie doorspikkeld met
dermodelletjes, zowel his-
sch als eigentijds. Bij de
vang van het tweede be-
f na de pauze vielen vooral

de kleurige appel- en peren-
poncho's op.

FINALISTEN

Bij de finalisten heeft Annemie Willekens haar kollektie
afgeleid van de Noordameri-
kaanse Indianenfolklore. De
squaws van Winnetou dragen
kleurige tunieken met één

mouw of wigwamcapes met
cirkelmotieven of een prachtige sobere zwarte jas met asym-
metrische sluiting op één
knoop met bengelende groene
kwast. De tweede finalist, Robert Verhelst, zocht zijn inspiratie in Egypte, waar de oker-
tinten plus een zinderend tur-
kooisgroen samen met zijn
geliefkoosde dambordruit het
leidmotief van een sobere, zeer
eigentijdse kollektie vormen.

Het oorverdovend applaus
van een zeer talrijk en entoesiast publiek gold ook de leiding
van het atelier en de stille
werkers van het eerste uur:
Mw. Prijot, Mw. Van Leemput,
Mw. Schneider en de heer
Diels.

P. S. Schietgebedje: H. Lucas,
patroon van de kunstenaars, u
gaat toch zeker niet toelaten
dat deze jongelui ooit moeten
gaan stempelen?

A. A.

Een personage uit Tartuffe van Molière.

Source unknown, 1979

FASHION IS AN ART:
A STUNNING SHOW AT THE ANTWERP
ACADEMY FOR FINE ARTS

It is no secret to anyone that the textiles industry is in crisis.
The finalists [...] from the Royal Academy for Fine Arts [...]
can consequently follow what at first seems to be one of only
two directions: costume designing or designing commercial,
contemporary fashion.

1971
– Ralph Lauren opens a Polo-RL store in
Beverly Hills.
– Bill Bowerman and Phil Knight begin Nike.
– Vivienne Westwood opens World's End on
King's Road in London.

– First Kansai Yamamoto collection presented
in London.
– Stanley Kubrick: *A Clockwork Orange*.
– George Lucas: *THX1138*.

1972
– David Bowie creates his first alter ego:
Ziggy Stardust.

Vlaams meisje ontwerpster voor Italiaanse jurkenkoning

(Van onze redaktrice)

Phara Van den Broeck (25) uit Opwijk is voor onze lezers geen onbekende. Eind juni van verleden jaar verliet ze de Koninklijke Akademie voor Schone Kunsten van Antwerpen met de grootste onderscheiding en gelukwensen van de jury. We hebben haar toen in deze krant voorgesteld naar aanleiding van een jas uit gelooide koeiedarmen, die ze voor het eindeksamen had gemaakt.

Zes maanden later ontmoeten we Phara opnieuw, ditmaal te Milaan. Ze ziet er stralend uit, want er is er in geslaagd om een plaats te veroveren bij Gianni Versace. Als styliste nog wel.

Wie is Gianni Versace? Eén Italiaan wiens naam binnenkort even beroemd zal zijn als die van Dior in 1950. De modekoning van 1980.

— Hoe ben je daar geraakt, Phara?

— Ik heb gewoon een nummer van Vogue gekocht en alle adressen van de couturiers gene*eerd. Toen ben ik naar al die mensen gaan schrijven. En bij Versace antwoordden ze dadelijk: ik kon zó beginnen.

Direkt aan de slag, stel u voor! Het wou dan ook toevallig lukken, dat ik een hele kollektie getekend had in zwart en blauw. En laat dat nu ook Versace's idee zijn geweest voor de komende winterkollektie! Het klikte meteen... (Acht dagen later kreeg ik bericht van Krizia, daar was intussen ook een plaats vrij. Maar ik zat hier goed.)

— Ik dacht dat het een echte playboy was, je ziet zijn foto vaak in mondaine bladen en Amerikaanse magazines!

— Ach ja, dat hoort er nu eenmaal bij, als je naam wilt maken. Public relations! Er moet over ons gepraat worden, we moeten de juiste mensen kennen. Maar in de grond is hij helemaal niet zo, die man leeft voor zijn werk. Dag en nacht staat hij te tekenen of is hij bezig met zijn konfektie-ateliers.

Zelf heeft Phara maar weinig tijd voor de glittersociety en de couturewereld. Ze woont buiten de stad in Milano 2 en loopt alle dagen te voet naar de via Spiga, in het centrum. Een uur, door alle weer en wind. — Niet gezond, zo de hele dag binnenzitten. Ik stap 's morgens vroeg op en kom 's avonds vaak zeer laat terug. Er wordt hard gewerkt bij Versace!

Ik begon dus als styliste, 't is fijn werken. De hele dag maar schetsen en ontwerpen. Je raakt er wel uitgeput van, soms, maar er is veel variatie. Als ik bijvoorbeeld uitgekeken ben op rokken, dan ga ik schoenen ontwerpen, of hoeden. Fantastische sfeer. Versace is een heel vriendelijk man, helemaal niet snob.

Het sukses is haar duidelijk niet naar het hoofd gestegen. Phara beseft terdege dat dit nog een leerschool is, in afwachting dat ze op eigen vleugels gaat vliegen. Maar ze heeft wel de allerbeste leerschool gevonden. Want Versace, ja, dat is een heel verhaal.

Gianni Versace

Schrijft Bernardine Morris in de New York Times: - Elke generatie kent één grote modekoning. We hebben Poiret gehad, toen kwam Chanel, toen Saint Laurent. Nu hebben we Gianni Versace ». En de 80-jarige Diane Vreeland (sommigen schatten haar véél ouder) ex-direktrice van Harper, Vogue en van het New Yorkse Museum of modern art, schrijft: - Liefste Gianni, in een jurk van jou voel ik me weer 20.. ».

Die merkwaardige jongeman (32) uit Reggio di Calabria leerde het vak in de modeboetiek van zijn moeder. In 68 krijgt hij de gelegenheid om de kollekties van Karl Kagerfeld van Parijs en van zijn landgenoot Taj Missoni te zien.

Vol entoesiasme stort hij zich op de tekentafel en ontwerpt een eigen kollektor. Dan ontmoet hij — nu bijna 10 jaar geleden — de Girombelli's, eigenaars van een konfektiebedrijf - Genny ». Hij schetst voor hen een nieuwe lijn. Het sukses is zo overtuigend, dat de Girombelli's een tweede merk lanceren : Complice.

Kort daarop doet ook aan breigoederenfabriek beroep op Versace: hier kan hij zijn kreativiteit eens op een heel andere manier ontplooien, namelijk in breiwerk, onder de label « Callaghan ».

Ten slotte vindt hij 't welletjes om steeds maar voor anderen te werken en start hij met een eigen kollektie en een unieke Versace-boetiek.

In de elegantste driehoek van Italië, namelijk het kruispunt van de via Spiga, de via San'Andrea en de via Montenapoleone, drie smalle verkeersvrije straatjes in het hart van Milaan.

In de Versace-boetiek wiegen de ijle mousseline-rokken dromerig in de (ventilator) wind, als bloemblaadjes in een zach-te zomerbries. Ach ja, in Italië hebben ze nog zomers, ieder jaar één.

Trouw aan de tradities van zijn geboorteland Calabrië heeft Gianni Versace ook zijn familie in het bedrijf betrokken. Broer Santo in Milaan, zusje Donatella (21) helpt een handje in de nog steeds bestaande winkel van Reggio.

Volgens haar is Gianni een sociaalvoelend werkgever die alle verleidingen om - star - te gaan spelen weerstaat. Zopas verscheen in Italië een echt statussymbool, de espresso-machine staat er ook nooit stil. - En 's avonds, dan werk ze een beetje voor mezelf. Maak mijn eigen kleren ».

Volgens haar is Gianni een dik en duur werk waarin een hoofdstuk aan Versace is gewijd. Wat lezen we daar: « Gianni lééft voor zijn werk, gaat nooit met vakantie of 't moest zijn om te rusten in de bergen. Brengt de zondagen door bij het Comomeer, heeft een voorkeur voor het kontemplatieve leven, rookt niet, drinkt niet en gaat 's avonds vroeg naar bed. Tijdens het werk zet hij wél graag de radio keihard aan ».

Klopt dat, Phara ? Klopt.

Genny

De Genny-kollektie, waarvan 50 t.h. in Italië verkocht wordt en de andere helft naar het buitenland gaat, is bestemd voor de modebewuste, maar rustige damesvrouw. Weinig poespas, wel zeer mooie draperingen en originele ceinturen. Van haar, natuurlijk, we zijn in Italië.

Voor het komende winterseizoen komt de inspiratie uit China, maar het is geen uithongerige volkse folklore. Wel is er veelal een gouden, geborduurde draak aanwezig, als een leidmotief op vele stukken. De korte, rechte jasjes verschijnen altijd op een pantalon. De kleuren zijn deer en rijk: robijnrood, topaasgeel, saffierblauw, smaragdgroen en veel zwart.

Complice

Complice werd een paar jaar geleden in het leven geroepen omdat Genny zo begrip was geworden, bijna synoniem stond voor « dame ». Daarom werd, voor de meer progressieve en gewaagde modellen een nieuwe naam gekozen. Complice dus brengt dit jaar de schaatserslijn: warrelende klokrokken in vier verdiepingen, zeer jong en origineel vermits overal de rechte rok als het modebeeld van 1980 wordt geponeerd.

Veel jasjes van krullerige bouclettewol, die hier - poedelstof - wordt genoemd. Mantel-pakjes met glanzende, felgekleurde voeringen van rood, geel, groen, blauw satijn. De kleuren zijn bijna dezelfde als die van de Genny-kollektie maar hier is ook weer grijs te zien, in alle schakeringen van muis tot anthraciet.

Callaghan

Bij Callaghan viert de zigennerstijl hoogtij. Overal geborduurde bloemetjes, erg lief-nostalgisch, met strakke keursjes, lange jurken van dunne jersey met bloemenlijfjes.

Het zijn geen felle, maar zoetgevooisde pastelkleuren in avondjurken zo teer als een maneschijnsonate.

Maar overdag is 't al bobby-soxer wat de klok slaat, pure Amerika met twin-sets, plooirokken, brave knopenjurkes. Regenjassen van glimmend c ré met bijpassende jurk, hoed, plu, kousen en schoenen. Soms wat van het rode te veel, maar als totaalbeeld op het podium zeer geslaagd.

Ten slotte de echte Versace-kollektie, te goed om onder een andere naam te verbergen. Helemaal in de stijl van Roma Holiday, als u zich die film nog herinnert ? Een van de mannequins lijkt trouwens als twee druppels water op Audrey Hepburn. Volop wijde klokrokken, lengte halfben, waaronder guitige stroken broderie of wippen; rokken met dubbel knopenrij in sweaters met bladmotief; strak ingesnoerd taille, platte ballerinaschoentjes en rood, geel grijs, lila organdie rokken met een topje van leer; truien van donzigwit tot angorawol; leren broeker smal naar onderen toe, jasse van schapenwol met geborduurde rozen. Sobere, Chanel-achtige pakjes wijzen naar de trend die teruggrijpt naar de vakkundig getailleerde mode zoals te Parijs. En veel leer maar echt vrouwelijk leer suède met — weer eens! — geborduurde bloemen. Helemaal de antitese van de sportieve mannelijke brommer-met-een-helm leermode. Te slotte filmsterrenjassen van sneeuwwit vossebont. Met veel staarten en een glazig starende lodderoog als sluiting.

Naast deze vier kollektie heeft de veelzijdige Versace weer een nieuwe naam op zijn lijstje staan : Istate. Maar die was nog in de maak. Het hoeft dan ook geen verwondering te baren indien de voorzitter van de Franse couturefederatie klaagt over de « Italiaanse agressiviteit » en het groeiende gevaar dat ze vormt voor de Franse mode.

A. ADRIAENSSEN

Jasje van poedelstof met felgekleurde satijnen voering en pantalon van glad fluweel. (Complice).

Links boven: Phara Van de Broeck... sukses te Milaan.

Links: Gianni Versace.

Source unknown, May 12–13, 1979

FLEMISH GIRL BECOMES DESIGNER
FOR ITALIAN KING OF DRESSES

Phara Van den Broeck, a graduate of the Antwerp Academy, is off to design for Versace.
She is the first graduate to receive a contract with a major international fashion house.

Mode als kunst-onderricht

De kunstakademie van Antwerpen biedt in zijn pakket studierichtingen, als enige in België, ook „mode" als richting aan. Op dit moment studeren tweeënveertig jongemensen (waarvan ongeveer tweederden meisjes) in deze afdeling. Wat leren ze daar ?

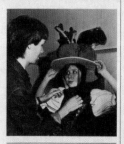

Ann uit het 3de jaar, heeft de Japanse kimono bestudeerd en getekend (foto helemaal links), waarna ze er zeven heeft ontworpen en zelf uitgevoerd (ze heeft de stoffen zelf beschilderd). Links ziet u haar met de zeven kimono's boven elkaar aan. De kleurfoto is van Patrick Robijn. Hierboven : Dirk (ook 3de jaars) heeft een Schwarzwaldkostuum ontworpen.

Wie middelbare studies heeft gedaan, en slaagt voor een toelatingseksamen, kan aan de Akademie van Antwerpen in vier jaar tijds een A 1-diploma krijgen, waarmee hij of zij zich „mode-ontwerper" mag noemen. En met recht, want ze zijn dan niet alleen teoretisch en artistiek geschoold ; ze hebben leren kleren ontwerpen en vervaardigen. Daarbij zijn ze verplicht geweest om letterlijk alles zelf te doen : ieder ontwerp dat ze op papier hebben gezet, hebben ze ook moeten realiseren, te beginnen met de keuze van de stof, tot het aanzetten

Toneel

De praktische lessen steunen in het eerste jaar vooral op toneelkostuums. Elke student kiest er één uit, dat hij zo getrouw mogelijk probeert na te maken, waarbij vooral op de stijl en

van de allerlaatste knoop. En ze hebben daarnaast meer moeten blokken dan veel universiteitsstudenten, want ze hebben sociologie, filozofie, kunstgeschiedenis, wereldliteratuur, kunstfilozofie, estetica, muziekgeschiedenis, psychologie en architektuur gestudeerd.

Om de kreativiteit van de studenten te stimuleren, moeten ze zelf altijd kiezen uit welke stof ze hun kledingstukken willen vervaardigen. Ze moeten dat trouwens zelf betalen (de studies zelf zijn gratis, een 500 fr. inschrijvingsgeld niet te na gesproken),

de vormgeving wordt gelet. Andere opdrachten bestaan uit ontwerpen en vervaardigen van een rok, een avondjapon met tema (vb Assepoester, 1.001 Nacht, enz...), een ensemble voor alledag en een „top" voor de rok, bijvoorbeeld een bloeze.

omdat de Akademie geen subsidies krijgt, noch van de staat, noch van de textielindustrie, al zou dat nog zo'n goeie investering zijn. Zo hebben wij in de akademie juweeltjes van mantelpakken, rokken en jassen gezien, die bij nader toekijken van dweil- en stofdoeken of zeemvellen bleken te zijn gemaakt. Een enkele keer is het gebeurd dat het Internationaal Wolsekretariaat stof ter beschikking had gesteld ; daar zijn de wonderlijkste dingen mee gemaakt voor de winter '79-'80, allemaal in Italiaanse Renaissance-stijl.

Geschiedenis

In het tweede jaar kiest elke student een historisch dokument (bvb een afbeelding van Keizer Karel) dat hij zo getrouw mogelijk kopieert. Hij bestudeert die periode uit de geschiedenis en de kostuums van die tijd, zoals ze door de verschillende bevolkingslagen werden gedragen ; dus niet alleen wat de rijken en de edelen droegen — meestal het enige wat ons bekend is — maar ook wat de burgerij en het proletariaat aan had. Als ze daar mee klaar zijn, moe-

ten de studenten niet minder dan zes moderne afleidingen van deze historische kostuums maken, en wel zo dat de inspiratie duidelijk is, maar dat het resultaat best draagbare pakken, ensembles of jurken zijn die in een winkel niet zouden misstaan te midden van de kreaties van de modernste modehuizen.

Folklore

Het werk in het derde jaar is gebaseerd op de folklore of nationale klederdracht, bijvoorbeeld dirndl-kledij uit Duitsland en Oostenrijk, kimono's uit Japan. Ook daar worden dan weer zes moderne afleidingen van gemaakt bijvoorbeeld een gezellig-warme en toch modieuze winterjas, geïnspireerd op wat in het Tibet-gebergte gedragen wordt.

Inspiratie

In het vierde jaar maken de studenten tien stuks, waarvoor ze het tema totaal vrij mogen kiezen. Dat betekent niet dat ze iets helemaal uit de lucht kunnen plukken, wel dat ze hun inspiratiebron zelf mogen kiezen. (Dit jaar hebben we studenten aan het werk gezien die de insektenwereld in hun schetsen hadden verwerkt). Mevrouw Mary Prijot, hoofd van de afdeling mode in de Akademie, zegt daarover : „Je ontwerpt nooit iets uit het luchtledi-

Knack, 1980

FASHION AS ART EDUCATION

Graduates of the Academy are now working as stylists or designers for *Vogue*, Pierre Cardin, Christian Dior, Jacques Lalou, Gianni Versace, Maurizo Baldassari, etc. They are also working for the operas of Munich, Vienna and Rome. And Belgian industry, albeit very cautiously, is at last beginning to show interest. Could it be true that manufacturers here are beginning to understand how important a good designer can be?

1976
– Godelieve Bols opens The Poor Millionaire boutique on Nieuwe Gaanderij in Antwerp (until 1980), inspired by the hip London store Biba. She is the first to sell the Italian label Fiorucci.

Her fashion shows grow into legendary events, enthusiastically received by young academy students such as Walter Van Beirendonck, Dries Van Noten and Dirk Van Saene.

1977
– Thierry Mugler presents his first collection 'Spectacle' in Paris.
– The first Yohji Yamamoto presentation in Tokyo.

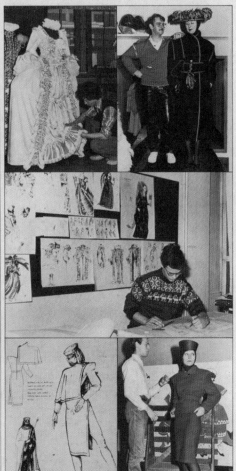

Bovenaan links : Norboe (2de jaars) heeft als „historisch dokument" een Mme de Pompadour-toilet ontworpen. Rechts : Walter (4de jaars) heeft in Tibet de inspiratie gehaald voor een warme winterjas. Hiernaast : Mark (2de jaars) zoekt het in de figuur van Desdemona uit Othello. Linksonder : een tekening van Dominique (1ste jaar) laat zien hoe van kledij uit de tijd van Karel de Grote een moderne afleiding wordt gemaakt. Daarnaast : Martin (4de jaars) heeft zich op de Italiaanse Renaissance gebaseerd.

ge. Een inspiratiebron is absoluut nodig om niet ins Blaue hinein te werken. Het kreatieve zit 'm er juist in om het basisgegeven in een moderne stijl te verwerken." Als eindeksamen moeten de studenten een „buitenopdracht" uitvoeren, bijvoorbeeld het aankleden van kinder-akteurs voor een kinderopera.

Over de hele wereld

Aangezien deze mode-afdeling van de Kunstakademie enig is in zijn soort, is het niet verwonderlijk dat de studenten van overal uit het land komen. Maar ook internationaal staat de akademie goed aangeschreven ; er komen ook studenten uit Nederland en Duitsland, en zelfs een enkele uit Senegal, Tibet, Joegoslavië of de Filippijnen. En als de vier om zijn en het diploma gehaald, zwermen ze weer uit. Oud-studenten van de Akademie werken nu als stylisten of ontwerpers bij Vogue (in Parijs én in New York), Pierre Cardin, Christian Dior, Jacques Lalou, Gianni Versace, Maurizio Baldassari, en andere. Er werken er ook in de opera's van München, Wenen en Rome. Van de

13

Boven : Yvonne (3de jaars) poseert in haar zelf gemaakte traditionele kostuum uit Thailand. Dirk (3de jaars) heeft het in Pommeren gezocht. Hiernaast : dit is Ann uit blz. 11 weer, nu bezig met een modern ontwerp. Onderaan links : studenten leren op elkaar hun ontwerpen passen. Rechts : Dries (3de jaars) heeft een Tiroler-pak gemaakt.

kant van de Belgische industrie uit begint nu eindelijk, zij het nog zeer schoorvoetend, ook belangstelling te komen. Zou het toch waar zijn dat de bedrijven hier beginnen te beseffen hoe belangrijk een goeie ontwerper kan zijn (zie het ronde tafelgesprek, „Mode, of de kleren van de klant", elders in dit nummer). Becopa en Petra Shoes zijn mee van de eerste bedrijven geweest die een beroep hebben gedaan op afgestudeerden van de akademie.

Show

De studenten, van wie de meesten 's avonds en in het weekeind klusjes opknappen of dienst doen als kelners in cafés en restaurants, om het dure materiaal voor hun studies te kunnen betalen, mogen natuurlijk hun eigen kreaties verkopen. Op vrijdag 20 en maandag 23 juni, houden ze in de akademie zelf een modeshow (met professionele mannequins van de Fashion Service van Hecke uit Gent) die open staat voor het publiek. Wie talent en vakwerk wil bewonderen en een estetische verkwikkende ervaring opdoen, moet beslist een kijkje gaan nemen. En wellicht kunt u er tegen een zacht prijsje een uniek en origineel stuk op de kop tikken.

K.A. ■

14

– The Punk movement evolves in London.
– Mathilde Willink dies.

1978
– Phara Van den Broeck graduates from the Antwerp Academy.
– First Gianni Versace collections are shown in Milan.

1979
– Phara Van den Broeck becomes an assistant to Gianni Versace.
– Helmut Lang first collection in Vienna.
– Claude Montana's first prêt-à-porter line for women.
– Bob Verhelst graduates from the Academy.

Niet alleen tekenen, maar ook patroontechniek, knippen en naaien zijn belangrijk voor een toekomstige mode-ontwerper.
De leiding heeft hier Marhte Van Leemput (links rechtstaande). (va)

Direktrice Prijot bekijkt een ontwerp van een leerlinge van de afdeling toneelkostuums.

BELGISCHE KONFEKTIE BLIND VOOR BELGISCHE ONTWERPERS?

Antwerpse school vormt modelisten

(Van onze verslaggeefster)
België heeft omzeggens geen eigen mode-ontwerpers. Geen kreatieve geesten die hun stempel op de mode drukken. Onze konfektie-makers houden de blik met religieuze toewijding gericht op het licht dat hen van de grote modecentra komt toegestraald. Van Parijs dan in de eerste plaats. Wij, de modekonsumenten, zijn daar mede schuldig aan. Want ook wij hebben maar ogen voor internationaal bekende namen of voor het stempeltje — hoe vaag ook — van Parijs. Een klein land kan na-

tuurlijk niet zomaar een eigen mode gaan creëren. Zeker niet in een tijdperk waarin mode een internationaal verschijnsel is geworden. Maar waarom zouden eigen ontwerpers hier niet doen wat elders wél lukt: een eigen gelaat geven aan de komende trend?

Van tijd tot tijd is er wel eens een Belg die het probeert. Maar als hij talent heeft, moet hij al gauw zijn heil in het buitenland gaan zoeken. Want in het eigen land blijven de deuren gesloten. Er is geen belangstelling voor kreaties die niet van Parijs, Milaan, Londen komen.

Die onverschilligheid van de Belgische konfektionairs is ook voor de Antwerpse School voor Mode-ont-

werpers een hinderlijke handicap. «Wij krijgen», zegt ons direktrice Mary Prijot, «nooit mensen van de konfektiebedrijven op onze modeshows. We versturen nochtans honderden uitnodigingen. Maar neen hoor, op enkele schaarse uitzonderingen na, die je op je ene hand kunt tellen, stuurt iedereen zijn kat».

Voorlopig vormt die karige belangstelling geen al te groot probleem voor de school. Ze bestaat pas enkele jaren, leverde nog maar een handjevol afgestudeerden af (meisjes en jongens) en vond voor hen steeds zonder moeite een job.

Maar het aantal leerlingen groeit aan. Het afzetgebied zou dus moeten vergroten. Normaal kàn dat. Waarom zou een konfektiebedrijf geen eigen ontwerper in dienst nemen, in plaats van almaar buitenlandse modellen te kopen (of met wat detailveranderingen te kopiëren)?

Background

«Het is toch echt zinvol voor een textiel- en konfektieland als België om eigen ontwerpers te hebben», zegt Mary Prijot. «We voeren ieder jaar voor miljarden aan textiel uit. Bovendien zijn we toch een volk met een historische, artistieke background die men niet mag onderschatten. Waarom zouden we dat niet terug valoriseren?»

Vertrekkend van die idee, heeft men het trouwens acht jaar geleden in de Akademie voor Schone Kunsten over een andere boeg gegooid. De bestaande afdeling modetekenen in sierkunsten werd hervormd in een school voor toneelkostuum- en mode-ontwerpen.

«Het is dus», zegt Mary Prijot, «veel meer dan mode-tekenen. Dat leren men ook wel in andere scholen. Maar

hier gaat het om ontwerpen : dus zelf een model creëren én uitvoeren. Dat houdt méér in dan alleen maar een model tekenen. Het moet ook uitvoerbaar zijn, wat een elementaire kennis van knippen en naaien inhoudt, een goed inzicht ook in de te gebruiken materialen en hun mogelijkheden, en de uitvoering op industriële schaal. Wie hier buitenkomt, moet niet alleen in staat zijn modellen te creëren, maar moet eveneens met kennis van zaken het atelier kunnen duidelijk maken hoe ze uitgevoerd dienen te worden».

De opleiding duurt vier jaar en omvat behalve tekenen, patroontechniek, naaien, geschiedenis van het kostuum en kunstgeschiedenis ook vakken als psychologie, filozofie, estetika, foto-techniek en recht.

De leerlingen kunnen vanaf het tweede jaar de richting toneelkostuum of mode-ontwerpen uit. Wie de studie afmaakt behaalt een A1-diploma.

Basisvorming

De direktrice en haar medewerkster Marthe Van Leemput vertellen dat de leerlingen al van in het eerste jaar moeten ontwerpen. «Dat valt natuurlijk niet mee, omdat ze nog geen enkele basis hebben. Maar het is voor ons het enige middel om te zien wie talent heeft en wie niet. Het tweede jaar maken ze een kollektie van vijf stuks. Het materiaal is — ook in het eerste jaar — uitsluitend baalkatoen. Het derde jaar moeten ze een historisch kostuum ontwerpen en, afgeleid van dat model, een kollektie van moderne kleren. Het vierde jaar zijn ze vrij in de keuze én van materiaal en van tema. Ze stellen een kollektie van tien stuks samen, geïnspireerd door iets wat ze zelf uitgezocht

hebben. Deze rok bijvoorbeeld is een eindejaarswerk : de tekeningen die er met de hand op geschilderd zijn, vinden hun oorsprong in Mexicaanse motieven».

Wie de school voor mode-ontwerpers verlaat, is niet zomaar van de eerste dag af een perfekt couturier. «Wij geven de basisvorming, de grondstof. Maar om het vak door en door te kennen, is een aantal jaren werken in een konfektiebedrijf noodzakelijk. Dat is trouwens voor alle beroepen zo. Maar wij zouden het liever met de opleiding wel makkelijker hebben, indien we meer belangstelling én medewerking kregen van de bedrijven. Weet u dat bv. het Londense Royal College of Art, dat ook een afdeling mode-ontwerpen heeft, zeer veel stoffen krijgt van de fabrikanten? Het ontvangt zelfs gloednieuwe materialen, die nog niet op de markt zijn, om er mee te experimenteren. Zelfs bontvellen krijgt het toegestuurd.

Dat bewijst hoezeer de fabrikanten zich voor de school interesseren. Terwijl hier in België, niets daarvan !»

Mary Prijot gelooft echter rotsvast in haar afdeling. «Onze school is jong. We werken met een dynamisch team. Het is bovendien een fantastisch vak. Kan je iets levendigers voorstellen dan mode, iets wat meer bij het dagelijks leven betrokken is? Dat brengt ook mee dat je zelf voortdurend bij moet zijn. Weet u dat de jaarlijkse modeshow die wij met het werk van de leerlingen inrichten voor mij óók telkens weer een eksamen is? In de jury die de modellen beoordeelt, zitten niet alleen mensen van de akademie maar ook mensen daarbuiten: mensen die met toneel of mode te maken hebben. Zij kunnen

zeggen in hoever wij voor de achterlopen.»

De mode-afdeling is overigens goed geïntegreerd in de akademie. Wel droomt Mary Prijot nog van een intensievere samenwerking met de andere afdelingen. «In de Kölner Werkschule, wordt om de vier jaar een show ingericht. De hele school werkt daaraan mee. Het Londense College of Art heeft eens, enkele jaren geleden, een heel nummer van «Vogue» opgesteld: de fotografen zorgden voor de foto's, de reklametekenaars brachten publiciteit aan, de mode-ontwerpers maakten de modepagina's, enz. Dat schept een fantastische geest onder de leerlingen en de leerkrachten van de verschillende afdelingen.»

Mary Prijot, die aan de akademie en haar mode-vorming in Parijs en Keulen heeft opgestoken, is gefascineerd door het verschijnsel mode, maar ziet er ook de beperktheid van in. «De jongste jaren is de mode op hol geslagen. Het vraagt een hele inspanning om het hoofd koel te houden en om onder de snel wisselende trends toch een draagbare, elegante en praktische mode in stand te houden. Ook dat beginsel trachten wij onze leerlingen mee te geven. Anderzijds vind ik het wel positief dat mode nu echt iets voor iedereen geworden is. Vroeger behoorde zij tot de privileges der rijken, nu kan de massa ook mee. We moeten er alleen nog op werken dat ze de mode niet zo slaafs volgt, maar wel kritische zin en vooral met zelfkennis. Wie zich goed kent, trekt niet zomaar iets aan, alleen omdat het mode is. Maar om dat te bereiken is nog heel wat opvoeding nodig.»

T. STUCKENS

Source and date unknown

BELGIAN FASHION MANUFACTURERS BLIND TO BELGIAN DESIGNERS?

Belgium claims to have no fashion designers of its own, no creative minds who put their stamp on fashion. Our clothing manufacturers keep their eyes peeled with religious fervour on the light that shines down on them from the big fashion centres.

'It is sinful for a textiles and apparel manufacturing nation such as Belgium not to have its own designers', says Mary Prijot. 'Every year, we spend billions on textiles. Moreover, we are a people with an historically artistic background that people should not underestimate. Why shouldn't we regain our appreciation for that?'

1980
– Walter Van Beirendonck and Martin Margiela graduate from the Academy.
– L'Eclaireur opens its first store in Paris.
– Giorgio Armani dresses Richard Gere in Paul Schrader's *American Gigolo*.

– First issue of *The Face*.
– First issue of *i-D*.

1981
– Dries Van Noten, Marina Yee, Dirk Van Saene and Ann Demeulemeester graduate from the Academy.
– Dirk Van Saene opens the first Belgian designer store on Nieuwe Gaanderij in Antwerp: Beauties & Heroes.

Source unknown, 1981

FASHION THIS IS BELGIAN

Helena Ravijst (consultant for the Belgian Institute for Textiles and Fashion and initiator of the Fashion, this is Belgian, campaign): 'When I took the position, there was practically no form whatsoever of promotion for Belgian fashion. In all the conversations I had with manufacturers, it repeatedly appeared that we had no image at all. In order to be able to export our products, an image is essential, so we had to work on it. I proposed at the time to bring our own creativity to the fore, something that people at that time simply did not believe in.'

December 1981. Als een frisse wervelwind waaide ze binnen... En dat zou ze blijven doen tot aan haar laatste levensdagen... Helena Ravijst. Nooit eerder deed een vrouw zoveel 'stof opwaaien'. Met een onverwoestbaar dynamisme en doorzettingsvermogen stortte zij zich in het Belgisch mode-avontuur. Wat toen niet eens bestond, is nu een onmiskenbaar begrip geworden. Ja, we schreeuwen het van de daken.'MODE, DIT IS BELGISCH', het boek, de look, de hele campagne, de Gouden Spoel, de vele andere modeshows en vooral de ontdekking en waardering van eigen jong talent... Kortom, de algemene heropleving van een bezweken mode-industrie. Een historische duw vooruit in ons nationaal zelfbewustzijn. Dit levenswerk, haar ideeën en projekten, oneindig kreatief, zullen blijven voortbestaan.

– *Flair*, the first Belgian fashion magazine, published with its own fashion productions, under the direction of editor-in-chief Gerdi Esch.
– The Belgian government initiates a five-year plan to breathe new life into the failing Belgian textiles industry. On 1 January, 1981, the ITCB (Belgian Institute for Textiles and Fashion) is established to help coordinate the various economic, commercial and creative incentives of the Textiles Plan. Belgian textiles and fashion firms can claim government support to modernize and introduce new technologies. At the same time, a major commercial campaign, 'Mode dit is Belgisch' (Fashion this is Belgian), was

Mode

Hekel aan charmes

De problemen van een boetiek

Een tijd geleden hebben een aantal Belgische ontwerpers zich voorgesteld aan de verzamelde modepers. In een zaal aan de Brusselse Vismarkt kibbelden de Brusselse *Nina Meert*, de bontontwerper *Bernstein*, de breigoedontwerpster *Maggy Baum* — terug van weggeweest — en de jonge Antwerpenaren *Dries van Noten* en *Walter van Beirendonck* met de journalisten. Er ontstond al bij het begin verwarring ; toen Nina Meert van de journalisten bleek te verwachten, dat ze haar en haar kollega's bekendheid zouden geven in buitenlandse bladen als „Vogue", „Marie-Claire" en „L'Officiel". De verwarring steeg ten top, toen een vertegenwoordigster van de Belgische kledingfederatie er bij de ontwerpers op aandrong, dat zij zouden promotiesteun opeisen van de overheid via het plan *Claes*. „Ik ben tegen subsidie" hield Maggy Baum koppig vol. „Dan verliezen wij onze vrijheid". Terwijl de journalisten nog herstelden van hun verbazing over de verwachtingen van Nina Meert, bekvechtten Baum en de konfektievertegenwoordigster over het subsidieprobleem. Bernstein, Van Noten en Van Beirendonck zaten er voor spek en bonen bij. Toch werd na al die verwarring een positief besluit getroffen. „We gaan samen onze winterkollekties voorstellen rond de Paastijd", aldus Meert. Waarvan akte. Initiatiefneemster van de wat wonderlijke perskonferentie was Jenny Meirens, die om de hoek de mooie, kale boetiek Crea uitbaat.

— *Waarom organiseer jij als boetiekhoudster een perskonferentie over Belgische modeontwerpers ?*

— *Meirens :* Ik vond het tijd dat er voor de Belgische mode iets gedaan werd, omdat het peil hier enorm laag wordt gehouden. Er is enkel aandacht voor het commerciële, niet voor het artistieke. Ik geloof, dat in België net zo goed kreatief mode kan worden gemaakt als in Parijs, Milaan, Londen of om het even waar. *Als de Belgen het zelf willen.*

— *Je wil iets doen voor de Belgische mode, maar in je eigen boetiek, waar je onze namen zou kunnen verkopen, hangt alleen Nina Meert.*

— *Meirens :* Het aanbod aan Belgische luxekonfektie is in het algemeen niet kreatief genoeg, sorry. Als ik kleren koop voor mijn boetiek, moeten ze passen in de lijn waarvan ik hou.

— *Maar hoe stel je vast, of een kledingstuk kreatief is ?*

— *Meirens :* Dat is heel moeilijk om te omschrijven. Laat me het doen aan de hand van een voorbeeld. Voor mijn zaak kies ik onder meer France Andrévie. Haar gamma is heel evenwichtig. Je kunt ongeveer alle kleren die ze ontwerpt met elkaar kombineren, en stukken van drie seizoenen terug, met stukken van deze zomer. Ik ging onlangs naar een fuif in Gent, en droeg een broek en een blazer van haar van vier jaar geleden. Wel, ik heb er nog komplimenten voor gekregen. De vormen die ze gebruikt zijn vooruitstrevend, de kleuren zeer neutraal, zwart, wit, bruin, beige. Die gaan lang mee als de vorm goed is.

— *Maar hoe stel je zo'n kollektie samen ? Je gaat eind maart naar Parijs en Milaan, veronderstel ik, om de winterkollektie aan te kopen.*

— *Meirens :* Ja, ik ga zoveel mogelijk shows en kollekties bekijken. Natuurlijk sla ik shows over, maar dan ben ik selektief op basis van wat ik in modebladen en dergelijke te zien heb gekregen. Voor deze zomer koos ik France Andrévie. Waarom heb ik verteld. Verder Montana, Laura Biagiotti, Cadette en Nina Meert. Montana kies ik omdat hij spectaculair is. Ik zoek een evenwicht tussen de soberheid van Andrévie, het opzienbarende van Montana, het meer traditioneel vrouwelijke van Biagiotti, en zeker van Nina Meert, die ik wilde als Belgische omdat ze heel valabel is in accessoires en bloezes en tot slot Cadette, wat ook een basiskollektie is. Ik zoek ook een evenwicht in prijsklasse, van Andrévie, die streeft naar goede vormen tegen een nog redelijke prijs, tot Montana, waarvoor je al een heel ruim budget moet hebben.

— *Koop je fifty fifty in Parijs en Milaan ?*

— *Meirens :* Ongeveer. De Fransen zijn in mijn ogen kreatiever, ze wagen ▶

Jenny Meirens : „Ik geloof, dat hier net zo goed kreatief mode kan worden gemaakt als in Londen, Parijs, of waar ook. Als de Belgen dat zelf willen."

KNACK — 17 maart 1982

Knack, March 17, 1982

A LOATHING FOR CHARM

In 1982, Jenny Meirens, co-founder of Maison Martin Margiela, organized a press conference at her store in Brussels to introduce young Belgian designers, including Dries Van Noten and Walter Van Beirendonck.
Said Meirens: 'I felt that it was time something was done for Belgian fashion, because the way things are, standards are being kept extremely low. All the attention goes to the commercial, not the artistic. I believe that in Belgium, creative fashion can be produced that is as good as that which is made in Paris, Milan, London or anywhere else. *If only the Belgians themselves want it.'*

launched to give Belgian fashion a new, convincing image. There was mounting awareness that a campaign of this kind had to be supported by a creative infrastructure to give young talent every possible opportunity.

This led to the annual 'Gouden Spoel' (Golden Spindle) competition, launched in 1982.
– Jenny Meirens opens the Crea store in Brussels.

– Martin Margiela works for Bartsons, as do many after him – Jo Wijckmans, Linda Loppa, Ann Demeulemeester, Walter Van Beirendonck, Dirk Van Saene and Patrick De Muynck, among others.

Mode

Kleren hoeven niet serieus te zijn

Het debuut van Dries van Noten

Dries van Noten (23), en voor zover mij bekend de jongste ontwerper van België, woont en werkt boven de luxueuze witte kledingzaak die zijn pa in Antwerpen. Een groot verzorgd herenhuis, met palmen, spiegelkasten en uiteenlopende vormen. Breuerzetels. De zithoek is een gewezen burgerlijke badkamer met witte tegelwand en de klassieke blauwe bies op driekwarthoogte. Tegen de muur een rij kledingstukken. Zogenaamde sportieve kleren als parka's en lange broeken uitgevoerd in een bij uitstek sjiek materiaal als zijde of suède. Twee vallen uit de toon : een hemelsblauw katoenen polohemd met witte kraag, en een T-shirtjurk. In de hoek een paspop met dikke, wit leren jekker, en gouden zeshoekversiering. Van Noten draagt zelf een wit hemd van *Thierry Mugler* en een spijkerbroek.

— *Waarom is uw eerste eigen kollektie zo duur geworden, dat haast niemand van uw leeftijd die kleren kan betalen ?*

— *Dries van Noten* : Het lijkt me in België eerlijk gezegd makkelijker te starten in het duurdere, dan in het demokratische genre. In de luxestoffen kun je bijvoorbeeld veertig of vijftig meter bestellen, terwijl fabrikanten die goedkopere stoffen aanbieden, enkel geïnteresseerd zijn in kwantiteiten van vierhonderd of vijfhonderd meter. Mijn eerste eigen kollektie, die deze zomer uitkomt, wordt in België gemaakt, zij het met stoffen uit het buitenland. Ik had liever met stof van hier gewerkt, maar dat bleek onmogelijk. De fabrikanten bij wie ik ging aankloppen, verklaarden me voor gek. „U bent binnen ten slotte failiet ! Wij gaan ons niet amuseren met hier en daar wat stoffen af te knippen van de rol !" Dat zijn de Belgische stoffenfabrikanten... Dan naar een breigoedfirma. „Wat zegt u? Monsters maken, uitsluitend voor u? Hoeveel stuks gaat u kleuren kopen per serie ? Twintig. dertig ? Kom, kom meneer Van Noten. *Minimum vierhonderd stuks per serie en per kleur ! Tot ziens !"*

„Je zou denken, dat ten slotte in de Belgische konfektie nog niet slecht genoeg gaat ! Tot slot heb ik toen een klein atelier gevonden, dat de kleren hier gaat uitvoeren. Maar als ik dan

KNACK — 20 januari 1982

Dries van Noten in zijn Mugler-hemd : „Gewoonlijk kleed ik me voor mijn gemak, maar op een feest kom ik soms bizar voor de dag."

vergelijk met buitenlandse firma's. Die leggen je in de watte. De stoffenfabrikant van *France Andrévie* bijvoorbeeld, of de firma die het borduurwerk uitvoert van *Montana*. Kom maar op onze kosten naar Zwitserland, we zullen daar samen uittesten wat u wil doen !

— *Maar waarom niet meteen op grote schaal beginnen ?*

— *Van Noten* : Ik denk dat je al een zekere naam moet hebben, om op grote schaal te kunnen werken, en als je niet op grote schaal werkt, kun je makkelijk betaalbare kleren brengen.

— *Wat zijn eigenlijk de problemen van een beginnend ontwerper in België ?*

— *Van Noten* : Je moet investeren. De eerste investering is die van publiciteit. We hebben een fotobundeltje rondgestuurd van de kleren die ik gemaakt heb, toen ik nog studeerde aan de Akademie, drie keer aan zowat vijftig luxeboetieks. Die lagen qua aanbod in mijn lijn, dacht ik, maar toch reageerde maar één winkel op mijn publiciteitsakties ! Ik zat er bijna bij te huilen, in dan nog met een telefoontje van „als u in Brugge bent, spring dan maar ééns binnen". Ik heb dan als testkollektie een suèdekollektie gemaakt die ik bij wijze van experiment had geshowd op een aantal de-

filees in Antwerpen, Mechelen, Kortrijk en Gent. De reakties daarop waren vrij positief. Ik heb toen meteen beslist een kollektie voor de zomer '82 te laten produceren. Daarmee zijn we de boer op gegaan, en een tiental topboetieks hebben ze aangekocht. Het grootste probleem is dan het geld. Je moet eerst de stoffen kopen, en daarna de fabrikant betalen, terwijl de

Suède parka, witte trui met gouden zeshoeken, en suède beenbeschermers.

Duifgrijze zijden parka en rok en katoenen trui uit de kollektie van de komende zomer.

winkels die je kleren aankopen pas twee maand na de levering moeten afdokken. Dus moet je dat geld al die maanden zelf voorschieten. Als je bijvoorbeeld bestellingen zou hebben voor 5 miljoen frank, moet je ongeveer 2.5 miljoen vooruit betalen. Gelukkig heb ik er een financier bereid toe gevonden.

— *U komt van de Antwerpse akademie. Wat is er geworden van uw vrienden die met u afstudeerden ?*

— *Van Noten* : We zijn afgestudeerd met z'n allen in juni vorig jaar. We blijven nauw met elkaar in kontakt. Yvonne werkt bij het vrouwenblad Flair als zelfstandige styliste. Dirk opent een eigen boetiek in Antwerpen. Phara Van den Broeck in Milaan. Danielle tekent de kollektie van Nicole Catulle, die haar naam is kwijtgeraakt. Brigitte ontwerpt T-shirts, lingerie en tricots. Linda geeft les aan de modeafdeling van een avondschool in Kortrijk en ontwerpt een breigoedkollektie. Iedereen is echt goed vertrokken.

— *Doet de akademie veel om de studenten aan werk te helpen ?*

— *Van Noten* : Onvoldoende, vind ik. Ze organiseert elk jaar een show, waarop de fabrikanten worden uitge-

MODERN LEVEN 131

132 MODERN LEVEN

nodigd, maar daar blijft het ongeveer bij. Dat de Belgische fabrikanten vakbladen uitgeven, waarin we gratis kunnen jobzoekers plaatsen, hebben we maar toevallig ontdekt. Een vriendin plaatste een advertentie en kreeg meteen twee aanbiedingen, een vriend deed het zelfde en had een week nadien een opdracht. *Meer en meer Belgische firma's zien in, dat ze niet kunnen blijven leven van het maken van kopies.* Velen onder hen kochten — of kopen — gewoon een kledingstuk in Parijs, halen dat uit elkaar, zoeken een stof die er in de verte op lijkt, liefst goedkoper, en bootsen dat dan na. Ik heb ook gemerkt, dat fabrikanten ten onrechte denken dat een ontwerper onzaglijk duur is. *Als ik mijn prijs zeg lijken ze altijd erg opgelucht.*

— *U bent eigenlijk mode beginnen studeren op het moment dat ze erg werd aangevallen, zowel door feministen als door jongeren. Wat zag u erin ?*

— *Van Noten* : Ik ben erin opgegroeid. Mijn vader heeft een modezaak, en toen ik een jaar of dertien was mocht ik al aankopen doen voor de kinderafdeling. Toen ik zestien werd, ging ik mee naar Parijs, en

kocht ik zelf aan voor de jongerenboetiek. Ik kleedde de etalages zelf aan. Overigens vind ik het argument, dat mode drijft tot konsumptie, niet helemaal terecht. Niemand wordt immers verplicht, wat dan ook te kopen. Daar beslis je toch zelf over ! Ik wil trouwens geen kleren brengen, die volgend jaar uit zullen zijn, maar klassiekers, die je op allerlei manieren kunt dragen en kombineren. Sportief,

Zomerensemble in steengoede kleuren : Chineesblauwe poncho, wijnrode broek van katoenvoile, en vermiljoenkleurige trui.

elegant, in de winter net zo goed als in de zomer. In die zijden parka bijvoorbeeld kun je 's zomers de straat op, en 's winters naar een feest. Ik ben een groot voorstander van een beperkte kleerkast, gevuld met bestudeerde stukken, die lang mee kunnen, en die kunnen worden geaktualiseerd door accessoires. Ik werk graag met verkeerde stoffen, ik maakte bijvoorbeeld lerse truien van katoen in plaats van wol, en voor volgende winter plan ik trenchcoats van imitatiebont. Ik vind dat geestig. Voor mij mogen kleren niet serieus zijn.

— *Dan houdt u beslist van Kenzo ?*

— *Van Noten* : Enorm, en van Poppy Moreni, France Andrévie en Gaultier. Die verkies ik boven Montana en Mugler, omdat ze jonger en zotter zijn. Ik vind Montana veel te ernstig. Voor deze winter bracht hij een hele kollektie van paars geverfde swakara. Ik vind dat extreme verspilzucht. Gaultier sorteert tien keer meer effekt, als hij werkt met goedkope stoffen uit de winkels van de Parijse rosse buurten. Natuurlijk doet Montana ook knappe dingen. Vooral zijn accessoires kunnen mij bekoren. Kakelbont maar

buitengewoon mooi. Hoewel. Tijdens de show zit je daar tussen een half hysterische massa, en dat grijpt je wel aan. Maar het is me al vaak overkomen, dat ik nadien foto's zag van datzelfde defilee in één of ander modeblad, in postzegelformaat, en dat ik dan bij mezelf zeg : amaai, heb ik dat mooi gevonden, zo'n kakelbonte toestand ? Veel te gechargeerd.

Gaultier daarentegen stelt me niet teleur. Vorig seizoen liet hij alle journalisten bij de ingang van zijn show een papieren T-shirt aantrekken. Ik hou ervan, dat hij op die manier de draak steekt met de modeshow, die zich

---

Knack, January 20, 1982

CLOTHES DO NOT HAVE TO BE SERIOUS:
THE DEBUT OF DRIES VAN NOTEN

Dries Van Noten: 'My first collection, which is coming out this summer, is being produced in Belgium, albeit with fabrics from abroad. I would have preferred to work with fabrics from here, but it proved impossible. The manufacturers I visited thought I was crazy.'

— First spectacular Paris shows by Comme des Garçons and Yohji Yamamoto.
— First Vivienne Westwood show in London.
— First Azzedine Alaïa collection.

— Giorgio Armani launches Emporio Armani.
— First Claude Montana prêt-à-porter line for men.
— Grace Jones: *Nightclubbing*.
— Memphis design – Ettore Sottsass.

— New Romantics.
— MTV begins broadcasting.

33

1982
– Dirk Bikkembergs graduates from the Academy.
– The Vestirama fashion trends show is held in Brussels, with designs by Van Beirendonck, Van Noten and Bikkembergs.
– 'Fashion this is Belgian' campaign launched.

– Ann Demeulemeester wins the first Golden Spindle competition.
– Calvin Klein Underwear
– Vivienne Westwood: 'Nostalgia of Mud' show in Paris.
– Christian Lacroix inaugurates Couture line.

– Leigh Bowery.
– David Bowie: *Scary Monsters*.
– First high-speed TGV train Paris–Lyon.
– Umberto Eco: *The Name of the Rose*.
– Olivero Toscani starts to work for United Colors of Benetton.

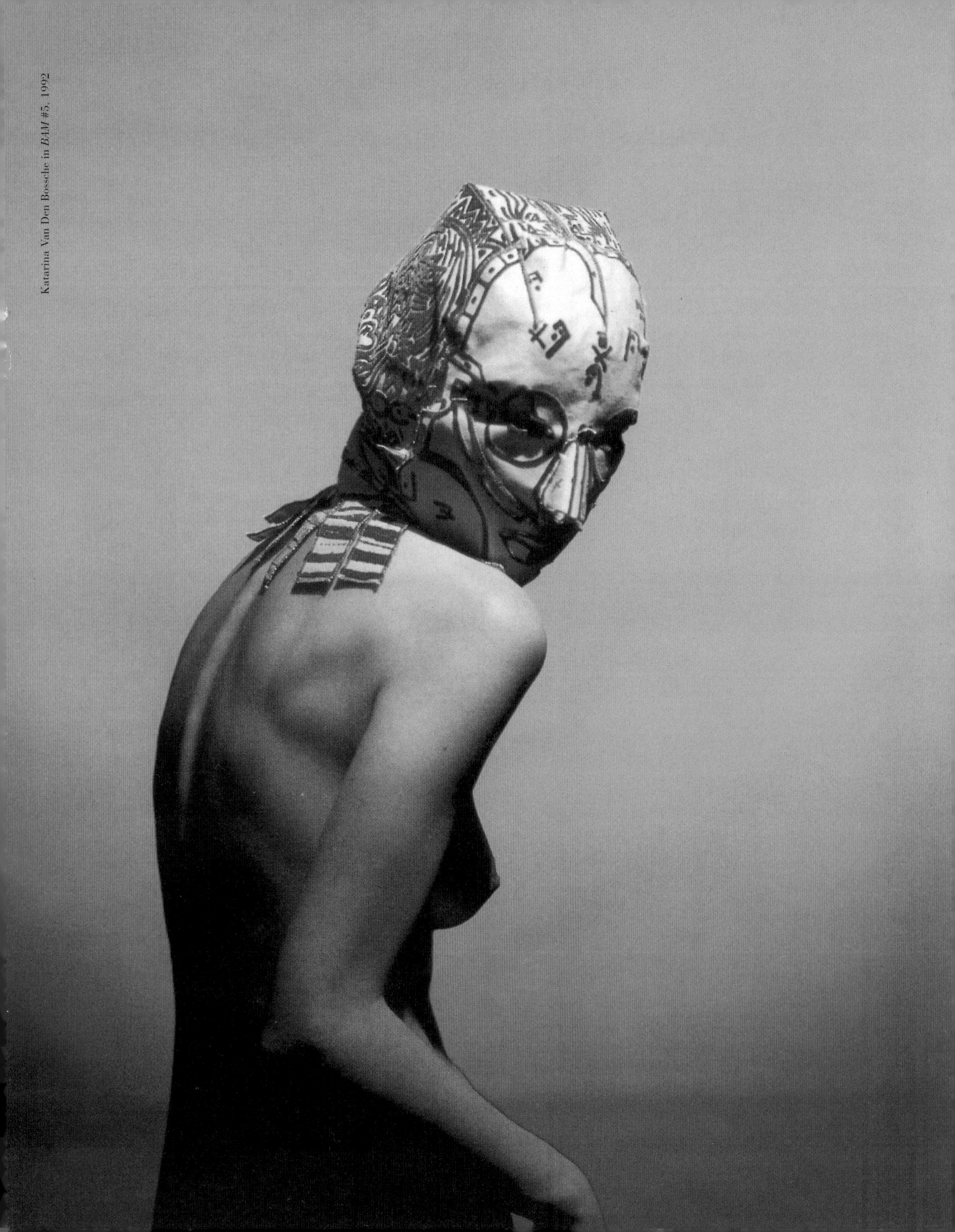

Katarina Van Den Bossche in *BAM* #5, 1992

THE ANTWERP FASHION ACADEMY

FROM LOCAL FASHION AND THEATRE COSTUME DESIGN SCHOOL TO INTERNATIONALLY RENOWNED FASHION ACADEMY

Kaat Debo

How does a city as small as Antwerp produce so many talented designers? Can we speak of an Antwerp style or an Antwerp identity? Such questions as these have been asked by international journalists for the last 25 years. What makes up that identity? Are we speaking about Antwerp, or about Flemish, or about Belgian fashion? Although this idea of identity is central to the story of the Antwerp designers, it has been a problematic and complex issue, right from the start. Formulating an unequivocal answer is by no means self-evident, given that every designer has clearly developed his or her own style and that each of them has trod an individual path, building up his or her career independently of the other designers. What does connect them is their training at the fashion department of the Antwerp Academy – a curriculum that considers creativity, individuality, the development of a personal identity and individual coaching for each student fundamental to the programme. In order to correctly identify the body of work produced by the Antwerp designers, it is essential to have a good understanding of the evolution of the Academy, against the background of the changing artistic context of the city of Antwerp.

In 1663, when David Teniers the Younger took the initiative of establishing an academy for the fine arts in Antwerp, the Low Countries, along with Italy, were one of the most important economic and cultural regions of the Europe of their day. Three hundred years later, when Mary Prijot set up a Department for Fashion and Theatre Costume Design at that same Academy, Flanders enjoyed no significance whatsoever in the field of fashion. Although the region had from time immemorial enjoyed an exceptionally good reputation in weaving and textile production, for the first half of the 20th century Flemish, and by extension Belgian fashion generally mirrored what was happening on the Paris fashion stage. Until the early 1950s, creativity in the Belgian fashion houses restricted itself to 'interpretation', which amounted to – literally or otherwise – copying the creations of the great French houses. The latter were in fact organized to accommodate such commercial reproduction.

Smaller and less resounding names outside France could choose from a variety of formulas with associated price tags, ranging from permission to attend the presentations of the collections – where it was strictly forbidden to take notes – to the purchase of patterns and original fabrics. Where desired, the purchased design could be sold under the new name.

The Belgian vision of fashion was dominated by French elegance, and the course of study that Mary Prijot delineated therefore also followed the classical guidelines that determined good taste. Artistic value and bourgeois aesthetics set the tone, with Chanel as their paramount example. True fashion respected the harmony of the silhouette. 'Be like Mozart, always in harmony', as Prijot counselled her students. But at the same time, she added, 'I am classical, but I love the fantasy that my students have. It is not because I love Mozart that I am not able to appreciate Schönberg.'[1]

Some years after the fashion department was established, it was attracting students who were more interested in the avant-garde fashions of such designers as André Courrèges, Paco Rabanne, Claude Montana and Thierry Mugler than in the classical couture of Chanel, Yves Saint Laurent or Valentino. The pop, punk and street cultures that clearly began to prevail at the end of the 1970s in London and New York also held tremendous appeal for these students, prompting them towards a personal expression and experimentation that was quite averse to the aesthetic norms being taught at the Academy. In a few years, a kind of competition evolved between the fashion design teachers and the students, who were showing a growing sense of self and a determination that would later form the springboard for their international breakthrough. Even though Mary Prijot was somewhat revolted by these experiments, which she found shocking, extravagant and gratuitous, she nonetheless encouraged her students to become self-aware designers, rather than slavish followers of any system whatsoever.

In Antwerp, the 1960s and 1970s also saw the simultaneous development of an exciting, internationally orientated art and music scene. Avant-garde galleries such as the 'Wide White Space' brought attention to such artists as Joseph Beuys, Marcel Broodthaers and Panamarenko. Influenced by the Fluxus movement from New York, the performance made its entrance as an art form. 'A young generation of artists, filled with the principle of the here and now, used the performance to clear the way to a mutual rapprochement between artist and audience, and, on the other hand, to multilateral exchange among the various artistic disciplines. The desire to break through the barrier that separated art and life was also a very strong incentive among artists who, influenced by Joseph Beuys's social sculptures and performances, were of the opinion that a revolution must take hold in the individual and that, once liberated, that individual is able to create something original and can set a revolution in motion in the age in which he lives. From 1965 onwards, these tendencies were characteristic of the early happenings realized in Antwerp by Hugo Heyrman and Panamarenko.'[2]
In this artistic climate, Antwerp designer Ann Salens achieved her first international successes,

with sales points in Paris, Amsterdam and Düsseldorf. Her colourful creations in artificial silk were shown at spectacular performances, earning her the epithet of the 'Bird of Paradise of Belgian fashion'. In 1976, inspired by the hip London boutique, Biba, Godelieve Bols opened her Poor Millionaire shop at the Nieuwe Gaanderij – a shopping gallery in the centre of Antwerp, where several Antwerp designers, including Dirk Van Saene and Dries Van Noten, would later open their first stores. There, Bols would be the first in Belgium to sell the hitherto unknown Italian label, Fiorucci. The exuberant and colourful articles of apparel and accessories by Fiorucci and Biba proved a great success. With the help of friends, including artist Daniel Weinberger and photographer Raoul Van den Boom, Bols also produced original window displays and graphic design. The Poor Millionaire fashion shows, organized with the collaboration of such friends as Saya Renfrum, Monique Van Goethem and Gerdi Esch – later editor-in-chief of the Belgian fashion magazine *Flair*, and cofounder of the Flanders Fashion Institute – grew into legendary fashion happenings and were greedily attended by the young fashion students of the Antwerp Academy, including Walter Van Beirendonck, Dirk Van Saene and Dries Van Noten.

Despite the favourable artistic climate in Antwerp, there was not yet really a question of a distinct Antwerp identity. By extension, this was reflected in the entire Belgian fashion sector. Until the early 1980s, established Belgian brands, including Olivier Strelli, Bartsons and Cortina, opted for more exotic names, which were in turn more likely to obscure rather than emphasize their Belgian roots. As late as 1984, Mary Prijot stated in an interview, 'Where I am concerned, there is still no question of a specifically Belgian fashion. It is still too young, not even ten years old. But that is not to say that it does not have a future. On the contrary!'[3] At that time, a number of voices were nonetheless making themselves heard in an appeal for a stronger creative profile, one which believed in the talents of a new, young generation of designers. In this context, in 1982, Jenny Meirens – later cofounder of Maison Martin Margiela – organized a press conference in Brussels, in which she took the initiative of introducing several Belgian designers, including Walter Van Beirendonck and Dries Van Noten, to the gathered members of the fashion press. 'I felt that it was time something was done for Belgian fashion, because the standards here are being held back to an appallingly low level. Attention is paid only to

36

1. Interview with Mary Prijot, 'Elle a fait s'épanouir en Belgique la création de mode', 1984.
2. Devillez, V. 'De New Reform Gallery en de performance in België: een context', on www.kunstencentrumnetwerk.be.

3. Interview with Mary Prijot, 'Elle a fait s'épanouir en Belgique la création de mode', 1984.

Left: poster Academy fashion show 1990, graphic design: Anne Kurris
Right: Antwerp Academy 1972 (student unknown)

the commercial, not to the artistic. I believe that in Belgium, creative fashion can be produced that is every bit as good as what is being done in Paris, Milan, or anywhere else. *If only the Belgians themselves want it,*' declared Meirens. Christine Mathijs, initially still working for the French mail order firm, La Redoute, also realized that there was great potential to be discovered in these young designers. She was the silent force behind the successful career of Dries Van Noten, and would continue to guide and give form to his firm until her death in 1999.

One initiative that must not be underestimated was the 'Textiles Plan' by Cabinet Minister Willy Claes, a five-year plan begun on January 1, 1981, intended to generate new incentives for the floundering Belgian textiles industry. Responsibility for achieving this objective was put in the hands of the ITCB (Belgian Institute for Textiles and Fashion), under its adviser, Helena Ravijst. Ravijst clearly understood that the Textiles Plan would only succeed if it were propelled by the creative impulses of a young, self-aware generation of designers. 'When I received the assignment, there was virtually no form whatsoever of promotion for Belgian fashion. The meetings I had with manufacturers repeatedly made it clear that we had no image at all. In order to be able to export, an image is absolutely essential, so that had to be worked on. My proposal, therefore, was in the first place to bring our own creativity to the forefront, something that people at that time simply did not believe in. A Belgian manufacturer who wanted to establish a collection looked abroad for ideas. They did not work enough with Belgian designers.'

In the context of the Textiles Plan, the 'Fashion this is Belgian' campaign and its associated magazine[4] were established and, on the other hand, an annual competition for young designers: the Golden Spindle[5]. This competition would be juried by an international group of leading manufacturers, fashion specialists, designers and journalists.

Competitors were required to present a collection of fifteen new silhouettes in a professional-standard defilé. With financial support from the Belgian government, the collections were produced by Belgian textiles and clothing manufacturers. This way, participants were given an opportunity to work at a professional level. Even more importantly, this meant a gradual increase in confidence on the part of manufacturers in our own designers, and for the first time, the designers themselves sensed that they had an enthusiastic audience for their collections.

38

4. In February 1984, a total of 43,000 copies of the magazine sold in only three days' time.
5. Winners of the Golden Spindle competition in chronological order: Ann Demeulemeester, Dirk Van Saene, Dirk Bikkembergs, Pieter Coene, Véronique leroy and Christophe Charon.

Invitation for The Poor Millionaire's fashion show in Antwerp's city park, 1976–1980

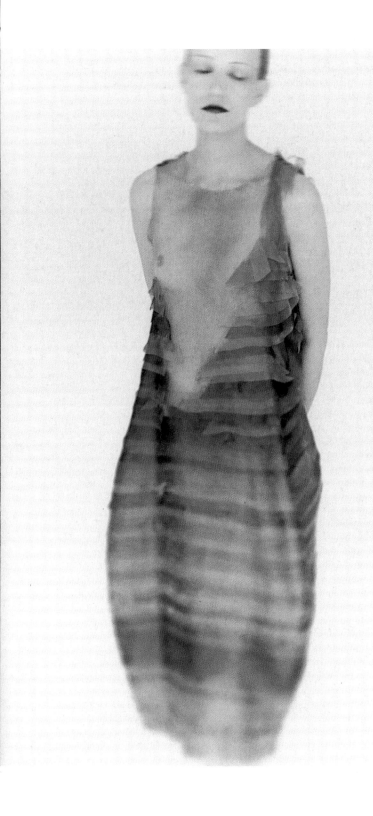

Antwerp Academy, graduate collection Hans Schreiber, 1993

It should be mentioned here that this first generation of designers initially sought employment in industry before venturing out under their own names. We need only think of the numerous students, including Jo Wijckmans, Linda Loppa, Fred Debouvry, Martin Margiela, Walter Van Beirendonck and Ann Demeulemeester, all of whom first built up working experience with Bartsons, the Belgian raincoat manufacturer.

The students of the Antwerp Academy became increasingly aware that things could be done differently, more professionally and, most significantly, more internationally. In 1979, a newly graduated Phara Van den Broeck began designing for Gianni Versace, thus becoming the first to sign a contract with a major international fashion house. A turning point was subsequently reached in June 1981, with the final exam show by Ann Demeulemeester, Dries Van Noten, Dirk Van Saene and Marina Yee. Students endeavoured to achieve an Academy show of professional standard, with a makeup artist, models, hair stylists and music appropriate to the occasion. The event was moved from the refectory to the Academy's more stately 'Long Room' and consequently also literally took a more important place in the Academy calendar. All this in turn provided incentive for the further professionalism of the Academy shows. As of 2006, these shows have expanded into a three-day event with more than 6,000 visitors and extensive attention from the world's press. Fourth-year students present their final exam collections as their visiting cards to industry and the press. More than ever before, these finalists are now closely followed by buyers, manufacturers and the media.

Firmly motivated by the spontaneous enthusiasm of an expanding audience and ever greater interest in their work on the part of the press, a small group of designers – Dirk Bikkembergs, Ann Demeulemeester, Dries Van Noten, Dirk Van Saene, Walter Van Beirendonck and Marina Yee – decided to present themselves on the international market, convinced that their names, sometimes so hard to pronounce in Paris or London, would prove no impediment to their international breakthrough. Their subsequent successes at the British Designer Show in London in 1988, followed by Paris and the rest of the world, are common knowledge. From the beginning, the successes of this first generation were supported and stimulated by close collaboration with photographers, stylists, graphic designers, make-up artists and models, whose contributions

Antwerp Academy, graduate collection Sarah Corynen, 1993

reinforced the impact made by the Antwerp designers' vision of fashion. We need but think of the
artistic input of photographers Ronald Stoops,
Patrick Robyn and Phil Inkelberghe, of graphic
designers Anne Kurris and Paul Boudens, and the
innovative work of makeup artist Inge Grognard.

In 1982, Mary Prijot was succeeded by Josette
Janssens. After Janssens' sudden death only a few
months later, Linda Loppa took the helm. From
1983, she would further lead the Academy along its
chosen course of professionalism and international-
ism. The study programme, based on the personal
development of the individual student, refining of
his or her talent and vision, and a firm grounding in
the technique and structure of apparel design, con-
tributed to the development of a more extreme perspective on fashion and gave the students a broad-
er and more international podium. Linda Loppa
oversaw outstanding management of the Academy's
public relations, and in 2002, *Time* magazine

acclaimed her as one of the world's 25 most influential fashion personalities.

In 1988, the British magazine, *i-D*, dubbed five
graduates of the Academy as the 'Furious Fashion
Five' (Patrick De Muynck, Katarina Van Den
Bossche, Peter Van de Velde, Karin Dupon and Lore
Ongenae). A year later, Lore Ongenae also made
international headlines when she adorned 'La
Cicciolina', the Italian porn star and Member of
Parliament, in her third-year collection.

The second generation of Antwerp designers in fact
needed some time to come out from under the shadow of the 'Antwerp Six'. Paradoxically enough, it
was Raf Simons, a designer who did not study at
the Antwerp Academy, who in 1995 would form the
impetus behind the second wave of successful
Antwerp designers.[6] The determination, and the
powerful and conceptual collections produced by
this generation, which included Jurgi Persoons,

6. Raf Simons did not study at the Antwerp Academy, but was encouraged by
Linda Loppa to become a fashion designer.

Antwerp Academy, graduate collection An Vandevorst, 1991

Lieve Van Gorp, Patrick Van Ommeslaeghe, A.F. Vandevorst, Veronique Branquinho and Bernhard Willhelm, won them an immediate breakthrough and ensured the continuation of the avant-garde character of Antwerp fashion.[7]

Not all graduates of the Antwerp Academy go on to become designers under their own name. Many work behind the scenes as designers, photographers, stylists or art directors, and as such have put an unmistakable and durable stamp on global fashion over the years. Consider Bob Verhelst (class of 1979) who, after an eight-year period with Martin Margiela, set out as a scenographer for the major fashion houses, including Hermès and Cartier, and subsequently laid the foundations for international acclaim for MoMu, the Fashion Museum of the Province of Antwerp. Olivier Rizzo (class of 1993) built up a top career as a stylist and consultant for Louis Vuitton and Prada, as well as *Vogue Homme*, *V-Magazine* and *i-D*, among others. Willy Vander-

perre is an internationally renowned fashion photographer; Peter Philips (class of 1993) a top-level make-up artist for Raf Simons, Dries Van Noten, Veronique Branquinho, Olivier Theyskens, etc.; Patrick Van Ommeslaeghe (class of 1990) is a designer with Raf Simons' team for Jil Sander; Josephus Thimister was artistic director for Balenciaga and later for Charles Jourdan; David Vandewal (class of 1992) was art director for the Ralph Lauren Group and Lagerfeld Gallery, and so on.

Yet others choose to teach or to combine their work as designers with teaching positions. Veronique Branquinho teaches at the Vienna Universität für Angewandte Kunst, where she succeeded Raf Simons. Sarah Corynen and Pieter Coene teach at the Ghent Fashion Academy, as does Anke Loh, who is also a visiting lecturer at the Chicago Art Institute. Stephan Schneider is a guest lecturer in Berlin. Erik Verdonck, together with Gerdi Esch,

7. In the third generation of designers, we include Angelo Figus, Bruno Pieters and Christian Wijnants.

Antwerp Academy, graduate collection Frieda Degeyter, 1993

Antwerp Academy, graduate collection Raf Stesmans, 1991

heads the Textiles and Fashion Department of the Royal Academy for the Fine Arts in The Hague. Most of all, it must not be forgotten that the current teaching staff of the Antwerp Academy itself is largely made up of former students: Walter Van Beirendonck, Patrick De Muynck, Nellie Nooren, Katarina Van Den Bossche and Yvonne De Cock.

The four-year curriculum at the Antwerp Academy is an intense and, most of all, a labour-intensive study. Former students have repeatedly indicated that it is a training where you learn to discover yourself – a confrontational experience for many. You develop your personality and are guided on a search to find your own voice. As Josephus Thimister once put it: 'In that school, you are trained in front of the mirror.'[8] Valerie Steele, director of the Fashion Institute of Technology in New York, suggested 'analysis' and 'introspection' as key words that come to mind when referring to the Antwerp Academy: 'At the Royal Academy, students are encouraged to look inward. Most fashion training encourages you to look outward. There, you are encouraged to go deeper and deeper into a subjective consciousness. [...] In Antwerp, fashion is a private endeavour, much like writing. Outside influences are internalized and eventually articulated in a profoundly personal voice.'[9]
Students starting out at the Academy have already undergone a rigid selection process. In the first year,

by way of an intake exam and personal interviews, 50 to 60 students are selected from about 150 candidates. In the second year, an average of only 20 to 25 students remain, to finish with a total of 10 to 15 students in the fourth and final year. In the last 25 years, the student body has also become more and more international. As of 2006, it is a melting pot of more than 26 different nationalities. This internationalization has also meant that only a minority of graduates are Belgian citizens. Can we indeed still speak of Belgian, Flemish or Antwerp fashion? Probably not. The generations to come may no longer be Flemish, but the values and the working methods passed on through the curriculum of the Antwerp Academy will no doubt contribute to these future designers, art directors, stylists and so on being perceived as characteristically Antwerp, Flemish or Belgian. It is precisely this confusion of identities, the collision between the culture of the student and the culture of a country that, ever since its inception in 1830, has been struggling with its own national identity, which makes the personal voice of these designers so strong, authentic and unique. In a fashion landscape that has increasingly come to be seen in terms of luxury and status, and where the Internet, flagship stores and high-impact campaigns produce an ever more fleeting appreciation of creativity, this personal voice will be valued as a true luxury, hopefully paving the way for a new avant-garde.

8. Josephus Thimister, in: *Elle USA*, August 1999.
9. Valerie Steele, in: 'The Light of an Old City Shines on New Ideas', *The Washington Post*, 12 August 2001.

In collaboration with Geert Bruloot, with thanks to Lut Clincke.

Antwerp Academy, fashion department, 3rd year 1974 (student unknown)

44

43

1983
1994

Knack, March 2, 1983

FASHION IS NOT ART: MARGUILA [*sic*] AND THE DOUBTS OF THE YOUNG DESIGNER

Marguila [*sic*]: 'Personal fame can be stolen. I have no objection to working for somebody else's name, as long as I get carte blanche. I detest the fact that fashion is sometimes compared to art. That is a pretence that a designer cannot have. Fashion is something that is closely linked to the moment and society, which changes under all kinds of influences and at a rapid pace. I design clothes for people to wear. Therefore, it is mostly in the streets or on public transport that I get my inspiration to create images, through clothing and accessories. You make fashion with both feet on the ground and your eyes and ears wide open to what is happening around you.'

46

1983
– First issue of 'Fashion this is Belgian' magazine.
– Dirk Van Saene wins the second Golden Spindle competition.

Mode is geen kunst

Marguila en de twijfel van de jonge ontwerper

Martin Marguila : een bescheiden uiterlijk, maar een strijdlustige mode-fanaat.

Martin Marguila (26) is één van die Antwerpse groep jonge mode-ontwerpers. Tijdens de Gouden Spoel-wedstrijd ontpopte hij zich als een veelbelovend tekentalent. Lang, slank en blond mode-maker onder dak kunnen geraken. over mode gaat, toont hij zich al vlug boordevol ambitie.

In het hartje van Antwerpen woont hij op de derde verdieping van zo'n typisch, ruim burgershuis. Afgezien van een volle boekenkast en een grote, witte schragentafel waarop tekeningen, foto's en magazines verspreid liggen, is het appartement onaangeroerd leeg. Naast zijn deeltijdse baan bij *Bartsons* als stylist heeft Marguila het te druk met mode-produkties voor een nieuw tijdschrift, eigen kreatief werk, het bezoeken van vakbeurzen, het ontwerpen van accessoires en zelfs een eigen schoenkollektie.

— Hoe lang ben jij al met mode bezig ?

— *Martin Marguila :* Zolang ik mij kan herinneren, sinds mijn prille jeugd vermoed ik. Als kind keek ik naar mijn moeder op, die een zeer modieuze vrouw was, en in het kapsalon van mijn vader trokken de foto's en accessoires mijn aandacht. Ik tekende al vroeg vrouwen in allerlei kledij en houdingen. Ik heb altijd mode willen ontwerpen. Terwijl ik handelsschool liep, ging ik naar de akademie en vanaf mijn zestiende volgde ik een klassieke opleiding Grafische Kunst aan de Akademie voor Schone Kunsten in Hasselt. Ik herinner me nog hoe ik bij het ingangseksamen met mijn werk werd weggelachen : „Mode ontwerpen ? Dan moet je maar een winkel beginnen !" Ik ben tenslotte op de akademie in Antwerpen terechtgekomen, een hele opluchting, want daar werd ik eindelijk gestimuleerd om te doen wat me interesseerde.

— Wat wou je doen na de akademie ?

— *Marguila :* Ik wou kost wat kost naar het buitenland. Bij een grote naam werken, mijn persoonlijke kreativiteit ontwikkelen. Het liefst van al wou ik naar Parijs, maar omdat het zo goed als onmogelijk is om daar ergens binnen te komen, ben ik maar naar Milaan getrokken. Daar kende ik *Fhara Van den Broeck*, en ik hoopte dat ze me zou helpen.

— Sukses gehad ?

— *Marguila :* Niet zoveel, vrees ik. Ik heb anderhalf jaar mijn uiterste best ge-

daan om bij *Armani, Ferré* of *Cadette* als stylist te worden aangeworven. Ondertussen maakte ik tendensboeken voor de kleding-multinational *Mondial Italia*. Een kolossaal werk waarvoor ik massa's informatie moest verzamelen op beurzen, en zo. Maar daarvoor was ik niet naar Italië gegaan, ik wou toch zelf ontwerpen, een stijl ontwikkelen, een trendkollektie maken en daarvoor moest ik bij een bekend mode-maker onder dak kunnen geraken. Dat is tenslotte een frustrerende ervaring geworden. Eerst en vooral moet je al door iemand geïntroduceerd of aanbevolen worden, anders geraak je niet verder dan de telefoniste. En als je dan zover bent, word je tot op het bot uitgekleed. In feite word je voor de gek gehouden, naar je tekeningen wordt er nauwelijks gekeken.

— Je bent dan maar teruggekomen naar België. Waarom ?

— *Marguila :* Ik was de tegenslagen meer dan zat, en tenslotte moest ik ook wat gaan verdienen. Het aanbod van Bartsons kwam op tijd, en was voor mij ook een hele uitdaging.

— Maar het was niet helemaal de bedoeling om commercieel te gaan werken ?

— *Marguila :* Ja, dat klopt. Ik had vroeger al geleerd hoe sterk de opbouw van een commerciële kollektie van een kreatieve trendkollektie verschilt. Maar het toeval wilde dat het om een kollektie van regenmantels ging, en dat is net het kledingstuk van mijn voorkeur. Ik hou van die gestruktureerde opbouw, het rijke gebruik van gespen, riemen, sluitingen, zakken, badges, en zo meer. Bovendien werkte een medestudente met mij aan voor die firma, en met twee sta je altijd sterker.

— Wat houdt het werk van een stylist zoal in, en is het echt zo duur voor een bedrijf ?

— *Marguila :* Vergeet niet dat een stylist niet alleen ideeën op papier zet. Een kollektie opbouwen, veronderstelt een grondige kennis van de heersende tendensen, zowel voor wat de vormen, als de kleuren en de stoffen betreft. Ook een inzicht in markt en kliënteel is belangrijk.

Bovendien volstaat het niet om modellen te tekenen. De patronen worden voortdurend bijgewerkt in overleg met medewerkers en verdelers. Tenslotte moet je ook het produktieproces grondig kennen om realizeerbare modellen te maken.

Of een stylist duur is ? Dat sommige bedrijven het tekenwerk nog altijd aan vrouw of schoondochter overlaten, heeft natuurlijk wel met centen te maken. Maar ook met een gebrek aan vertrouwen in de stylist. Bovendien wordt een stylist per kollektie betaald. Dat lijkt dan wel veel, maar als je die som omzet in een maandloon, is het niet zo'n vetpot.

— Wie zijn je favoriete ontwerpers ?

— *Marguila :* Afgezien van mijn voorliefde voor de typisch Franse stijl, wisselt mijn voorkeur van seizoen tot seizoen. ▶

– Pieter Coene, Kathleen Missotten and Kaat Tilley graduate from the Antwerp Academy.
– Linda Loppa is appointed head of the Fashion Department of the Royal Academy of Fine Arts.

– Coccodrillo designer shoe store opens on Nieuwe Gaanderij in Antwerp.
– Vivienne Westwood: 'Buffalo' collection.

Enkele jaren geleden was ik dol op het werk van *Thierry Mugler. Karl Lagerfeld* heeft mij ook altijd gefascineerd, zowel zijn excentrieke persoonlijkheid als zijn kreaties. Ze getuigen van een klassieke basis, waarop hij dan vrij fantazeert. Ik geloof dat ik van ontwerpers hou waarmee ik mezelf kan identificeren.

— *Hoe kan je je eigen stijl en voorkeur het best omschrijven ?*

— *Marguila :* Ik hou van een klassieke, zuivere vormgeving — een mantelpakje, een eenvoudig kleedje — waarop ik dan kontrasten en modische varianten aanbreng die het kledingstuk uit zijn kontekst halen. Daarom ben ik zo'n liefhebber van accessoires : de expressiemogelijkheden zijn zo groot en geven een eigen interpretatie aan het geheel. De keuze van halssnoeren, hoed, handschoenen, riemen en schoenen aksentueert een tema en laat oneindige variatie toe. Ik hou niet zozeer van harmonie, veeleer van kontrasten, niet romantisch, maar een sterke, zuivere lijn. Zo kan je het wel samenvatten, denk ik.

— *Heb je er bezwaar tegen om anoniem te werken ?*

Een geslaagde commerciële versie van de klassieke regenmantel : het lievelingskledingstuk van Marguila.

Bij deze kreatie voor de Gouden Spoel is de drang naar kontrast overduidelijk aanwezig.

— *Marguila :* Nee, persoonlijke roem kan mij gestolen worden. Ik heb er geen bezwaar tegen om voor de naam van iemand anders te werken, als ik maar *carte blanche* krijg. Het belangrijkste is om de kans te krijgen om een eigen trendkollektie te creëren, waarin je volledig jezelf kan zijn.

— *Wat betekent mode voor jou ?*

— *Marguila :* Och, ik heb er een hekel aan dat mode wel eens met kunst wordt vergeleken. Die pretentie mag een ontwerper niet hebben. Mode is iets dat nauw bij onze tijd en maatschappij aansluit, dat onder allerlei invloeden en in een snel tempo verandert. Ik ontwerp kleren om gedragen te worden. Het is dan ook meestal op straat of op de tram dat ik de inspiratie haal om altijd weer andere beelden te scheppen door middel van kleding en accessoires. Mode maak je met de twee voeten op de grond en ogen en oren wijd open voor wat er rondom gebeurt.

LUT BUYCK ∎

MARY PRIJOT:
elle a fait s'épanouir en Belgique la création de mode

Interview de France Baudoux-Gerard

Grâce à Mary Prijot, Prix de Rome 1984, la création de mode et celle du costume de théâtre ont reçu en Belgique leurs titres de noblesse. Pour la première fois dans l'histoire du Prix de Rome, cet art a retenu l'attention, et a été inclus dans le groupe "Arts Graphiques".

Il y a vingt-et-un ans, Mary Prijot fonda à l'Académie Royale des Beaux-Arts d'Anvers, la section création de mode et costume de théâtre, et la dirigea sans relâche jusqu'en 1982. L'Académie d'Anvers est la seule où le cours de création de mode est reconnu par l'Etat, tandis que sa réputation a largement dépassé nos frontières!

En quoi consistent ces études? Que pense Mary Prijot de la mode? Comment nous verrait-elle habillée? C'est à ces questions, et à bien d'autres, qu'elle répond ici.

F.B.G.: - Mary, quelle a été votre réaction lorsque vous avez appris que vous était décerné le prix de Rome?

M.P.: - J'en ai été surprise et heureuse! C'était donner à la création de mode et à celle du costume de théâtre, la place qui leur revient. Je vous signale cependant que depuis le régionalisme, le prix de Rome s'appelle en région flamande, le prix de la communauté flamande, et qu'il est attribué par le ministère de la culture néerlandaise. Pourquoi jadis le nom de "Prix de Rome"? Octroyé par l'Etat belge, il permettait aux artistes lauréats, peintres, sculpteurs, illustrateurs, graphistes qui devaient aller à Rome, de s'y rendre grâce à la somme d'argent que constituait ce prix.

F.B.G.: - Parlez-moi de votre carrière.

M.P.: - Mon père était liégeois, ma mère anglaise. J'avais six ans lorsque mes parents sont venus s'établir à Anvers, où habitaient déjà mes grands-parents paternels. Très attirée par la musique, à huit ans je donnais mon premier récital de piano. Ma carrière de pianiste interprète était tracée, mais à l'âge de vingt-deux ans, j'ai dû l'abandonner. Brusquement atteinte de polynévrite, il m'en resta des séquelles: mon bras gauche ne me permettait plus de jouer du piano avec virtuosité. Il fallait que je m'exprime autrement que par la musique! J'avais le don du dessin, et je me suis orientée vers le dessin et la peinture. Pendant cinq ans, ce qui équivaut à une licence, j'ai suivi les cours de l'Institut Supérieur des Beaux-Arts, et j'ai aussi fréquenté la Grande Chaumière, à Paris, où se perfectionnaient des peintres venus des quatre coins du monde. A Anvers, un professeur me signala qu'un cours de dessin de mode allait se créer à l'Aca-

48

suite page B68

suite de la page B66

démie, et me conseilla de postuler. N'avais-je d'ailleurs pas dessiné moi-même mes robes de pianiste interprète? Je suis allée trouver le directeur qui m'a demandé: "Tu te sens capable?" En même temps, j'apprends avec stupéfaction que la Belgique exportait chaque année pour 64 milliards de textile et de bonneterie! Pourquoi ne pas avoir de création de mode, et que l'on parle d'une mode belge? C'était en 1962.

F.B.G.: - Par où avez-vous commencé?

M.P.: - Je suis allée chez une amie, à Paris, qui m'a présentée à l'Inspecteur Général des arts appliqués. Il m'a expliqué bien des choses... Pendant trois mois, j'ai été suivre des cours à l'Ecole Technique des arts appliqués. C'était assez dur. Les amis chez lesquels je logeais habitaient les Yvelines, et je devais chaque jour emprunter train et métro... J'apprenais le métier de créateur de mode, avec tout ce que cela impliquait. Le cours de création se base sur l'Histoire du costume, et qui dit Histoire du costume, dit Histoire de l'Art. A cette école, on recevait aussi une culture générale d'un niveau très élevé.

Il était évidemment indispensable d'avoir la connaissance du dessin. Le nu, le corps, puisque c'est le corps qu'on doit revêtir. Il fallait dessiner des figurines de mode. Leurs proportions sont très différentes de celles de l'ana-

tomie vraie. Les jambes sont plus longues. Tout est dans les jambes! Nous recevions aussi des notions de publicité. Nous devions également dessiner les caractères typographiques. Certains parmi nous s'orienteraient vers le journalisme de mode, tandis que dessiner les caractères typographiques demande beaucoup de discipline et d'exactitude, discipline et précision indispensables à la réalisation des patrons. Si le patron bouge d'un millimètre, le vêtement ne tombe pas bien. Nous apprenions aussi le drapage, que nous effectuions sur une poupée-mannequin: les mensurations humaines réduites de moitié. C'est d'ailleurs ainsi qu'ont procédé et procèdent encore plusieurs grands couturiers.

Après Paris, je suis allée suivre des cours de création de mode et de costume de théâtre, à l'Académie de Cologne. En plus du patronage, j'y ai appris la réalisation des costumes historiques. Parallèlement, je suivais des cours particuliers de coupe et de couture.

En 1963, j'inaugurais la section création de mode, et création de costumes de théâtre, à l'Académie Royale des Beaux-Arts d'Anvers.

F.B.G.: - Que demandez-vous à vos élèves?

M.P.: - D'être motivés! Ils doivent avoir fait leurs humanités, et il est important qu'ils sachent dessiner. J'insiste sur la nécessité absolue du dessin dans la création de mode. C'est notre langage, le langage du créateur.

Avec un dessin, vous pouvez aller au Japon sans parler la langue. Savoir dessiner permet aussi de chercher les proportions, le mouvement, la balance d'un vêtement. Et dessiner, c'est apprendre à regarder! Notre métier consiste à regarder! Une mise en page bien faite. Un paysage. Le ciel. Tout ce qui vous entoure! L'on s'en inspire, pour la création de modèles. Pour leur réalisation, c'est le dessin technique.

F.B.G.: - Sur combien d'années s'étalent les études, et quel diplôme obtient-on?

M.P.: - Quatre années d'études, après les humanités. L'Académie d'Anvers est la seule académie belge où le cours de création de mode est reconnu par l'Etat. Le diplôme octroyé? A1, Etudes artistiques supérieures.

F.B.G.: - Vos élèves viennent-ils de toute la Belgique?

M.P.: - Et du monde entier! Nous avons des étudiants philippins, hollandais, portugais, thibétains, norvégiens, américains, et nous avons même un russe.

On parle aussi bien français qu'anglais!

F.B.G.: - Vos élèves parviennent-ils tous à obtenir leur diplôme...?

M.P.: - Il y a beaucoup d'appelés et peu d'élus. Il en est qui commencent, et abandonnent en cours de route. Sur trente élèves présentés en première année, il peut arriver que six seulement réussissent. J'ajoute qu'il s'agit d'apprendre le métier à fond, de A à Z, y com-

pris la coupe et la couture. Les modèles ne peuvent être irréalisables! Et un créateur doit tout savoir exécuter, ce qui lui permet notamment de pouvoir corriger la toile!

F.B.G.: - Tous les ans, l'Académie organise un défilé des quatre années. Quels en sont les impératifs?

M.P.: - *La première année:* une jupe de création personnelle, en calicot, et son dessus assorti. Un ensemble de plage en matériau de cuisine: torchon, lavette, etc... Une robe de soir selon le thème donné par le professeur.*La deuxième année:* un costume historique de son choix, réalisé avec les moyens du bord. Tissu imprimé par l'élève, broderies faites par lui, etc... Tout doit être créatif. Et chaque élève doit s'inspirer de ce costume historique pour créer cinq modèles, cinq vêtements.*La troisième année:* il s'agit de choisir dans le folklore international. Chaque élève réalise son costume folklorique, et s'en inspire pour créer trois vêtements d'enfants, et sept vêtements pour adultes.*La quatrième année:* les élèves sont libres de choisir leur thème, par exemple un tableau, une toile, un livre. Ils doivent créer douze modèles, directement sur papier, et les réaliser eux-mêmes. Nous avons eu des élèves qui ont choisi comme thème les peintures de Fernand Khnopff, et d'autres... la bande dessinée.

F.B.G.: - Et le costume de théâtre?

M.P.: - La création de costumes de théâtre demande le même nombre d'années d'études. Une séparation se fait à la deuxième année. Les étudiants commencent par étudier une pièce de théâtre classique.

L'année dernière, par exemple, "Les précieuses ridicules" de Molière. Ils doivent étudier la coupe historique! Cela vous donne un oeil particulièrement critique.

Personnellement, je ne peux jouir de la pièce quand les costumes ne sont pas parfaits.

F.B.G.: - Beaucoup de vos élèves se sont-ils déjà fait un nom?

M.P.: - Il faut des années pour réussir, s'imposer! Jo Wijckman, après avoir été chez Bartsons, a créé il y a deux ans "A Different Dialogue", et c'est très beau. Farah Vandenbroeck, après avoir travaillé pour Versace, a créé en Italie la collection "Vanden". Ils ont été diplômés il y a quinze ans. D'autres travaillent chez Dior, chez Cardin.

La firme japonaise Toyobo a organisé à Paris un concours de stylistes. 146 élèves de 12 différentes écoles européennes. 4 prix importants ont été décernés à des étudiants de l'Académie d'Anvers. Le deuxième prix à Koen Bolsens, le troisième prix à Marijke Holla et Etienne Liets, le quatrième prix à Erik Janssens. Par ailleurs, Paul Engels a obtenu le prix de la Bonneterie belge, Erik Janssens également le prix Scohy, et Hilde Maton, le prix Bartsons.

F.B.G.: - Plus les lauréates et lauréats de la Canette d'Or, prix annuel créé il y a trois ans par l'Institut du Textile et de la Confection de Belgique. Tous sortaient de votre école!

M.P.: - Mais je ne suis pas d'accord avec les extravagances de certains de leurs modèles. Vous avez vu les premiers prix? C'était dingue! Choquer n'est pas difficile. C'est trop gratuit! Vous formez des créateurs, vous vous dites ensuite qu'ils osent tout faire porter! Sous influence, ils ne se libèrent pas encore. Nous faisons qu'ils aient leur diplôme. Après, ils se libèrent et laissent courir toute leur fantaisie. La Canette d'Or les libère aussi! Moi, je leur dis: "Soyez Mozart, en harmonie". C'est apparemment facile, mais si difficile! Vous devez toutefois le leur dire. Il y a un équilibre à respecter. J'ajoute que, heureusement, il est aussi des étudiants qui n'aiment pas percer par les extravagances.

F.B.G.: - Ce prix ne vous semble donc pas être... ce qu'il devrait être?

M.P.: - C'est une très bonne initiative, qui stimule la production et les modélistes belges. Cela peut être favorable pour nos créateurs, qui peuvent alors être sélectionnés par les fabricants. Mais nous avons vu ce que les finalistes présentaient à la Canette d'Or. Il est dommage que l'I.T.C.B. n'ait pas contacté l'Académie plus tôt.

suite page B70

- Franco Moschino launches his own line.
- Karl Lagerfeld becomes Creative Director at Chanel.

– 'Yves Saint Laurent – 25 years of creation': exhibition by Diana Vreeland at the Costume Institute of the Metropolitan Museum of Art causes a sensation.

– 'Athletes of the 1984 Olympics': photographs by Bruce Weber published in *Interview*.

suite de la page B69

Il y aurait eu une collaboration plus étroite, une connaissance mutuelle de ce qu'était la Canette d'Or, et de ce qu'était l'Académie. Et une Canette d'Or par an, c'est trop, on n'a pas le temps de respirer. Un prix comme ça se prépare dans le calme. C'est trop fréquent et ça va trop vite! Quand à Paris on a créé le Dé d'Or, il y a eu concertation, cela a été étudié! Mais je répète que l'initiative est excellente. La Canette d'Or a déjà fait connaître des créateurs à l'étranger, et dans le public.

F.B.G.: - Ne croyez-vous pas que toute la fantaisie adoptée par tant de femmes et d'hommes correspond aussi à un besoin, une recherche, par exemple, de plus de gaieté dans un monde... morose?

M.P.: - Vous trouvez ça gai? Moi, je trouve ça sinistre! Elles et ils ne sont pas joyeux, dans leurs vêtements. Louis Féraud, Ungaro, Chloé, Valentino, Versace, font de très belles choses. Mais quand la mode descend dans la rue, les jeunes massacrent tout. Parce qu'ils n'ont aucune mesure, les filles comme les garçons!

F.B.G.: - Ne seriez-vous pas trop classique?

M.P.: - Je suis classique, mais j'aime la fantaisie chez les étudiants. Ce n'est pas parce que j'aime Mozart que je n'aime pas Schönberg. Le terme" classique", maintenant on dit B.C.B.G., est souvent employé d'une matière péjorative, en oubliant que tout ce qui est beau devient classique. Karl Lagerfeld deviendra un jour un grand classique, tout comme Chanel l'est devenue.

F.B.G.: - Comment aimeriez-vous que les femmes s'habillent?

M.P.: - En femme-femme. Belles, attirantes, pas agressives, ni par leur coiffure, ni pas leur maquillage. Qu'elles se respectent et respectent leur corps. Et ne se présentent pas elles-mêmes comme des objets, esclaves de tous les courants.

F.B.G.: - Donc, pas esclaves non plus de la mode...?

M.P.: - "La mode" évoque la femme dans la rue. On fait sa propre mode! Il est ridicule de ne pas acheter dans les magasins tel ou tel vêtement qui pourtant vous convient, sous prétexte qu'il n'est pas à la mode. De ne plus oser porter un vêtement de l'année dernière, parce qu'il serait "démodé". Ce qu'on porte est une seconde peau. L'important est que vous vous sentiez bien, que cela vous aille. Au seizième siècle, personne ne portait le même habit, mais c'était la même ligne! Ce serait triste de n'être qu'un vêtement! Mais pour certains, il est difficile d'être ce qu'ils sont...

F.B.G.: - Pendant vingt ans, vous avez formé des créateurs, et les avez stimulés. Grâce à vous, la section de création de mode et du costume de théâtre de l'Académie d'Anvers a acquis une réputation internationale. Estimez-vous qu'il existe maintenant une mode belge?

M.P.: - Pour moi, il n'y a pas encore de mode belge. Elle est trop jeune, il n'y a pas dix ans qu'elle est en gestation. Ce qui ne veut pas dire qu'elle n'a pas d'avenir. Bien au contraire!

F.B.G.: - Etiez-vous entièrement satisfaite de la section que vous dirigiez à l'Académie?

M.P.: - Il y a encore des tas de choses à faire. Je n'ai pas l'impression que c'était à son niveau le plus haut. Il faudrait créer des souliers, des chapeaux, des accessoires, et surtout de la lingerie. Et puis je tiens à dire aussi qu'en Angleterre, le " Fashion Department" du College of Art, reçoit les tout derniers tissus, des fourrures, des peaux, tout ce dont les étudiants ont besoin. L'Académie d'Anvers ne peut pas donner coton, lin, tissu pour stimuler les étudiants, et les aider à créer dans les belles matières, dont des nouvelles matières.

F.B.G.: - Qui vous a remplacée?

M.P.: - Josette Janssens, qui a un très grand talent. Après trois ans de stage chez moi, c'est elle qui me succède. Je la considère comme ma fille spirituelle, et même comme ma fille tout court. Elle est entourée d'une excellente équipe.

F.B.G.: - La retraite n'est-elle pas trop dure à accepter?

M.P.: - Non, à partir du moment où on a une vie bien remplie, et mille centres d'intérêt!

Interview de France Baudoux-Gérard

Source unknown, 1984

MARY PRIJOT: SHE MADE BELGIAN FASHION DESIGN FLOURISH

Mary Prijot on the recipients of the Golden Spindle award: 'I did not agree with the extravagance of some of their silhouettes. It's mad! It is not hard to shock, but it remains gratuitous. [...] I am always saying to my students "be like Mozart – always in harmony". That seems easy, but it is so difficult! In any case, you have to point it out to them. There is a balance that must be respected. Happily, there are also students who don't want to break through with extravagance.'

'As far as I am concerned, there is no Belgian fashion yet. It is still too new – less than ten years old. But that isn't to say that we don't have a future. On the contrary!'

Het Kan Niet Op

50

- First broadcast of the *Dynasty* television series.
- *Ghandi* wins eight Oscars.
- Michael Jackson: *Thriller.*
- Francis Ford Coppola: *Rumble Fish.*

- First Swatch watch.
- Anti-nuclear protest demonstrations.
- Internet becomes generally available.

Gouden Spoel 1983
La Canette d'Or 1983

Dirk Bikkembergs
Ann Demeulemeester
Martin Margiela
Walter Van Beirendonck
Dries Van Noten
Dirk Van Saene
Marina Yee

51

1984
– Martin Margiela becomes assistant to Jean
Paul Gaultier (until 1987).
– Jenny Meirens opens Comme des Garçons
on Place Catherine in Brussels.

– Comme des Garçons and Yohji Yamamoto
show in Ancienne Belgique in Brussels.
– France Andrevie dies.

FASHION'S FRESH FACES

The label 'Made in Belgium' is making new waves in the fashion world. Sue Teddern reports that the country's young designers are emerging in style. Photos by Patrick Robyn

Van Saene's award-winning Belgian chic

It seems something of a paradox that Antwerp, the city that produced the painter Rubens and his soft, seductive, ample-fleshed females, has now produced a fashion designer whose ideal woman is tall, rangy and assertive.

'She must look confident,' says Dirk Van Saene, described by *De Standaard* newspaper as 'the national textile industry's great hope in hard times'. He continues: 'She must have character in her face and she must be able to take risks. A woman who can wear what she likes and look good – someone like Fanny Ardant or Charlotte Rampling.' He sighs. 'If only Charlotte Rampling would wear *my* designs…'

We are sitting in the cluttered atelier above his small but well-situated shop within an Antwerp shopping plaza. His colleague, Sabine, irons an endless length of grey poplin, and Sada, an over-friendly English bull terrier, hurls itself affectionately at our ankles.

The two-year-old shop was the first of his big ambitions to be fulfilled. The second was winning last year's *Canette d'Or* (Golden Spindle) contest in which seven of the country's top young designers had been invited by the Belgian textile industry to present their summer '84 collections. In his mid-20s, he is one of a number of new names who are stimulating fresh international interest in the Belgian clothing world. With people like Martin Margiela, Marina Yee, Ann Demeulemeester, Dries Van Noten and Brussels' Sylvie Van Reeth, he is beginning to raise eyebrows in the fashion capitals and the 'Made in Belgium' label is being pushed with no false modesty.

Undoubtedly *La Canette d'Or* did much to strengthen the cause. A show of the seven designers has since been seen as far afield as Japan, and it contains some noteworthy notions. The sources of inspiration for Walter Van Beirendonck, for instance, were the works of Miró and Calder. He tried to convert their approach to painting and sculpture into an approach to clothing. And Dirk Bikkembergs presented a 'boyish' look based on American-Italian sportswear in which garments could find a reverse purpose. An undershirt could be worn as a coat, a coat as an undershirt.

'Internationally this country does not enjoy the reputation it deserves,' says Van Saene. 'For some reason people don't expect anything to come from Belgium. But when our show was presented in Paris, I think the French were pleasantly surprised. Until recently, fashion came only from Paris. There was a kind of snobbishness but now that's beginning to change. My next ambition is to have a shop in Paris.'

He describes his own clothes as unromantic and a little masculine, with a strong silhouette. 'I don't use silk or frills. No Princess of Wales touches. Fabrics are mostly heavy cottons and poplins.

Structured collarless blazer by Demeulemeester

Utilitarian details reinforce Yee's assertive image

FASHION'S FRESH FACES

'Internationally this country does not enjoy the reputation it deserves,' says [Dirk] Van Saene. 'For some reason people don't expect anything to come from Belgium. But when our show was presented in Paris, I think the French were pleasantly surprised. Until recently, fashion came only from Paris. There was a kind of snobbishness but now that's beginning to change. My next ambition is to have a shop in Paris.'

53

Bikkembergs' reversible logic

Van Beirendonck's emphasis on experimental elements

– First ITCB trip to Japan, with a fashion show in Osaka.
– The Stijl store opens in Brussels.

– John Galliano graduates from Central Saint Martins College of Art and Design, London, with his 'Les Incroyables' collection.
– Stephen Sprouse shows his first collection in New York.

– Body Map, the British designer team of David Holah and Stevie Stewart, present 'Cat in a Hat Takes a Rumble with a Techno Fish'. Their designs, unconventional pieces in stretch and jersey fabrics, are an international success.

'The inspiration for my summer collection came from First World War uniforms and working clothes. And from the Brownies. I'm always looking for new ideas and I have to keep my eyes open all the time. Woody Allen's film *Zelig*, for instance, gave me a lot of inspiration.

'I have learnt, however, that reality is very different to school. The Antwerp Academy of Fine Arts which I attended is one of the best in Europe. But as a fashion student you can do what you like. I couldn't possibly compare my current work with what I made at the academy. That was far more experimental. In the outside world you learn by your mistakes.'

As the textile industry's 'big hope' he doesn't appear to be making too many of those. Is there a lot of pressure on him? 'I like the sobriquet,' he replies. 'It's good for business. But Belgium is producing new talent every year. Sometimes I feel old. Then I remember that Jean-Paul Gaultier, one of my big heroes, is at the peak of his career and he's 31.'

Martin Margiela can recall the very moment he realised the impact fashion would have on his life. 'I was watching the TV news and there was an item about Rabanne and Courreges. As soon as I saw their designs, I thought: How wonderful, people are doing the sort of things I want to do. Those Courreges boots with the cut-out toes confirmed it. I still feel that same emotion when I see something that is completely new.'

He was only a child then. Now, at 27, he is one of Belgium's foremost young talents, another graduate of the Antwerp academy and another participant in *La Canette d'Or*.

The inspiration for that collection came from a pair of turn-of-the-century surgical spectacles he found in Italy. His designs featured long skirts, draped *gilets* and wide T-shirts in white, shades of spice, marine blue, grey and black.

He shows one of them, an open-backed overall, like a surgeon's gown, which is currently being modelled by a tailor's dummy. His studio is filled with books, sketches, piles of photos and magazines, a shoe here, a roll of cloth there, but the debris hints of great industry and his busy schedule confirms it.

He too has a certain type of woman in mind when he designs: 'Jane Birkin, Geraldine Chaplin, Diana Vreeland, Loulou de la Falaise... but not them especially. The kind of woman I mean has a certain ease of movement, certain hand gestures, a certain voice ... you see *her* immediately and what she's wearing afterwards. Also,' he says smiling, 'I have a thing about women with big noses.'

He stresses the importance of the total look. Not just the clothes but the accessories too. So he has designed elegant shoes with a chunky, yet slender profiled heel, and a superb leather bag that almost flows from the hips when attached to a matching belt. 'At the academy they placed great emphasis on the total look,' he explains.

While the school has a good reputation, Margiela feels Antwerp is a good working environment. 'I can't explain why. Why is Paris better that Milan? You only have to walk along the streets here to see well-dressed, fashion-minded people. I hope I'm aiming at them, the people without too much money. It's not easy to be successful at the moment because of the economic climate but then fashion is at its most creative during times of crisis.'

Selling himself internationally as a Belgian designer isn't always easy either, but like the others Margiela feels a change coming.

'The *Canette d'Or* show in France made a lot of difference. The director of the Cotton Institute of Paris was there and liked my designs, and I was chosen to make the collection for their winter '86 promotion. That's what I'm working on now.'

Establishing a base in Paris is one of his future plans and he has already lived and worked in that other European fashion capital, Milan. 'After a well-received collection, you make a bigger impact,' he says. But the stomach-churning tension which invariably accompanies the conception of new ideas hasn't left him. In fact he rather enjoys it.

'I think it's vital. When you are under that stress and it's positive, everything you see inspires you. And those moments of inspiration are some of the happiest of my life.'

Margiela's totality of design

Mannequins 'ingepakt' als eindejaarswerk

ANTWERPEN — Gisternamiddag werden in de grote zaal van de Koninklijke Akademie voor Schone Kunsten te Antwerpen de eindejaarswerken voorgesteld van de afdeling mode-ontwerp. In het laatste jaar waren er drie finalisten, die voor hun ontwerpen zelf een tema mochten uitkiezen.

Onze fotografe drukte af bij het werk van Pieter Coene die zich inspirerend op inpak-kunstenaar Christo, zijn mannequins «inpakte» in één lang kleed.
Oogstrelend dat wel, maar of het praktisch is zal - bij wijze van spreken - wel een ander paar mouwen zijn.

Volksdansgroe...

Stabroek — Zopas w...
volksdansgroep opge...
broek-Hoevenen, me...
ling de internationale...
kultuur te verspreide...
mogelijk mensen. De...
listisch aandienende...
elke dinsdagavond...
21u.30 in de turnzaal...
straat in Hoevenen. In...
de naam van de n...
nodigt jong en oud uit...
kijken en mee te doe...

Info Rupelstreek

Boom — Het info-c...
streek, dat opgericht...
van het struktuurp...
voor de vijf Rupelg...
tijdens de vakantiema...
augustus toegankelijk...
werkdagen van 9 tot 12...
14 tot 16 uur. 's Maa...
open tot 18 uur. Adres:...
straat 3, 2650 Boom, te...

Avondsluitingen

Antwerpen — In het...
wettelijke reglement...
de verplichte rustdag...
ting van handelaars...
ners deelt het kolleg...

55

Source unknown, 1983

MODELS 'WRAPPED' AS END-OF-THE-YEAR PROJECT
Pieter Coene's final exam project is inspired by the work of Christo.

– Katharine Hamnett meets British Prime Minister Margaret Thatcher at 10 Downing Street, London.
– First Donna Karan collection.

– Ray Petri turns *The Face* into the ultimate style icon.
– Marvin Gaye shot.

– Wim Wenders: *Paris-Texas*.
– James Cameron: *Terminator*.
– Bruce Springsteen: *Born in the USA*.
– Martin Amis: *Money*.

APPLAUS
VOOR DE WINNAARS VAN DE
GOUDEN SPOEL '85

DE GOUDEN SPOEL. EEN INITIATIEF DAT NIET MEER WEG TE DENKEN IS UIT DE BELGISCHE MODE. NU AAN Z'N DERDE JAARGANG TOE. EN VEEL MEER DAN EEN WEDSTRIJD. DE GEDROOMDE GELEGENHEID VOOR BELGISCHE STILISTEN INTERNATIONAAL OPGEMERKT TE WORDEN. NIET VOOR NIKS WERDEN DE FINALISTEN VAN DE VORIGE GOUDEN SPOEL UITGENODIGD HUN CREATIES VOOR TE STELLEN OP HET "SALON DES ARTISTES DECORATEURS" TE PARIJS. EN SPRAK JAPAN LOVEND OVER "BELGISCHE CREATEURS BOORDEVOL TALENT". IN JUNI '84 VOND DE VOORSELECTIE PLAATS VOOR DE GOUDEN SPOEL 1985; 27 KANDIDATEN VOLDEDEN AAN DE DEELNEMINGSVOORWAARDEN: BELG ZIJN, TUSSEN DE 22 EN 30 JAAR, MAX. DRIE DEELNAMES AAN DE GOUDEN SPOEL, HET VEREISTE STUDIENIVEAU OF PRAKTISCHE ERVARING BEZITTEN. UITEINDELIJK WERDEN 10 FINALISTEN GESELECTEERD. ZIJ KREGEN DIT JAAR EEN DUBBELE OPDRACHT: EEN SILHOUET "ZOMER '85" UITWERKEN, DAT WERD VOORGESTELD OP VESTIRAMA IN SEPTEMBER '84, EN EEN TENDENS-COLLECTIE MET 15 SILHOUETTEN "WINTER '85 '86", DIE AAN EEN INTERNATIONALE JURY O.L.V. DANIEL HECHTER WERD VOORGESTELD OP 13 MAART IN HET BRUSSELSE STADHUIS, IN AANWEZIGHEID VAN H.K.H. PRINSES PAOLA. WINNAAR VAN DE GOUDEN SPOEL '85 WERD DIRK BIKKEMBERGS. DAARNAAST KENDEN DE VERSCHILLENDE JURYGROEPEN NOG VIER EER-

VOLLE VERMELDINGEN EN VIER TWEEDE VERMELDIN-
GEN TOE: DE PRIJS VOOR DE ONTWERPER MET DE MEEST
INTERNATIONALE STIJL (1. MARINA YEE - 2. DIRK VAN
SAENE), DE PERSPRIJS (1. WALTER VAN BEIRENDONCK
- 2. DIRK BIKKEMBERGS), DE PRIJS VAN DE BELGISCHE
MODESPECIALISTEN (1. DIRK BIKKEMBERGS - 2. PIETER
COENE), EN DE PRIJS VOOR DE COLLECTIE DIE HET BEST
VERTAALBAAR IS NAAR DE INDUSTRIE TOE (1. ANN DE-
MEULEMEESTER-VERHELST VOOR DE DAMESCOLLECTIE
EN DIRK BIKKEMBERGS VOOR DE HERENCOLLECTIE -
2. DRIES VAN NOTEN). MET DE GOUDEN SPOEL WILLEN
WE AANTONEN DAT IN BEL- GIE ECHT TALENT OP MODE-
GEBIED BESTAAT; HET ITCB VERVULT DAARBIJ EEN BE-
LANGRIJKE TAAK IN HET VLAK VAN CREATIVITEIT EN
PROMOTIE. MAAR OORDEEL ZELF.

DIRK BIKKEMBERGS

DIRK VAN SAENE

MARINA YEE

WALTER VAN BEIRENDONCK

PIETER COENE

Gouden Spoel '85 verheerlijkt de man

De derde Gouden Spoel-wedstrijd voor jonge Belgische mode-ontwerpers zit er weer op. Deze keer ging alle eer en glorie naar Dirk Bikkembergs voor zijn sterk vernieuwende herenkollektie winter '85-'86. De overige vermeldingen gingen eveneens bijna allemaal naar mannenkollekties. Een verslag.

Sinds het ontstaan van het ITCB, u weet wel het Instituut voor Textiel en Konfektie van België dat in het kader van het plan Claes werd opgericht om onze schrijnende textielindustrie van de ondergang te redden, is het onder meer een traditie geworden ieder jaar een wedstrijd uit te schrijven om jong kreatief talent in ons land aan te moedigen.

Eén van de zwakste punten van onze konfektie was destijds immers het grote tekort aan, en vaak de totale afwezigheid of van enig mode-inzicht. Daarin zijn we inmiddels sterk op vooruitgegaan en de belangstelling voor ontwerpers en stilisten neemt in evenredigheid toe.

Het is in dat kader dat we de zin van dergelijke prestigieuze ondernemingen moeten zoeken. Het is immers pas door jonge talenten de kans te geven zich ten volle te geven in een volledig zelfstandig opgebouwde trendkollektie dat men kan geloven in hun kreatieve kracht. Het vertrouwen van de Belgische textielindustrie en fabrikanten is in enkele jaren dan ook steviger en uitgebreider geworden.

Konkurrentie

De lijst Belgische wevers, konfektionneurs en breiers die hun medewerking aan de kandidaten van deze wedstrijd hebben toegezegd, is opzienbarend toegenomen... In plaats van skepticisme en onbegrip delen zij nu van harte in het entoesiasme en de spanning van de deelnemende stilisten.

En last but not least krijgt de Gouden Spoel-wedstrijd stilaan een internationale weerklank, wat het imago van de Belgische mode in het algemeen alleen maar kan optrekken en de mogelijkheden van het jong Belgisch talent in het biezonder zal verruimen...

Tien kandidaten toonden op 13 maart jongstleden in het Brusselse stadhuis en in aanwezigheid van prinses Paola en mevrouw Wilfried Martens, een trendkollektie bestaande uit vijftien totaal-silhouetten.

Dergelijke kollekties zijn niet als „klaar-om-dragen" bedoeld, maar weerspiegelen wel de tendenzen van wat morgen misschien het straatbeeld zal bepalen. De persoonlijke inbreng, de vernieuwende ideeën en de homoge-

niteit van het geheel zijn dan ook de basiscriteria, en niet direkt de draagbaarheid of de verkoopbaarheid van de modellen.

Een internationale jury, samengesteld uit industriëlen, mode-specialisten, mode-ontwerpers en journalisten onder leiding van Daniël Hechter, werd gevraagd het verdict te vellen.

Altijd een benarde opgave, te meer daar de groep zowat werd opgesplitst in enerzijds ervaren deelnemers zoals Ann Demeulemeester, Walter Van Beirendonck, Dries Van Noten, Dirk Van Saene en Marina Yee (waaronder nota bene al twee vorige winnaars) en anderzijds het prille debuterende talent van Mieke Vanneste, Brigitta Tulkens, Bob Verhelst en Pieter Coene. Slechts de winnaar Bikkembergs zit daar (toevallig ?) tussenin.

Een nieuwe reglementering van de toelatingsvoorwaarden dringt zich dan ook voor de toekomst op.

Hoe dan ook zorgden ze voor een bonte show die in het algemeen een sterke indruk naliet.

Laureaat anno '84, Dirk Van Saene pakte als eerste uit met zijn (overigens

Dirk Bikkembergs, laureaat van de Gouden Spoel '85 : de ontroering maakte zich van hem meester.

GUYAUX

PETER LOHRE

Van Beirendonck brengt het strenge keurslijf van de pioniersvrouw in rechtstreeks kontrast met de wijde dekenvolumes en wikkelvormen van de Indianen. Kenmerken van totaal verschillende kulturen worden verwerkt tot één silhouet.

Brigitta Tulkens vernieuwt al evenmin, met inspiraties die tussen Martin Margiela en Ann Demeulemeester in zitten.

De mannenkollektie van Dirk Bikkembergs zorgde daaropvolgend voor vrolijke opschudding in de zaal met doorstikte nylonjassen, broeken en zelfs een rok over dikke scheerwol. Vloeiende lijnen in viskose en kasjmir, gedrapeerde capes over korte leren vesten waaronder een satijnen heupband piept. Drie verschillende, totaal vernieuwende lijnen die overeenstemmen met drie mannen of situaties in onze samenleving : sportieve, de business- en de mondaine man. Naast de Gouden Spoel bracht het hem nog drie

eervolle vermeldingen op !

Walter Van Beirendonck, hét kreatieve genie, moest echter niet onderdoen voor Dirk met zijn unisekskollektie.

Prachtige dekenmantels met twee paar mouwen, één met wanten en één zonder voor mannen, en luiers met gewikkelde vesten voor haar.

Het wijde silhouet voor mannen breekt met de konventionele tradities en verenigt sjieke vloeiende lijnen met stugge sportieve details. Ook hier rokken en zelfs jurken voor hem, terwijl de vrouw vaker in een keurslijf wordt gedrukt of mannelijke Mayatruien aan krijgt.

Was deze niet zo gunstige vrouwelijke wederhelft van de prachtige mannenlijn er de reden van dat Walter slechts één vermelding in de wacht sleepte of ligt het aan het Belgische publiek dat zijn uitspattingen niet altijd in dank afneemt ? Zijn ideeënrijkdom kent in ieder geval geen grenzen en verdient beter.

De kollektie van Dries Van Noten is geïnspireerd op de Amerikaanse muziek van de jaren vijftig. De basis is de klassieke herenkledij, maar de proporties, stof en kleuren zijn veranderd : een herkenbaar silhouet maar toch nieuw van beeld.

Tot slot wou Ann Demeulemeester deze keer alleen impulsief te werk gaan voor een romantische, poëtische kollektie die de hand van persoonlijke impressies en niet van een of andere inspiratiebron.

Zwarte jassen met wijde ronde sluiting vooraan en ingenomen bolle rug met ruime, lange broekrokken en hoge taille of plissé-omslagrok met ribbeltruien zijn gewoon perfekt. Een rood-zwart passage in tricot op minilengte en grote blazers of korte buisrokken en strikte tailleurs in auberginekleur zorgen voor een professioneel beeld dat gewoon „af" was. De Belgische mode-specialisten gaven haar dan ook wat haar toekwam.   **LUT BUYCK** ∎

72

76

Knack, 1985

GOLDEN SPINDLE '85
EXTOLS THE MAN

Les rendez-vous de Marie Claire Belgique

UN EVENEMENT EXCEPTIONNEL A ANVERS
LA MODE AUTOMNE-HIVER 85/86
MAIS AUSSI LA MODE PRINTEMPS-ETE86!

Un grand événement annonçant une belle saison mode, plus un second, dévoilant la saison suivante, en un seul spectacle unique, représente une fête exceptionnelle et une manifestation hors du commun.

Marie Claire Belgique vous invite à cette soirée inoubliable dans le cadre inédit des bords de l'Escaut, à Anvers, le 11 septembre 85, à 20 heures 30, en présence de toutes les personnalités de la mode, de la presse venant du pays et de l'étranger.

Vous assisterez à la présentation des collections de la "Canette d'Or 85" modifiées, et mises au goût du public.
Et en avant première (du jamais vu), les collections très "commerciales" du printemps-été 86.

Vous découvrirez la mode vue et revue par le "concept" japonais, un must pour les spécialistes, mais aussi pour le grand public.

Plus de 3.000 personnes, sélectionnées, auront le privilège d'assister au plus grand show "mode" jamais réalisé, à ce jour, en Belgique. La presse télévisée et la presse écrite entoureront les invités d'honneur Jean-Paul Gaulthier et Anna Piaggi, actuellement en tête du hit-parade des stylistes européens.

Un rendez-vous à ne pas manquer.

A noter que les collections de la "Canette d'Or 85" seront en vente dans plusieurs boutiques à Anvers. Ces magasins proposeront d'ailleurs une vitrine spéciale que vous pourrez examiner au cours du défilé-spectacle.

LES LECTRICES DE MARIE CLAIRE PEUVENT RESERVER LEUR PLACE QUI LEUR SERA ENVOYEE PAR POSTE, ACCOMPAGNEE D'UN PLAN, EN TELEPHONANT AU JOURNAL: 02/345.39.75 ou 74. (AU PRIX DE 350 FB LA PLACE).

Invitation for the 'Antwerp Six' fashion show at the Scheldekaaien, 1985

– First Antwerp Academy fashion show held
at the Handelsbeurs in Antwerp.

– Jean Paul Gaultier & Régine Chopinot in
Brussels with 'Le Defilé'; poster designed by
Anne Kurris.

De Standaard, September 14, 1985

ANTWERP FASHION HAS NO COMPLEXES

'The Six' organize their own fashion show at Antwerp's Scheldekaaien.

Antwerpse mode toont zich zonder complexen

Van onze verslaggeefster
ANTWERPEN — In mode-milieus heten ze „de zes van de akademie" of „die van de Gouden Spoel", gemakkelijkheidshalve de verzamelnaam van Marina Yee, Dirk Bikkembergs, Dirk Van Saene, Walter Van Beirendonck, Ann Demeulemeester-Verhelst en Dries Van Noten, zes jonge ontwerpers die hier al een paar jaar het mooie modeweer maken. Meestal zie je hun geesteskinderen op zwaar gesponsorde evenementen zoals de Gouden Spoel-wedstrijd of een talentenshow van Vestirama. In Antwerpen hield men dan ook even de adem in toen „de zes" besloten een eigen modeshow te organizeren. Maar geen probleem, er kwam veel volk naar kijken.

Je moet het lef van de onnozele, gekombineerd met het geluk van de beginner hebben, om voor drieduizend mode-amateurs een internationaal spektakel in elkaar te steken op een Scheldekaai. Het werd een grandioos feest en mogelijk de start van een heuse „Antwerpse Modeweek". Dat werd deze week tenminste na afloop, in de eufrie van het sukses, verkondigd.

Ruim twee uur defilé waarin zowel de trendkollektie voor volgende winter van Bikkembergs, Marina Yee, Ann Demeulemeester-Verhelst, Van Beirendonck, Van Noten en Van Saene te zien was als gecommercialiseerde zomerkollekties voor 1986.

En dan bleek dat onze jonge ontwerpers alvast iets leerden van de enscenering van hun Parijse meester Jean-Paul Gaultier. Niet alleen lieten ze een aantal Parijse mannequins met extra lelijke tronies overkomen (dat heet dan een kop-met-karakter), er werd ook duchtig gegoocheld met het element „show". We lachen uitbundig als tussen de mannequins voor Dirk Van Saenes winterkollektie en fikse oma opstapt, kompleet met zijn malle lampekaphoed. Tot een autentieke Antwerpenaar mij influistert dat er ook écht reden is om te lachen: het mens is in Antwerpen wereldbekend, uitbaatster van een bekende „bollenwinkel".

Attrakties

De andere grapjes die de show opfleurden — en de mannequins de nodige tijd gaven om zich in de vaak omslachtige kreaties te stoppen — bleken prima circusattrakties: de goochelaar, de messenwerper, de akrobaat en de saxofoon spelende klowns tot de vuurspuwer en de dame met de dansende poedels. Al moest dat mens wel even de aandacht delen met een bekend politicus, die twintig minuten vóór het einde in de zaal verscheen en zich waarschijnlijk afvroeg of hij zich niet van adres had vergist.

Over de winterkollekties van „de zes" is alles verteld: we konden alleen vaststellen dat Bikkembergs met die mannenkollektie zijn Gouden Spoel echt had verdiend. En zijn zomerkollektie blijft voorlopig beperkt tot herenschoenen, omdat de fabrikant van zijn Gaffa-kollektie net op de fles ging. Gaffa, dat was de revelatie van zes maanden geleden op het Top Fashion Forum, waar Bikkembergs blijkbaar een op sterven na uitgebluste Waalse firma nog heel even nieuw leven inblies. Bikkembergs neemt het overigens gelaten op: volgend jaar heeft hij beslist een nieuwe kollektie.

Schoenen

Van die herenschoenen hebben we wel niet veel gezien: de mannequins in zwarte onderbroek — en Bikkembergs' schoenen — liepen in een verduisterde zaal, zaklantaarn in de hand, maar daar beschenen ze hoofdzakelijk de eerste rijen mee. En voorts zijn wij ook maar mensen: de aandacht is snel afgeleid als je zoveel duister bloot ziet rondhuppelen.

Dries Van Noten zal in de nieuwe kollektie „Options by Jacques Laloux" volgende zomer een heel aparte visie brengen op mannenmode. Met jasjes in gabardine, seersucker, madrasruiten, streepmotieven, sweaters met embleem, blazers met klubschildje. En Bon Chic Bon Genre met een nonchalant aksent.

Een andere mannenkollektie, adembenemend mooi, is „Jerome" van fabrikant Bartson's. Perfektioniste Ann Demeulemeester en kreatieve hoogvlieger Walter Van Beirendonck zorgden voor een kollektie die qua inspiratie en verfijning naast de grootste internationale namen mag liggen. Alleen vrezen wij dat de modale Belg er nog niet rijp voor is. Een schort over een pantalon, dat heet hier al gauw „paterkesstijl". Ondanks de viriele rugzakken en de meer dan prachtige trench coats.

Fabrikant Bassetti mag zich ook volgende zomer verheugen in het kreatief talent van Marina Yee, en haar kreaties zal je herkennen aan de lange rechte rokken met zeer hoge splitten (alsof de rok aan flarden hangt), de zijige lange gestreepte hemden en de herkenbare nonchalante sjiek.

En ten slotte was daar nog Dirk Van Saene, alweer prezent met een kollektie onder zijn eigen naam. We herkenden kraagjes uit zijn „Indiase kollektie" van deze zomer, de gefronste rokzoom die in de winter aan bod komt, een aanbod van Lolita's met strooien hoedjes uit de jaren vijftig, adembenemende zwarte amazones in getailleerde jasjes, een mooi aanbod van grijze strepen verwerkt in verschillende motieven op jasje en rok, ruime schortbloesjes en een bizarre hoeveelheid rare krullen op schoenen en tassen als ouderwets passementswerk.

Na afloop zei Linda Loppa — professor aan de mode-akademie en „peetmoeder" van al dat Antwerps talent — met gepaste ontroering: „Schoon hè. Ik ben zo fier hè." Ze zei het met Antwerps aksent, maar het stoorde niet.. (LHE)

Een man van Dries Van Noten.

Verfijnde strukturen van Ann Demeulemeester-Verhelst. (foto's Marc Cels)

Zomerkollektie Dirk Van Saene: fraaie strepen en bizarre passementmotiefjes.

Van Beirendonck: rijkelijke volumes.

De Standaard

MODESTYLIST IN BELGIE:

DRIES VAN NOTEN of de kunst om er met keurig hemd en das toch niet uit te zien als een kantoorklerk. (foto Patrick DE SPIEGELAERE)

"Ik zit hier zelf mijn broeken te knippen"

"Hoe ik mezelf kleed? Als ik tot over mijn oren in het werk zit, trek ik zomaar iets aan, en als ik me ontspannen voel maak ik er wat meer werk van. Momenteel kan het me dus wat minder schelen hoe ik er bijloop". Dries Van Noten. Hij heeft een kontrakt met een Amerikaanse firma voor tenniskleding, in Saoedi-Arabië lopen er kinderen in bloesons die hij getekend heeft, volgende week is hij aanwezig op de British Fashion week met een stand in de Londense Olympia Hall, in Parijs verkoopt het warenhuis Galeries Lafayette zijn herenpiama's. Zevenentwintig jaar, Antwerpenaar, hoogst charmant en bedrijvig als een mier, tweede op de mode-hitlijst van onze lezers. Een ster aan het modefirmament, zou een buitenstaander kunnen vermoeden. Maar net als in de muziekwereld betekent renommee hier te lande nog bijlange niet dat sukses in klinkende munt wordt omgezet en dat kontrakten uit de hemel vallen. Zoals veel van zijn kollega's werkt Van Noten zich uit de naad om het hoofd boven water te houden.

A　LS we binnenkomen op de witte verdieping van een statig herenhuis in de buurt van de Antwerpse Nationale Bank, komt hij ons hijgend tegemoet "net binnen, let niet op de rommel." De telefoon gaat en aan de andere kant wordt kennelijk iets verteld dat Van Noten opluchet. "Als u dat zo kan regelen zou me dat een pak van het hart zijn". Het blijkt dat hij volgende week toch naar Londen kan, naar de British Fashion Week. Even leek het erop dat hij verstek zou moeten geven, en dat zijn kollega's "de zes van Antwerpen" met hun vijven de oversteek zouden moeten maken. Maar een fabrikant speelt even voor reddende engel.

Antwerpse Zes

Dries van Noten is inderdaad een van "de zes" van Antwerpen (oorspronkelijk waren ze met zeven, maar sinds Martin Margiela in Parijs werkt, is het de groep vergaan als de tien kleine negertjes), oud-student van de akademie, driekeer laureaat van de Gouden Spoelwedstrijd. In de kledingbusiness bekijkt men hem als iemand met wie te praten valt, iemand met zin voor realiteit en verkoop, iemand die zich nooit als een grote vedette heeft gedragen en gedacht heeft dat kleren ontwerpen tot het terrein van de Grote Kunst behoorde.

Van Noten komt uit een in Antwerpen bekende familie met kledingwinkels (zijn oom zit al jaren in de herenkostuums, zijn vader in de duurdere merken dameskleding), hij is tussen de rokken en bloezen groot geworden. Als hij gewild had, lag zijn bedje gespreid: vader vroeg niet liever dan dat Dries hem zou opvolgen. Maar Dries wou het zich wat moeilijk maken, ging mode-ontwerpen studeren, en kreeg het inderdaad lastig. In de loop van ons gesprek vraagt hij meer dan eens om dingen niet in de krant te schrijven, tenen kunnen lang zijn en hij wil zijn eigen ruiten niet ingooien. Een omzichtig interview dus.

De Morgen: Je schijnt het erg druk te hebben, waar ben je op dit moment allemaal mee bezig?

DRIES VAN NOTEN: "Volgende week gaan we dus naar Londen, we hebben er een groepsstand van de zes van Antwerpen, en we staan daar tussen alle grote namen van Londen, naast John Galliano enzo. We hebben één mannequin voor ons samen, we trachten het zo goedkoop mogelijk te doen. Voor die beurs ben ik nu mijn winterkollektie aan het uitwerken. Voor mijn winkel in Antwerpen werk ik nu volop aan de zomerkollektie, en dan zijn er de dingen waar ik al langer mee bezig ben: Options, herenkleding voor Jaques Laloux, ik ben mede-stylist bij Go-On, daar hebben de winterkollektie net op punt, en dan niet te vergeten Sowa en Tricosport, kinderkleding, daar werk ik al het langst voor. Dan ben ik volop in onderhandeling met een Britse

fabrikant van breigoed om een kollektie truien te maken, ik vertrek deze week nog naar de Verenigde Staten voor tenniskledij, ik doe nog een beetje voor UCO en ik zet de eerste stappen voor een serie ondergoed voor heren."

Ondergoed

DM: Vertel eens iets meer over dat ondergoed?

DRIES VAN NOTEN: "Ik vind dat daar een leemte is. Er bestaan momenteel twee dingen: ofwel de slips van de jaren 70, genre Hom, ofwel de Amerikaanse stijl van de jaren 80, de caleçons, die uiteindelijk bijzonder onpraktisch zijn. Ik wil een serietje maken dat gebaseerd is op het klassieke ondergoed, wit, met wat mooie details aan. Maar daarover ben ik nog in onderhandeling, ik weet nog niet zeker of het zal lukken."

DM: Voor je eigen herenkollektie laat je pullovers breien in Engeland. Waarom het zo ver zoeken? Hier zijn toch ook breigoedfabrikanten? .

DRIES VAN NOTEN: "Ik ben heel blij dat ik die man in Engeland gevonden heb. Het is een droom. Hier lijkt het entoesiasme van de fabrikanten om met stylisten te werken wat afgenomen. In het begin van de aktie 'Dit is Belgisch', met de eerste Gouden Spoel-wedstrijden waren ze opgetogen, maar dat is nu verminderd. Jammer, want uiteindelijk waren die Gouden Spoel-wedstrijden maar ballonnetjes, dat

was te doorprikken. En nu we allemaal wat konkreter beginnen te werken, haken zij af."

"Het verschil als je bij een Belgische fabrikant binnenstapt met je ontwerpen en bijvoorbeeld die Engelse, is hemelsbreed. Kijk dit (toont een staaltje breiwerk, een effen donkerblauw boordje dat overgaat in grijs gespikkeld). Als ik hier vraag om dat te breien zeggen ze : 'Dat kunnen we niet, dat is te moeilijk, dan moeten we na die blauwe boorden onze machines helemaal opnieuw instellen want dat is een andere draad'. Bekijk e dan dit eens: (toont een reeks technische tekeningen van pullovers met kabelmotieven): dat zijn Fair Isletruien, maar ik gebruik allemaal verschillende motieven in 1 trui, de twee mouwen zijn verschillend gebreid, de voorkant is nog anders en de rugzijde ook. En dat dan in verschillende kleuren van draden. Ik toonde die ontwerpen aan de Britse fabrikant en die zei: 'O, wat ziet dat er prachtig uit. Maar zou het niet nóg beter zijn als we in de boorden een gekleurd streepje breiden?' Bovendien is die man bereid om kleine serietjes te maken. Hier moet je vijfhonderd stuks nemen van elke kleur of ze willen er zelfs niet aan beginnen. Maar je kent mijn winkeltje, waar zou ik in hemelsnaam naartoe moeten met, zeg maar, vijftienhonderd jeansbroeken?"

Ali Baba

DM: Dat is een eeuwig probleem waarmee jullie, beginnende ▶

De Morgen, March 1, 1986

'I AM SITTING HERE CUTTING OUT MY OWN TROUSERS'

Dries Van Noten: 'Next week we are going to London. We have a stand for the Antwerp Six, and we'll be there with all the London big names, next to Galliano and so on. We will be sharing just one model for all of us. We are trying to do it as inexpensively as possible.'

– First Dolce & Gabbana show in Milan.
– Martine Sitbon first shows in Paris.

– Levi's ad with Nick Kamen.
– Laura Ashley dies.
– Prada introduces prêt-à-porter and a shoe line for women.

– Legendary publication by Peter Lindbergh in *Marie Claire*.
– Bob Geldof organizes Live Aid in London.

Mode is een dankbare studierichting

Mode staat sinds enkele jaren weer volop in de belangstelling. De glamour van de designer, de herwaardering van ,,dit is Belgisch''-kleding, de kreativiteit die er vandaag aan de dag gelegd wordt bij de mode, zorgt voor kleur in het krisislandschap.

Dat Antwerpen daarin een hoofdrol heeft vervuld staat buiten kijf. Afgestudeerden van de Antwerpse mode-akademie haalden de prijzen binnen en dat heeft ook zijn weerslag op de mode-opleiding in de Metropool. Een akademische graad van de mode-akademie is zeer gegeerd, meer en meer jonge mensen willen het modevak onder de knie krijgen. Niet alleen de Antwerpse akademie breidt uit, ook nieuwe opleidingen zien het licht.

De mode-akademie volgen in de Mutsaertstraat 31 staat op het verlanglijstje van vele jongeren die hun middelbare studies hebben afgelegd. Maar het ingangseksamen is zwaar, slechts 30 van de 200 kandidaten zijn deze zomer geslaagd. Jongeren die kunstonderwijs gevolgd hebben, hoeven van te voren geen eksamen af te leggen, zodat het eerste jaar met 60 studenten is van start gegaan. Vorig jaar zaten er ook zoveel mensen in het eerste jaar, 20 van hen zijn in september aan het tweede jaar begonnen. In het derde jaar zitten ze met 13 en 11 studenten volgen momenteel het laatste jaar. Terwijl drie jaar geleden er maar 3 gediplomeerden afzwaaiden.

Heel wat studenten moeten afhaken. *Linda Loppa*, zelf mode-ontwerpster en eigenares van een boetiek in de Quellinstraat en de verantwoordelijke van de afdeling mode in de Antwerpse akademie, wijt dit aan de zware opleiding : ⟶

Linda Loppa neemt met laatstejaarsstudent Peter Hoste de ontwerpen door. ,,Wij willen dat onze studenten een avantgarde vormen.''

KNACK ANTWERPEN — 24 december 1986

Knack, December 24, 1986

FASHION IS A REWARDING STUDY

'In your professional life as a designer, you can be creative and still earn a good living. There are many professional possibilities now, which were not there, for example, ten years ago. [...] Designers have taken on a new status. They are admired. They are celebrities who can earn their keep at it.'

'In other countries, by the way, there is interest in Antwerp Academy graduates. Their drawings are graphically very well executed, and the portfolios of drawings they present impress the Italians most of all, who are not used to it. Our graduates are also showing something different from what you see on the fashion scene at the moment. They are not influenced by the standard fashion of the day, and that also intrigues the stylists. In Belgium, we are reproached for that, but, outside Belgium, it is exactly what they appreciate.' [Linda Loppa]

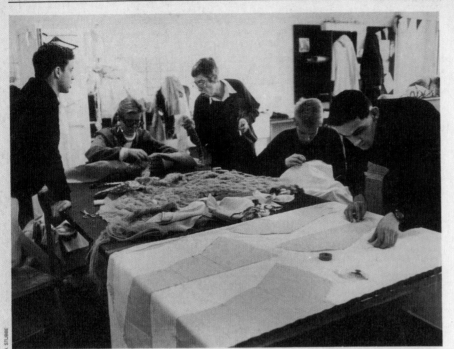

Picasso's donkere periode was de inspiratiebron voor deze ontwerpen van Ilse Daneels. Over enkele maanden moet deze kleding al te zien zijn in het defilé.

,,In het eerste jaar wordt de nadruk gelegd op 3 facetten, het tekenen, het ontwerpen en het uitvoeren. Er bestaan gewoon niet zo heel veel mensen die dat allemaal in zich hebben. Daarom is vooral het eerste jaar heel zwaar, tenslotte heb je er nogal wat die mentaal echt te jong zijn, die nog niet matuur zijn en nog geen eigen visie hebben op mode. Hun ideeën lijden onder een gebrek aan originaliteit. Want wij laten hen wel vrij in de keuze van stijl die ze willen aanhangen maar we eisen dat ze origineel werken, kreatief hun eigen gang gaan en een avant-garde vormen.''

— *Waarom denken zoveel jonge mensen aan een mode-opleiding ? Wat trekt hen aan in die zware studies ?*

— *Linda Loppa* : In het beroepsleven kan je als ontwerper kreatief bezig zijn en toch goed je kost verdienen. Bovendien kan je er nu ook meer kanten mee uit, er zijn veel meer beroepsmogelijkheden dan pakweg 10 jaar geleden. Denk

maar aan de aantrekkelijke sportswear, de ongebreidelde mogelijkheden met tricot en bovendien vertoont de industrie meer dan ooit tevoren de moed om zich in iets nieuws te storten. Creators hebben een andere status gekregen, ze worden bewonderd, het zijn vedetten die er hun kost goed mee verdienen. De show geeft het beroep een aantrekkingskracht van jewelste.

Mensen die vroeger voor de schildersopleiding zouden hebben gekozen, komen nu af op mode, het is een realistischer beroep want je kan er de massa mee bereiken en voor de industrie gaan werken. Er zijn er ook waarvan ik zeker weet dat als ze 15 jaar eerder waren geboren ze nu op de universiteit zouden zitten. Maar met een universitair diploma ben je tegenwoordig ook al niet meer zeker dat je aan de bak komt. Grosso modo komen hier allemaal jongeren die van te voren in hun vrije tijd met mode en kleding bezig zijn geweest.

Ik merk meer en meer dat een groot deel van de jeugd hun visie op de maatschappij geven door hun kleding, door de mode. Ik vind dat een tof facet, ze leren zich uitdrukken in hun harde kijk op de maatschappij, je voelt dat ze willen reageren op de politieke problemen, de oorlogen.

Deze kritische houding is vorig jaar voor het eerst manifest doorgebroken op de mode-akademie en ik ben blij dat deze trend zich nu in het eerste jaar doorzet. De jongeren van nu hebben iets te vertellen en zij die voor de mode-akademie kiezen willen dat doen via hun kleding. Dat hebben we onder meer te danken aan Gaultier die zijn kritiek op de maatschappij ten tonele voert in zijn kollekties. Hij ensceneert de kleding van de mensen op straat, zijn ontwerpen hebben een sociologische basis. Hij haalt zijn inspiratie uit de dagdagelijkse dingen en was de eerste om niet-mannequins te laten defileren. Hierdoor heeft de mode aan expressiekracht gewonnen, zijn er geen vaste normen meer en is er veel meer humor (van Gaultier) of drama (van Montana) mogelijk. Hierdoor krijgt het beroep van ontwerper een uitdaging voor de jeugd, ze kunnen er persoonlijk in te werk gaan. In de mode kan je nu je persoonlijke visie laten zien. Mode-ontwerp is nu een dankbaar onderwerp om te studeren. Stilist worden is een uitdaging omdat je er nu zo kreatief in kunt zijn.

— *Zo'n mode-opleiding moet toch nogal wat kosten ?*

⑭

— *Loppa* : De opleiding is niet goedkoop, maar een jaar universiteit kost evengoed een fortuin. Je ziet ook dat mensen zonder geld én met een beetje handigheid er evengoed geraken, die kopen dan resten op in de warenhuizen of markten en verven zelf hun stoffen. Je hebt er ook heel wat die in het weekend in cafés, restaurants of dancings een centje gaan bijverdienen. Dat zijn vooral die mensen die al iets anders hebben gestudeerd of waar ze thuis niet achter deze richting staan.

— *En na de akademie ?*

— *Loppa* : Na het laatste jaar trekt de helft naar het buitenland om te solliciteren bij een stilist als één van de assistenten. Ze proberen meestal hogerop te geraken, traag maar zeker. Met een deel van de mensen hou je automatisch kontakt want ze blijven in het circuit, maar er zijn er evengoed die in de vergetelheid treden door te trouwen of die les gaan geven of zich op het teater storten. Trouwens een klein percentage van onze studenten volgt de richting kostuumontwerp en niet de mode-opleiding. Deze stilisten worden ook meer en meer gevraagd.

In het buitenland heeft men trouwens interesse voor afgestudeerden van de Antwerpse akademie. Hun tekeningen zijn grafisch sterk verzorgd en het dossier tekeningen dat ze dan laten zien impressioneert vooral de Italianen, die zoiets niet gewoon zijn. Onze oud-studenten laten ook iets heel anders zien dan wat er momenteel in het modebeeld aanwezig is, ze zijn niet beïnvloed door de gangbare tijdsmode en dat intrigeert die stilisten ook. In België wordt dat ons verweten, in het buitenland wordt dat dan weer net geapprecieerd. We merken dat onze oud-studenten zich overal vlot aanpassen omdat ze zo zelfzeker zijn. Na 4 jaar hard werken op de akademie weten ze wat ze waard zijn, hebben ze wat te vertellen, ze kunnen tekenen en maken wat ze willen én ze kunnen gemakkelijk samenwerken.

Toch werkt iedereen op de akademie voor zich, maar er ontwikkelt zich geen konkurrentiestrijd. Elke stijl is bij ons mogelijk. Er wordt hen geen bepaalde richting opgelegd. In andere scholen heb je dat wel, je ziet van bepaalde stilisten dan ook dadelijk uit welke buitenlandse school ze komen. Bij ons ligt het aksent veel meer op de persoonlijke kreativiteit.''

Op de akademie gonst het van bedrijvigheid. De studenten van het vierde jaar leggen de laatste hand aan de ontwerpen voor het grote defilé op het einde van het akademiejaar. Na de kerstvakantie beginnen ze aan de uitwerking ervan.

1986
– Dirk Bikkembergs' first shoe collection.

– Rock Hudson dies.
– Heysel Stadium tragedy in Brussels:
39 dead, 200 injured.

– Adrian Lyne: *9 ½ Weeks*.
– *Miami Vice* television series begins.

In de loft van Linda Loppa -docente mode aan de akademie van Antwerpen- wacht een Italiaan geduldig zijn beurt af. Ontwerpster Ann Demeulemeester-Verhelst is er nog in volle onderhandeling met een koppel uit Glasgow en tussendoor moet een Amerikaanse dame naar het andere eind van Antwerpen gevoerd worden. Geraakt Belgische mode dan toch wereldberoemd ? Buiten België lijkt het erop, ja.

De wereld ontdekt 'Antwerpse zes'

De Morgen, October 1, 1987

THE WORLD DISCOVERS 'ANTWERP SIX'

The breakthrough is most remarkable in England. This month, the English edition of "Elle" devotes several two-page spreads to the Antwerp Six. The October issue of "i-D" takes a fashion reconnaissance trip through Antwerp and describes designers, fashion models, interesting shops and their owners. The leading American fashion daily, "Woman's [*sic*] Wear Daily (WWD)", was also in Antwerp a few days ago for a 'preview' of the summer collections of the 'Antwerp Six'.

IN Engeland is de doorbraak het opvallendst. De Engelse editie van "Elle" heeft deze maand verscheidene dubbele pagina's gewijd aan 'De zes van Antwerpen' en "Harper's & Queen" deed het eerder al. Het oktobernummer van het blad "i-D" gaat op kledingstrooptocht door Antwerpen en beschrijft ontwerpers, fotomodellen en leuke winkeltjes mèt hun bazen (Sjarel verbasteren ze tot Sajarel en Pia wordt Pitta, maar zeurkous die daar op let). Het toonaangevende Amerikaanse mode dag(!)blad "Woman's Wear Daily (WWD)" was enkele dagen geleden ook in Antwerpen voor een 'preview' van de zomerkollekties van de zes en het vakblad "Daily News Record (DNR)" volgde op de voet. Ze vinden Antwerpen een echte ontdekking, "marvellous", en komen zeker terug. Vooral het ongewone mengsel van provinciaal en kosmopolitisch vinden ze geweldig.

Sfeer

De 'mode-koopdagen' voor binnen- en buitenlandse inkopers (zomerkollektie '88) zijn er vooral gekomen omdat buitenlandse beurzen zo'n geld- en tijdverslinders zijn, en omdat zelfs dan nog de bescheiden stands weggedrukt worden tussen de veel grotere van rijke firma's. Aanvankelijk wilden de zes (Van Beirendonck, Van Noten, Yee, Demeulemeester, Van Saene en Bikkembergs) op de Londense beurs toekomende week een défilé organiseren, "maar we hebben er de centen niet voor" zucht Gerrit Bruloot. "Bovendien gebeurt er op die beurzen altijd zoveel, dat je een beetje verloren loopt tussen de massa. We hebben nu onze klanten naar Antwerpen gevraagd, net ná de Parijse Prêt-à-porter-beurs. Sommigen kenden één van de ontwerpers, maar nu ze naar alle zes tegelijk konden komen kijken, werd het de moeite van de verplaatsing waard". "Waarom" vragen we Ann Demeulemeester "komen de mensen uit Glasgow speciaal overvliegen als ze volgende week in Londen terecht kunnen ? "Om de eerste te zijn" zegt ze."In Glasgow zijn twee winkels die me alletwee willen verkopen. Ze zitten te azen om hun konkurrent te vlug af te zijn". De opmerkelijkste omgevingen werden gekreëerd door Dries Van Noten -die drie dooreenlopende plaatsen in Brits-Indische stijl, kompleet met rotanstoelen, afgebladderde muren en boeken over India inrichtte, aansluitend bij het tema van zijn zomerkollektie- en door Walter Van Beirendonck- in een donkere kelder met neonlicht, geënt op 'un autre monde' van Jules Verne en de familie Flintstone. De kleren van Ann Demeulemeester-Verhelst kwamen schitterend tot hun recht in de kale loft op het Zuid, temidden van de foto's van Patrick Robyn en Marina Yee vond een prestigieus plaatsje tussen de kunstwerken van het nieuwe museum voor Hedendaagse kunst. Niet op het appèl waren Dirk Van Saene, wiens kollektie nog tegen 150 per uur werd afgewerkt, en Dirk Bikkembergs, die in Italië een belangrijk kontrakt afsloot. Bruloot: "Bikkembergs is nu goed vertrokken. Hij gaat zijn kleding produceren in Italië onder de vleugels van een industrieel die de financiële risico's draagt. Dat is iets helemaal anders dan Dries Van Noten of Ann Demeulemeester, die ook suksesvol zijn, maar die voorlopig nog alle risico's dragen. Elke frank die zij verdienen, moeten ze onmiddellijk herinvesteren of afbetalen en als er een jasje pakweg in 500 exemplaren mismaakt wordt, zijn ze eraan".

Geen Sant

Of er ook Belgische klanten zijn opgedaagd tijdens de driedaagse? "Nauwelijks" zegt Bruloot met spijt in de stem. "Er zijn bitter weinig winkels die het snappen. Maar Ann Demeulemeester verkoopt bijvoorbeeld schitterend bij Profiel in Leuven, omdat die vrouw er zelf in gelooft. En vorige week opende in Antwerpen 'Louis' zijn deuren, en ook daar is de verkoop van Demeulemeester en Van Saene meteen vertrokken". Zoals vaak zullen ze het sukses in het buitenland afwachten vooraleer er zich aan te wagen. Dat het buitenland wakker wordt, illustreert nog een andere anekdote. Bruloot: "De mensen van DNR die hier waren, kwamen niet uit Italië, en na een défilé van Giorgio Armani had de ontwerper hen zélf bij de mouw gepakt en gevraagd: "Zeg, wat is dat daar in België ? Daar lijkt wat te gebeuren, niet ?"

Agnes GOYVAERTS

△ Ann Demeulemeester boekt sukses in de Verenigde Staten met haar sierlijke, bijna tijdloze ontwerpen (Foto Patrick ROBYN)

▽ Deze petjes met echte beentjes door de bol zijn van Walter Van Beirendonck, geïnspireerd op de Flintstones (Foto Phil INKELBERGHE)

Paul Delvauxmuseum krijgt ondergrondse galerij

Vandaag sluit het Paul Delvauxmuseum aan de Kabouterweg te Sint-Idesbald zijn deuren omdat binnenkort grote uitbreidingswerken starten. Onder de tuin wordt een nieuwe tentoonstellingsruimte van 360 vierkante meter aangelegd. Daarnaast komt er een videozaal, waar videofilms over de surrealistische grootmeester zullen getoond worden. Het Paul Delvauxmuseum had reeds een hele tijd te kampen met plaatsgebrek.

door de stichting zelf. Er worden immers geen subsidies aangevraagd. "We kunnen onze plan trekken", zegt Van Deun trots. Hij noemt het Delvauxmuseum een schoolvoorbeeld van auto-financiering. De inkomsten van 90ste verjaardag van de grootmeester tot dit sukses bijgedragen.

De sluitingsperiode, normaal van januari tot maart, wordt door de uitbreidingswerken drastisch verlengd. Maar voor de stichting

69

– Marie, a collection by Marine Yee.
– Francine Pairon becomes head of the fashion department at La Cambre in Brussels.

– Linda Loppa opens a new multi brand store on Huidevettersstraat in Antwerp.
– Kaat Tilley opens a studio and boutique in Paris.

– 'Antwerp Six' first take part in the British Designer Show in London.

THE BELGIAN CONNECTION

A group of young Belgian designers has made Antwerp the world's unlikeliest new fashion capital. Brigid Grauman profiles 'The Antwerp Six' — their quirky but wearable designs follow

They met in the fashion department of the Royal Academy in Antwerp, seven trainee designers from all over Belgium. Just brimming with ideas, they lit up the four years of their course like fireworks. Head of the department at the time, the late Helena Ravijst, gave crucial encouragement. She also set up Belgium's main fashion award, the quaintly named Golden Spindle, to give young designers the chance to work with local manufacturers. Several of the favoured seven have figured among the winners.

Soon after they graduated, Alain Margiela left Belgium to work with Jean Paul Gaultier, rising to become his right-hand man. That left the Antwerp Six — Dries Van Noten, Dirk Bikkembergs, Walter Van Beirendonck, Ann Demeulemeester, Dirk Van Saene and Marina Yee.

Two years ago, they packed their clothes and piles of spectacular props into a truck and came to London to show at Olympia. Only Demeulemeester, pregnant at the time, stayed behind. Staying in campsites, they spent what money they had on exquisitely presented publicity. They sold well, too, and soon found themselves a London agent.

Although Van Noten's clothes outsell the others, there's no serious rivalry among the six. As current head of fashion at the Academy Linda Loppa says, each one has an original style, but they share the same perfectionism. 'Some of the work may be amusing, but it's basically no laughing matter. In Paris, designers wait to be noticed by the clothes they wear at a party. Here in Belgium, the only way to break into the fashion world is through remarkable press kits or striking stands at the fashion fairs. And that means a lot of determination and hard work.'

When **MARINA YEE**, 29, graduated from the Academy she didn't know what to do with herself. So, she went on a world tour with a friend.

'In Japan I saw clothes designed by Yamamoto and Kawakubo long before they hit Paris and I was dazzled. I mean, how can people say that the Japanese are going out of fashion? It's like the telephone, it's here to stay. Even Marks & Spencer has adapted the look,' says Yee.

On her return to Belgium, Yee began designing clothes influenced by her trip. She worked for several large Belgian manufacturers and her recent International Linen Prize opened even more doors.

A Japanese businessman asked her to design the interior of the latest Nissan car. 'But I don't have a car, I ▷

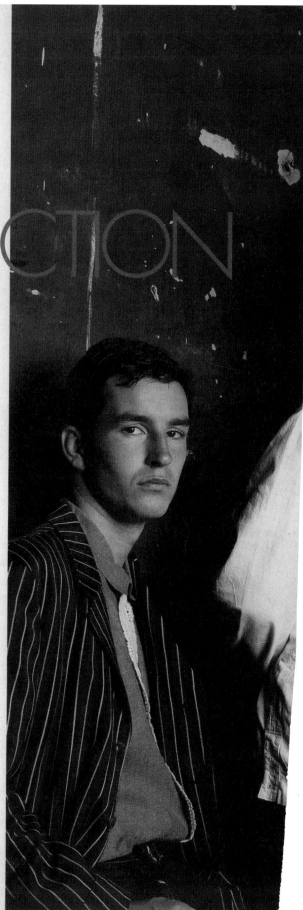

DONOSO-SYGMA

The Belgian frontline, from left, Dries Van Noten, Dirk Van Saene, Walter Van Beirendonck, Marina Yee and Ann Demeulemeester (Dirk Bikkembergs was in China)

Elle UK, October 21, 1987

THE BELGIAN CONNECTON

As current head of fashion at the Academy Linda Loppa says, each one has an original style, but they share the same perfectionism. 'Some of the work may be amusing, but it's basically no laughing matter. In Paris, designers wait to be noticed by the clothes they wear at a party. Here in Belgium, the only way to break into the fashion world is through remarkable press kits or striking stands at the fashion fairs. And that means a lot of determination and hard work.'

'In Japan I saw clothes designed by Yamamoto and Kawakubo long before they hit Paris and I was dazzled. I mean, how can people say that the Japanese are going out of fashion? It's like the telephone, it's here to stay. Even Marks & Spencer has adapted the look,' says Yee.

71

7. DE CAPITALE EN CAPITALE, SUR

Le point à l'Anvers

Dans le cloître XVIIe qui abrite l'Académie royale des beaux-arts d'Anvers, les
On y souffre aussi

Anvers, envoyée spéciale

La mode en Belgique commence à l'envers, comme une histoire belge. Dans la rue, seuls les admirables cirés jaunes de la police sont d'avant-garde. Et malgré les louables efforts de l'Institut du Textile et de la Confection (ITCB), elle reste à l'image de la « Canette d'or », organisée tous les deux ans pour promouvoir 7 jeunes stylistes. Annoncée (une fois en flamand, une fois en wallon) comme « l'un des sommets de la créativité belge », elle est délicieusement désuète avec ses speakerines habillées Galeries de Louvain et sa jolie princesse habillée couturière du palais. Pourtant, une fois de plus cette année, le lauréat Pieter Koene, 27 ans, est un jeune fou-furieux issu de la très remuante Académie Royale des Beaux-Arts d'Anvers. Depuis 20 ans, dans la plus ancienne et la première académie de Belgique, la mode est un art enseigné au même titre que la peinture, la sculpture ou l'architecture. Et, tradition académique oblige, la section mode a beau être « la plus libre du monde », on n'y fait « aucune concession sur le dessin ». Linda Loppa, yeux bleus, cheveux noirs, ancienne élève, directrice depuis 5 ans et professeur de stylisme, est intraitable : « Le look dans la tête c'est facile, mais si on ne sait pas le

« Jos », élève de 4e année, et l'un des modèles de sa collection « quand le jour et la nuit échangent leurs promesses ».

Trois premières années et leurs créations

Linda Loppa (au centre), travaille sur la jupe de Catharina, 2e année.

Reportage photo Luc Choquer

transposer sur le papier, ça ne vaut rien. » Avant de passer quatre ans dans ce cloître admirable du 17e et ces salles au sols carrelés comme un laboratoire, il faut passer le cap de l'examen d'entrée : « purement graphique » avec un entretien « bref, mais décisif » pour déceler la créativité des candidats à la mode. Cette année, ils sont 60 admis, il n'en reste plus que 20 en deuxième année, 12 en troisième, et encore 12 en quatrième. Ces derniers sortiront avec l'équivalent d'un diplôme universitaire

●●●

Jan, 22 ans. Dans son dossier, 7 suggestions de garde robe pour une Horror party.

Libération, March 23, 1988

FASHION THE ANTWERP WAY

Belgian fashion works backwards, it's a kind of Belgian joke. In the streets, only the attractive yellow rain coats worn by the police are avant-garde. And despite the laudable efforts of the Belgian Institute for Textiles and Fashion (ITCB), it is limited to the biennial 'Golden Spindle', a competition to promote 7 young stylists.

– Helmut Lang presents his first show in Paris.
– Marithé & François Girbaud's first Paris show.

– Marc Jacobs' first collection in New York.
– Wallis, Duchess of Windsor, dies.

– Jean Jacques Beineix: *37° Le Matin*

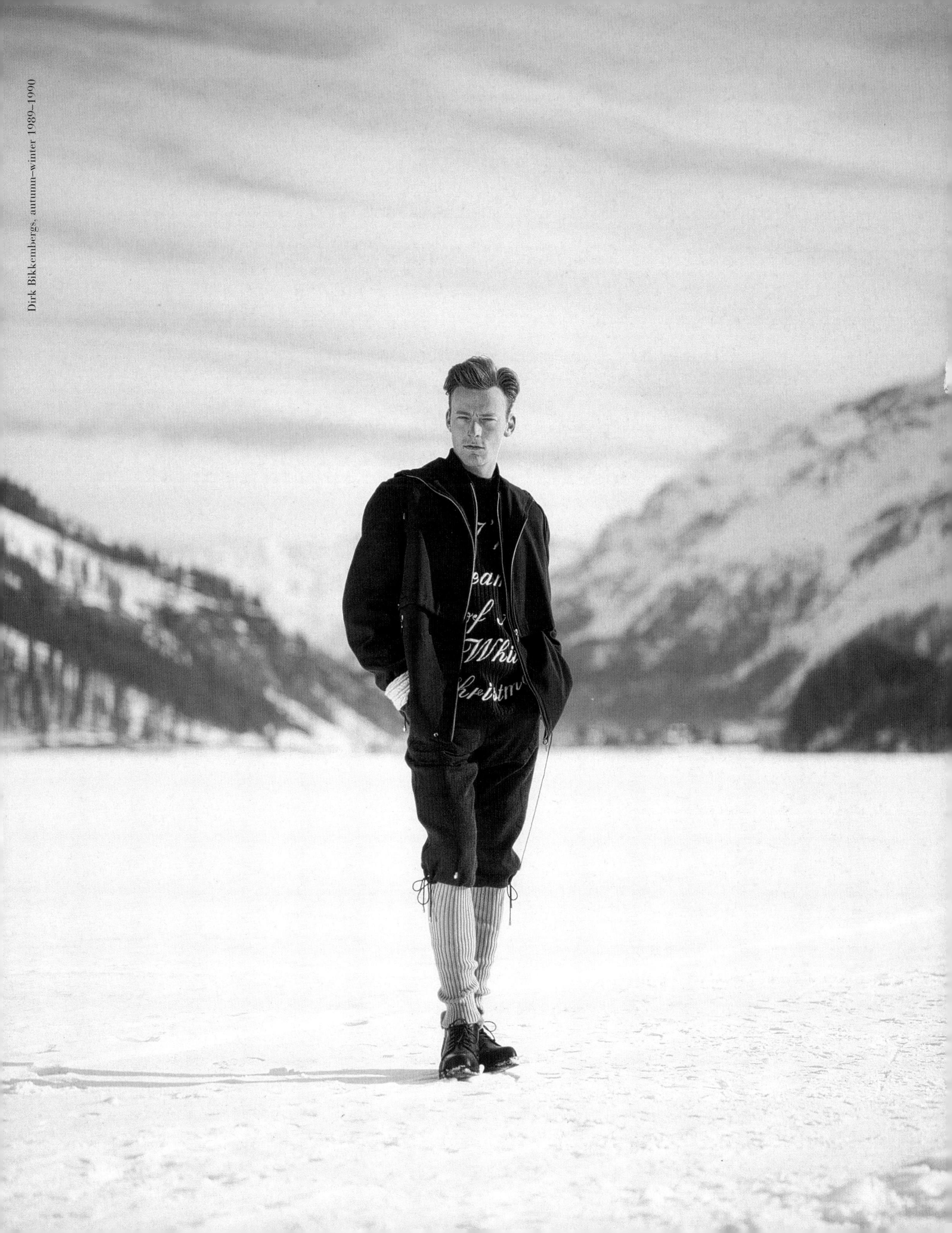

Dirk Bikkembergs, autumn–winter 1989–1990

A GANG OF FRESH NEW FASHION TALENTS IS DETERMINED TO PUT BELGIUM ON THE MAP

THE ANTWERP SIX

288

Fashion designers don't usually come in six-packs, especially when they are such extremely different flavors. But then again, fashion designers don't usually come from Antwerp, Belgium.

Dries Van Noten, Ann Demeulemeester, Dirk Van Saene, Walter Van Beirendonck, Marina Yee, and Dirk Bikkembergs are all between 29 and 31 years old. They all studied at the same school: Antwerp's stodgy Royal Academy of Fine Arts. And each produces under his or her own name a line of clothes as idiosyncratic and original as the personality behind it.

Ambitious Dries Van Noten has been tagged an ''authentic Ralph Lauren''; he has a budding commercial empire of women's, men's, and children's wear, and shoes based

shoes based on classic shapes ignited by colorful print and color mixes. Ann Demeulemeester is a purist; her work is for sensitive intellectuals who appreciate her ultrasimple yet sophisticated taste. Dirk Van Saene condenses his nostalgic love of great women from Katharine Hepburn to Sixties model Penelope Tree down to crystalline collections of classic shapes with a dash of madness. Walter Van Beirendonck is the fashion equivalent of Pee-wee Herman, styling clothes for sweet eccentrics. The exotic Marina Yee dresses fashion pioneers who feel more comfortable in spike heels than in tennis shoes. And Dirk Bikkembergs, the first star of the group, is the cocky enfant terrible whose lace-up shoes and boots for men were copied around the world. He now does a whole line of active wear with a twist for men, though he has no control over women raiding his racks.

Even though such celebs as Basia, one of England's favorite jazz singers, and ex-Beatles Paul and Ringo have frequently been spotted in Antwerpian garb (and part of Bloomingdale's Paradox boutique will be devoted to Belgian designs this season) the Antwerp six are still often treated like Martians by store buyers in Milan and London. ''Where do you come from?'' is their common cry.

''We don't want to become a little Paris. We want to stick to Antwerp and keep our own image and spirit. We're lucky to be in the middle of everything,'' raves Van Noten. He, like most of the other designers, speaks many languages fluently—English, French, and Italian, as well as his native tongue, Flemish. At school, the designers were affected by rebellious fashion new waves, from Japan's atomic blast look to London's punks. The pioneering Antwerpians simply decided to make their own rules for their hometown. Crazy for ''ambience,'' they've built little worlds around their collections, which they bring to life with an extraordinary sense of storytelling and humor: ''I take all sorts of things, shake them up well like a cocktail, and then pour ▷ Hair, Christel Lieben; makeup, Inge Grognard.

Meet the designers, from left to right: Dries Van Noten, Dirk Bikkembergs, Ann Demeulemeester, Dirk Van Saene, Walter Van Beirendonck, and Marina Yee.

BY ANNE BOGART

INSIDE STYLE

INSIDE STYLE

ANTWERP SIX

them out,'' says Van Noten. His spring collection, Plain Tales from the Raj, plays on Victorian British colonials in India, and combines bold color stripes, madras plaids, and print mixes. ''It's a bit decadent,'' he admits. So he plans a more austere winter collection of ''part Amish-inspired, part working men and women in the Victorian age, and a bit hippies of the Sixties. I call it Not To Be Modern.''

The idea that a single outfit is worth a thousand words is typical to the Antwerp style. Van Beirendonck, arguably the most outrageous of the group, reels off the elements of his collection—Jules Verne novels, Masai motifs, *The Flintstones*—with an intellectual fervor. ''Fashion must always be funny,'' he says. Bikkembergs went so far as to write a short story about his upcoming fall/winter collection with a Class of '78 motif. A class photo from the fictional St. John's College shows three seemingly innocent boys—Johnny, Roy, Karl—circled in red. Bikkembergs plans to ''track down each boy to see how he dresses today. We could do a television spin-off,'' he cries excitedly. ''I might have to call Steven Spielberg.''

Still retaining an admirable art-school zeal about their work, the Antwerpians passionately believe that a clothing collection can be in some way an artistic expression of personality and beliefs, and that a line of clothing, when looked at as a whole, can be ''read'' very much like an autobiographical work of art.

Take Demeulemeester: ''I have a love/hate

In Antwerp, the young and rebellious go for a long look. From left to right: An ankle-length black and red plaid skirt with fitted jacket by Walter Van Beirendonck; a cutout-sleeved black jacket, cropped bell-bottoms, and fringed bandanna by Dirk Van Saene; a beige and rust striped ticking jacket with an ankle-length coffee and white draped skirt by Dries Van Noten; a Byronesque short black jacket with stovepipe pants and a white ruffled-jabot shirt by Ann Demeulemeester; apple-green cotton sweats and a soft burgundy cardigan worn with a green and red plaid shirt under a tie-around bib by Dirk Bikkembergs; and a coat-dress unbuttoned to the waist, a symphony of black, white, and buttons, by Marina Yee.

relationship with 'fashion.' In a way, I think it's stupid—this idea that you have to be changing all the time. I don't do black because it's in. I do it because it's one of my favorite colors.'' Her deeply personal approach means that ''my clothing has a logical evolution. And if something doesn't feel right to me, it doesn't go in the line no matter how much it might sell.'' Van Saene agrees. When asked about a licensing empire, he shrugs nonchalantly, ''Why not?'' But he's in no hurry to enlarge his small line for the sake of profit.

''Popularity is not necessarily good for a fashion designer,'' says Yee, who divides her work into the moderately priced Marie line and a more expensive group, under her full name, of special clothes ''that not everyone will want to buy.'' She is the restless nightbird in the gang, the type who doesn't have any idea how much admittance to a club costs because she has never in her life paid to get in.

''The thing about us is that we all have certain things we like and we work on them like children,'' she says. ''We're running and running, as if there's something bothering us—because we're from Antwerp. We have something to prove.''

Bikkembergs believes that ''it's precisely because we have no roots that we're different. Here, we do whatever we want; we look everywhere. Europe is becoming one big country. We don't want to be labeled 'Antwerpian designers.' A simple 'European' will do.'' □

290

Elle USA, **May 3, 1988**

THE 'ANTWERP SIX': A GANG OF FRESH NEW FASHION TALENTS IS DETERMINED TO PUT BELGIUM ON THE MAP

Fashion designers don't usually come in six-packs, especially when they are such extremely different flavours. But then again, fashion designers don't usually come from Antwerp, Belgium.

Dries Van Noten: 'We don't want to become a little Paris. We want to stick to Antwerp and keep our own image and spirit. We're lucky to be in the middle of everything.'

Still retaining an admirable art-school zeal about their work, the Antwerpians passionately believe that a clothing collection can be in some way an artistic expression of personality and beliefs, and that a line of clothing, when looked at as a whole, can be 'read' very much like an autobiographical work of art.

– Jan Hoet organizes 'Chambre d'Amis' in Ghent, with artists exhibiting in private residences throughout the city.

– Paul Jambers' Belgian television programme on BCBG clothing: *We moeten toch kleren hebben* (We still have to have clothes).

– Beastie Boys: *Licensed to Ill*.
– Joseph Beuys dies.
– Perry Ellis dies.
– Chernobyl disaster.

FALL '88
MEN'S
FASHION
FABRICS

DRIES VAN NOTEN,
ONE OF BELGIUM'S FASHION GEMS

DNR The Magazine, December 1987

REVENGE OF THE ANTWERP SIX: ANTWERP'S FASHION FACETS

'When we met, we all had different strengths and weaknesses, and we were inspired by one another,' says Van Beirendonck. The designers also agree that the anonymity of Antwerp was an advantage. 'We were spared having to make too many compromises too early,' Bikkembergs explains.' [...]

First impressions are important. The young Belgian designers, from their earliest, painfully penny-pinching days, have made a vital priority of presentation – understanding that designing beautiful clothing is only half the battle for fledglings. Catching the world's attention is the other half. They caught it by carefully investing in 'buyer bait', such as museum-quality handouts, crowd-drawing stands and the eye-grabbing invitations shown here.

DRIES VAN NOTEN

Born into a line of men's wear retailers, Dries van Noten developed a love of fashion at an early age, attending his first Paris runway show when he was fifteen. But the pleasures and challenges of major fashion centers like Paris and London are not enough to tempt him away from his native Antwerp, a city of constant inspiration for the apparel he labels, "Tailored for a sophisticated sense of fun."

The three rooms at Minderbroedersrui 25 are beautiful—so vividly imagined that they evoke a dreamlike balance of intentional and accidental perfection.

A breeze fills the curtains at the open French doors and scatters to the floor a few pale petals from a large arrangement on a bamboo table, while a parakeet chirps in a round antique wire cage nearby. In the adjoining room, a vintage paisley scarf is draped across the arm of an old, plush, red sofa and the postmark on a yellowed envelope on the roll-top mahogany desk in a corner is London, 1910.

The setting is so flawlessly created that it could be a movie set, but it's not—the taste it reflects is much too authentic and personal. Ultimately, it is only the long rack of clothing in the largest room and a few mannequins here and there that betray the illusion—these are the showrooms and offices of Dries van Noten, 26, the pleasant, reserved and intense young designer whose clothing for men and women is the most classic, commercial and successful of any produced by the Antwerp Six.

With his air of unflappable calm and the impeccable manners that come from member

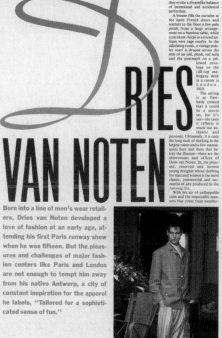

ship in a bourgeois dynasty, van Noten is naturally and charmingly evasive. But no one whose work is based on a continuous expression of his own taste can remain a real mystery for too long, and just by noting and commenting on the extraordinary attention to detail in the decor of his headquarters, he comes forward, shyly, drawn out by his pride.

"I went to India for a week to shop for these furnishings," he says. "I found most of the old photographs in Bombay and had them framed here. My rooms are a very important part of my work. You see, I always begin with a story and it's always a contrast—like rich man/poor man, which was my theme last winter, or British/India for spring/summer 1988. Once I have the idea, I look for documentation in books and films and museums, and then I do the showroom to express the idea. It's only once this has been done that I actually sit down and start sketching."

This very particular and personal approach to design is a reflection of van Noten's lifelong devotion to fashion. Born into a line of retailers—his grandfather founded what was once the only quality men's store in Antwerp and his father owns several fashion stores today—the Jesuit-educated young Belgian went to his first Paris runway show when he was a tender fifteen.

"It was Cerruti and it was very impressive and exciting. I also went to the first Gaultier show and the first Mugler and Montana shows."

Van Noten had also attended Premiere Vision several times before he enrolled at the Academie, where fellow students such as Walter van Bierendonck and Dirk Bikkembergs were astonished by the fabrics he'd brought from Paris and by his familiarity with the high-voltage fashion scene. So keen was van Noten, along with several other students, to continue attending the Gaultier shows, that he turned to counterfeiting subsequent invitations. He says that Gaultier was very admiring when later presented with one of the bogus billets.

Van Noten began his career as a designer during his first year as a student, doing work for a variety of manufacturers, and has not stopped working since.

"I have no personal life," he says. "I just work. I have an apartment in Zeebrugge on the North Sea, but I only spent one night there this past summer. I got to work around 7 a.m. and often stay until 10 p.m. or later, so I have finally decided to move to an apartment over my showroom."

Such intense dedication needs ballast, however, and more than anything else, it seems that van Noten's deep affections for his ancestral Antwerp keep him on course. He was born in the city and says that he would never be tempted away by the pleasures

and challenges of London and Paris, two cities that he enjoys.

Van Noten is not wholly classical in both his collection and his appearance one would assume this has always been his style. "I was a rather classical boy," he observes, but then confesses to having gone through a major evolution of personal taste. "When I was a student in 1976-78, I wore Versace and Armani and then I moved on to Mugler, Gaultier and Montana. This was followed by a quieter period—Paul Smith, Kenzo and Agnes B. Today I wear mostly my own clothing."

His apparel is described aptly by the slogan that appears on a label in each piece: "Tailored for a sophisticated sense of fun." Van Noten has

often been compared to Ralph Lauren, but while his lines—he also designs a full collection for women—are lifestyle oriented and heavy on ambience, his sensibility is very European and he is less orthodox in his ideas about classicism. "My work is evolving very quickly, unlike Ralph Lauren, who has been the same for five years. When I design, I think, 'Would I wear it?', 'Would someone I like wear it?', but it's also a chameleon-like collection because people can involve their own tastes and it is their tastes that are most important."

Color is integral to van Noten and he designs many of his own fabrics, most of which are produced in England and Italy, favoring a nostalgic range of pastels and solids. Often in-

spired by the clothing of European gentlemen from various historical periods, van Noten builds his fashion with contrasting colors and textures, and presents a retro look that is also distinctly contemporary. For fall/winter 1988-89, he says he is working around an American theme and the collection will be "classical and comfortable." All of van Noten's designs, which include shoes and accessories, are manufactured in Belgium.

Considering that van Noten has been selling under his own name for only five reasons, he has been a considerable success. Sales last year were $1.2 million, and his largest markets are the U.S., Italy, the U.K., Japan and Germany, respectively. Bergdorf's, Blooming-

dale's and Barneys in New York, Toni Gard in Dusseldorf and Liberty in London characterize the caliber of the retailers who've responded to the young designer, who also has a shop of his own in Antwerp.

As to the future, van Noten's thoughts are clear. "To only design clothing forever would not be interesting. I want to do more—maybe fabrics and furnishings," he says, sounding very much like the empire-builders who inspired his spring/summer collection and the American designer to whom he has so often been compared. ∎

Dries van Noten, above; at left, an outfit from his themed British/India collection.

24 DECEMBER 1987

1987
– Pieter Coene wins the fourth Golden Spindle competition.

– Dirk Bikkembergs' first knitwear collection for men.

Walter van Bierendonck

Walter van Bierendonck's designs, which are as arresting as his physical presence, are not for the fainthearted. But looks can be deceiving—and just as this designer tempers his aggressive appearance with an amiable soft-spokenness, he cuts his clothes with just enough seriousness to get them noticed by the world's retailers.

The English buyer, a stiff blonde, thinks she's made a mistake. "He's down there? Down these steps?" The steep white staircase before her is bathed in red light, and the song "Blue Velvet" is playing below. The approach to Walter van Bierendonck's showroom is, depending on your point of view, intriguing or alarming, and the same might be said of the clothing on display in the three rooms below, but the consensus is running very much in the young designer's favor. The sight of van Bierendonck, 31, does little to reassure the quailing Brit. His appearance is, in his own words, "aggressive."

To greet press and buyers one afternoon during the recent Antwerp fashion week, he is wearing long earrings made of antique coins, and the long hair on the top of his head—the sides are almost shaved—is pulled back and secured with two big clips. His dog, an English bull terrier named Sado (as in sado-masochism) sits at his feet in the small, spotlighted showroom.

"For a lot of people, I'm a strange person," van Bierendonck says with a grin, "but it's just a bourgeois reaction to the way that I look." This is not a political statement, but an observation about the power of clothing in shaping the way that we perceive each other, a subject that fascinates the amiable, soft-spoken designer.

In fact, the gap between what you might expect van Bierendonck to be like and the way he really is—gentle, earnest, friendly—cannot fail to prick your curiosity. What, for example, is the message of his very extreme and personal clothing?

"It's not premeditated," he says, toying with a small, nubbed black rubber disc, which is, it turns out, a nipple applique to be used on one of his sweatshirts. "I just do it. I work from within my imagination and much of what I do expresses things that are going on in my life. For this collection, I thought about the Flintstones, the Masai tribe of Africa and Jules Verne, but I don't know where, exactly, these ideas come from." He does say, however, that he loves movies and television, and as a Belgian he has the widest selection of television shows in Western Europe, with over twenty different channels broadcasting programs from all over the world.

Do not think that the variously nourished and completely unfettered imagination that sustains van Bierendonck's design is a flighty figment of fashion. His current collection is funded by commercial work that he does for big manufacturers like Bartsons, and there was little in his early life that encouraged a creative career. His father runs a garage in the village, twelve miles from Antwerp, where he grew up, and van Bierendonck says, "I had a rather complex youth with a lot of problems. I always wanted to express myself, and when I decided I wanted to go to art school, my parents opposed it, so I lost three or four years."

Finally he prevailed, and he enrolled at the Academie in Antwerp with the idea of doing something with jewelry (Antwerp is one of the most important diamond cutting and dealing cities in the world). Before long he discovered the fashion curriculum and knew immediately that it was what he'd been looking for. After school, he did a brief stint in New York City, which he loves, and then, unable to find work in the U.S., returned to Antwerp. He showed his first collection, for summer, in September 1982, and, as he is habitually precise about his themes, it was based on sado-masochism, horses and erotica artist Allen Jones. Following collections have grown from such diverse concepts as Hiawatha Meets Custer, Bad Baby Boys, and Daredevil Daddy.

Lively, outrageous, fearless, fun—all describe van Bierendonck's work, but it's also serious. While he refuses to bend to commercial pressures, this designer is seasoned enough to adapt to the different reality of getting his clothing into stores around the world. This season he's launched a line of commercial knits decorated with cheeky graphics, such as dinosaurs, pistols, a safe sex insignia, and his own first name, as a way of increasing sales and making himself better known among the young men who are his market. The rest of the season is based around handknits, most of which are produced by his sister and several friends, and a small collection of clothing. Everything is made in Belgium, and prototypes of all his clothing are sewn by nuns at a local convent. In the near future, van Bierendonck plans to do jeans and shoes.

And after so much hard work—in addition to doing his own collection and his free-lance design work, he is an instructor at the Academie—business is starting to move. Browns and Midas in London, Ichi Ni San in Glasgow, shops in Paris and Hamburg and stores all over Belgium and Holland carry him. And, after making his American debut at Soadadae in Dallas, he's hoping that the U.S. will start wanting more from Belgium than waffles. Though total sales are in the range of several hundred thousand dollars, this happened within only one year.

Van Bierendonck, who thus far has financed himself entirely with loans and his own earnings, is understandably wary of growing too quickly. He says that he'd love to have a little more time to watch favorite films in the large nightmare-of-kitsch apartment where he lives with Dirk van Saene, another of the Antwerp Six. But having learned how to fashion—and sell—the fruits of his fecund imagination, such unproductive free time seems an unlikely luxury. ■

Walter van Bierendonck, at left; at top and above, Bierendonck's men's wear (featuring his pet bull terrier, Sado), and the designer's showroom in Antwerp.

DOMINIQUE MAITRE

26 DECEMBER 1987

DNR THE MAGAZINE 27

Dirk Bikkembergs

Although he has already won Belgium's coveted Golden Spindle award for fashion, this young designer isn't resting on his laurels. His recent collections have been sold in thirteen countries from Austria to Kuwait, and in fifty stores from Paris to Oslo. Though he is perceived as a standout talent, Bikkembergs' designs keep a low profile. "I don't like clothes that make you stand out—that's not fashion and people who do that should go to theater school instead."

Dirk Bikkembergs just can't sit still. And soon Antwerp, the city that has nursed him to his accelerating fashion celebrity, might not be able to contain him.

Although he dogmatically refuses to discuss his near-term plans, he shows signs of moving forward. The exuberant, aggressively confident young designer speaks Italian, and another hint might be his emphatic disappointment with the Belgian apparel and textile industries. "They're not supportive at all," he says. "So to grow it becomes necessary to leave the country."

But Bikkembergs is not attracted to Paris or any of the other big fashion centers of Europe. "They all come to dominate your thinking too much," he explains.

High-flying and somewhat footloose though the designer might be, his career has definitely progressed from the ground up. After completing the fashion program at the Academie in 1982, Bikkembergs did a Hell's Angels-inspired winter collection for men that won him the Golden Spindle award, Belgium's highest fashion honor. But it was his first footwear collection in 1985 that made everyone kick up their heels. Working in heavy black leather and using infantry boots and soccer shoes as his points of departure, Bikkembergs established himself as a sure-footed talent.

Last year saw publication of "Dirk Bikkembergs—Hommes," a handsome catalog that showed his footwear and also his new knitwear collection. The knits, produced by Sivatex in Belgium, include leggings with sock-length rib knit cuffs, zip-front hooded jackets, over-sized cardigans and turtlenecks. All reflect the idiom of fleece activewear, but are done in neutral wools with a dose of fashion. The collection was sold in thirteen countries from Austria to Kuwait, to fifty different stores ranging from the Girbaud shop in Paris and Jones in London to Kow Loon in Hong Kong and Paprika in Oslo.

In his spring/summer 1988 collection, which he showed at Pitti Uomo and the British Designer Menswear Show in London, Bikkembergs turned hand-me-downs from down on the farm into high fashion. As he explains, "People who live in the country have no idea of fashion. Clothes for them are practical, and the mothers and grandmothers are, unwittingly, designers. So I tried to express what these women do without even knowing it, not just making clothing, but how it evolves as it is passed from brother to brother."

Bikkembergs kicked off his career with shoes, however, because he wanted to find an area of design that would offer a single silhouette. "I had no money and I still have very little," he says. "I finance everything from my own earnings, and with loans, so I wanted to be able to concentrate, to put all my efforts into creating something that would be for me the very best thing possible. Then, with the success of the shoes, I was able to grow."

Encouraged by the strong response to his knitwear, he will add a small group of tailored clothing to his next collection. He is not, however, interested in women's wear. "You need to be too much of a designer to do women's clothing, and I'm much too interested in building my men's collection," he explains, speaking quickly and intensely.

"The reality of men's wear is to make things that can be sold. Since I know this and believe this, I can make my collection without compromises," Bikkembergs declares, and then, asked to look at the camera, he bursts into song, proving himself an unusually spontaneous subject.

He is opinionated as well. "I don't like clothes that make you stand out—that's not fashion and people who do that sort of thing should go to theater school instead. I think that men should be able to recognize some part of themselves in the clothing that they wear, and this is what I hope I'm doing—making clothing that attracts people but also lets them feel that it will work to express their personalities.

Bikkembergs likes American clothing because "it is natural and sort of traditional. I've always been attracted to the easy American sportswear style." But for this bold young Belgian, such classics as the jogging suit or hooded parka "aren't finished—they can be made much more personal, which is what I try to do."

While he says that he has no interest in what other designers are doing and describes many of the big guns of global men's wear as "static and fading," he does not like to predict what he may contribute to a new course for men's fashion. "My feet are on the ground, and this is my German side," he says, referring to his identification with his mother's ancestry.

As an army brat in West Germany, where his Belgian father was stationed, he developed an interest in apparel (as opposed to fashion) and this led him to Antwerp and the Academie. As soon as he enrolled in the fashion program, he saw his life before him. "Just one day in the school and I knew that I'd found what I wanted, because I've always liked to be involved with things that are beautiful." Free-lance work for a variety of manufacturers, including Nero, Bassetti, and Gruno and Chardin kept him going after graduation until his career suddenly sprinted.

Tired after an overnight train trip from Milan, the designer pensively gazes out the window of his atelier/apartment and says, calmly and openly, "If I feel in ten years how I feel today, I will be very happy."

And this particular day Bikkembergs describes as "lively and creative and filled with ideas." ■

One of Bikkembergs' designs for spring/summer 1988, inspired by country wear.

LENA BERTUCCI

DOMINIQUE MAITRE

First impressions are important. The young Belgian designers, from their earliest, painfully penny-pinching days, have made a vital priority of presentation—understanding that designing beautiful clothing is only half the battle for fledglings. Catching the world's attention is the other half.

They caught it by carefully investing in "buyer bait", such as museum-quality handouts, crowd-drawing stands and the eye-grabbing invitations shown here.

"Ever since they were in school they've understood the significance of publicity," says Gerrit Bruloot, who does "pr and management" and color coordination for the Antwerp designers, and who owns and runs two shops that stock the designers' clothes. "They've also been very lucky in finding an excellent printer, Imschoot in Ghent, which always tries to find a way to do what they need and which has excellent quality."

It was Bruloot who urged the designers to exhibit in London, where their showmanship ultimately drew the attention of high-powered, London-based public relations agent Marysia Woroniecka. She now represents all of the designers and says of her brood's instincts for publicity, "They're absolutely amazing at it. They make my work very easy."

—A.L.

DECEMBER 1987

DNR THE MAGAZINE 29

– *BAM*, supplement to 'Fashion this is Belgian' launched.
– Annemie Verbeke presents her first collection.

– Dries Van Noten, Ann Demeulemeester, Walter Van Beirendonck and Marina Yee organize showrooms in Antwerp.

– Louis, the first store exclusively for Belgian designers, opens in Antwerp.

Within the magazine spread at top:

fresh force

FRESHER FASHION FROM THE ACADEMY OF ANTWERP

PATRICK DE MUYNCK

PATRICK DE MUYNCK

"The inspiration for my collection comes from the English Puritans. I took the stark silhouettes and linked them to '70s flares and high waistlines. The elephant-leg trousers are in velvet lycra and the shirts are all in lycra with cap and glove sleeves. The collection, complete with an imitation calf rebrow and mink coat. [...]"

KARIN DUPON

The inspiration for my collection comes from Morocco. France when it was a colonial power, and Isadora Duncan, a bizarre American dancer who lived in Paris during the '20s. [...] My favourite English designers are Hammett and Galliano, but I also like Ann de Meulemeester and Dries Van Noten." Model Wern

PETER VANDE VELDE

I used the Nuba tribes of Central Sudan and the concept of the beauty parlour as a starting point. [...] I think the Belgian fashion industry owes a lot to Walter and the rest. [...]"

PHOTOGRAPHY Phil Inkelberghe

78   *i-D Magazine*, October 1988

FRESH FORCE — FRESHER FASHION FROM THE ACADEMY OF ANTWERP

Patrick De Muynck, Katarina Van Den Bossche,
Peter Van de Velde, Karin Dupon, Lore Ongenae

The Flemish fashion assault is now under-way. [...] Under the guidance of Madame Linda Loppa, the Academy of Antwerp is set to capture the fashion spotlight of Europe with a pool of talent and energy that will have fashion commentators drooling over their Yamamotos.

– Nike Air Max.
– First APC collection.

– Maison Christian Lacroix founded by Bernard Arnault, the first haute couture house since Yves Saint Laurent in 1962.

KATARINA VAN DEN BOSSCHE

My collection is entitled 'Cave Cult Collection', inspired by prehistoric culture from its origins in Africa to late Neanderthal Man. This period is commonly regarded as a barbaric, drab and rather uninteresting era – simply a prelude to real history. But I found prehistoric materials bulging with fashion ideas and far more appealing than later periods. I translated prehistoric materials into a mix of exotic colours, flowered woollies, cow-hides, tweeds and flower-embroidered cottons. The details show embroidered dinosaurs, fig leaves, body paint-like graphics and rough stitching.
Models:Gerda, Elien, Elisabeth...

– LVMH established.
– David Lynch: *Blue Velvet*.
– Bruce Weber: *Broken Noses*.
– Andy Warhol dies.

– Barbara Kruger: *Untitled (I shop, therefore I am)*.
– Public Enemy: *Yo! Bum Rush The Show*.
– M.A.R.R.S.: *Pump Up the Volume*.

– Christie's auctions Vincent van Gogh's *Sunflowers* for 24 million GBP.
– Oliver Stone: *Wall Street*.
– The Herald of Free Enterprise disaster in Zeebrugge.

Belgische mode, telkens anders

De internationale zomer van de Antwerpse Zes

Van onze verslaggeefster

PARIJS — Zelden zag je zes zo totaal verschillende mode-ontwerpers verenigd onder één dak. Het evenement was te zien tijdens de jongste prêt-à-porter-dagen in Parijs, waar de Belgen Dries Van Noten, Walter Van Beirendonck, Marina Yee, Dirk Van Saene, Ann De Meulemeester en de juwelenontwerpers Wouters en Hendrix een fraai salon deelden in het hotel St-James and Albany. Een verbijsterende mengelmoes, maar een suksesformule.

Na Londen, waar ze met een bizarre show de internationele pers haalden, toonden zij in Parijs mode met een hoofdletter. Achteraf bleek de balans meer dan positief te zijn: „De Zes" zijn internationaal doorgebroken.

Marina Yee: toegevingen...
(foto Marc Cels)

Dries Van Noten doet het al jaren zonder tamtam, maar wat hij doet, is indrukwekkend: goed gesneden, fraai materiaal en net genoeg inspiratie om van ieder kledingstuk een uniek stuk te maken. Voor volgende zomer liet hij zich inspireren op Turkije, en daarbij sluit hij mooi aan bij de Oosterse rage die de Parijse modedefilés domineerde. Eén van zijn fraaiste materialen is gewassen zijde. Bij ingenieus gedrapeerde rokken bedenkt hij simpele jasjes met een kontrasterende strook in de taille, die al naargelang de inspiratie gedraaid en geknoopt worden.

Wat eerder bij Van Noten nog een beetje braaf en stijfdeftig overkwam, is voor volgende zomer geëvolueerd tot een levendige, kleurrijke kollektie. En dat heeft het buitenland alvast begrepen, want in Italië en Japan zijn ze weg van Van Noten.

King Kong

De Amerikanen zijn dan weer dol op Van Beirendonck, in heel wat opzichten zijn tegenpool. Van Beirendonck is een kreatieve jongen, die niet wars is van een mode-grapje. In zijn kollektie King Kong Kooks gaat hij er vrolijk tegenaan met maffe shirts, kleurige truien, kniehoge boots met (rubberen) pinnen, wielrennershirts enzovoorts.

Van Beirendonck heeft hier een aardig en betaalbaar alternatief gevonden om zijn kreatieve buien uit te leven. Dank

Juwelen van Wouters & Hendrix: gepolijste soberheid.
(foto Herman Tallein)

zij hem kun je het dus beleven dat het rennerstruitje van Torhout-Werchter met luipaardmotief of een truitje met het rode GB-embleem volgende zomer in de VS op de blitse jongens wordt teruggevonden.

Van Saene

Dirk Van Saene, ooit winnaar van de prestigieuze Gouden-Spoelwedstrijd, gaat eigenzinnig zijn gang. Hij liet zich inspireren op pop-art en daarmee kun je alle kanten uit: leuk bedrukte t-shirts, shorts met kanten pijpen, zeer wijde pantalons met doorkijkmogelijkheden. De kleuren zijn, ingetogen: pruim, bruin en

Marina Yee had tijdens ons bezoek net de BRT „in huis", die een jurkje uit de kollektie „Marie" filmde. Wat eerlijk gezegd nogal tegenviel, als je bedenkt dat een overigens pittig kort jurkje heel truttig werd geshowd in een decor-metbloemetjes. En dat is blijkbaar voor Marina een oud zeer: deze zeer kreatieve ontwerpster, die enkele jaren geleden in een minimum van tijd de Bassetti-kollektie opwerkte tot ongekende hoogten, zit weer vast in een commercieel circuit, en vernieuwende dingen waren er niet bij. Maar mooi en draagbaar was het wel.

zwartwit, de accessoires sterren.

Voor sterren moet je bij het duo Wouters en Hendrix zijn, twee jeugdige juweelontwerpers die in het kielzog van de mode-ontwerpers een klein-maar-fijne kollektie juwelen op de markt brengen. Na de prachtige dierenmotieven en de oude munten zochten zij nu inspiratie in de astrologie, met zonnen, maantjes en sterren.

Een beetje tam, maar geen nood: zij maken ook de juwelen van de mode-ontwerpers, en zo zit er altijd weer iets nieuws en aparts bij.

Dat aparte mochten ze deze

winter al voor Ann Demeulemeester realizeren in de vorm van een gestyleerde duif. Ann Demeulemeester is ongetwijfeld het suksesnummer van de Antwerpse Zes: als eerste Gouden-Spoelwinnares is ze niet over één nacht ijs gegaan, maar nu is ze meer dan klaar voor de internationale markt. Het was een gedrum van jewelste aan haar stand en de Italiaanse superlatieven waren niet van de lucht.

Voor volgende zomer krijg je een nieuw silhouet, dat bestaat uit kontrasterende volumes: aansluitend en los. De jasjes hebben onverwachte openingen op de rug en vloeiende

pelerine-stijl, er zijn small heupbroeken en wijde pantalons, broekrokken en rokbroeken hebben „trompe l'oeuil" effekten, de bloezen hebben een geïntreerde rug of zijn helemaal los, soms zelfs met uitlopende mouwen. Haar zomerkleuren zijn zwart, nacht blauw en donker bordeaux, een beetje pistache, pernod, ecru en wit.

En omdat Ann een Pietje Precies is, tekende ze er ook nog schoenen bij, lang en plat met puntige of platte tip, of naaldhakken met een breed profiel.

LIEVE HERTEN

De fantasiewereld van Walter Van Beirendonck: sukses. (foto Ronald Stoops)

Trui van Walter Van Beirendonck.
(foto Ronald Stoops)

Kreatie van Ann Demeulemeester.
(foto Patrick Robyn)

Baksteenmotief: modegrapje van Van Beirendonck. (foto Ronald Stoops)

De Standaard, November 6, 1988

THE INTERNATIONAL SUMMER OF THE 'ANTWERP SIX'

You rarely saw six so totally different fashion designers united under one roof. The event took place during the most recent prêt-à-porter days in Paris, where the Belgians Dries Van Noten, Walter Van Beirendonck, Marina Yee, Dirk Van Saene and Ann De Meulemeester [*sic*], with jewellery designers Wouters and Hendrix, held an attractive salon in the St James and Albany Hotel. It was a bewildering mishmash, but a formula for success.

Walter Van Beirendonck, spring–summer 1989

1988

– Maison Martin Margiela founded by Martin Margiela and Jenny Meirens – first show in Paris – summer 1989. (Café de la Gare)

– *i-D* groups five Antwerp Academy students as the 'Furious Fashion Five'.

– First complete men's line by Dirk Bikkembergs – winter 1988–1989.

Mooie ingrediënten en show-balast.

Smalle schouders en pantalon in twee delen.

Krappe truitjes met inkrustaties in stof.

Van onze verslaggeefster

Martin Margiela met eigen kollektie

Een Limburger maakt mode in Parijs

Kijken in de kelder: silhouet van Margiela.

PARIJS — Wie ooit als rechterhand van Jean Paul Gaultier fungeerde, is voor het leven getekend. Een andere uitleg vind ik niet voor de metamorfoze van Martin Margiela: een Limburger ging naar Parijs, werkte voor de meester en komt nu met zijn eerste winterkollektie op de markt. Wij stonden er bij en keken er — met open mond — naar.

Aan ideeën heeft Margiela nooit ontbroken: afgestudeerd aan de Antwerpse Akademie, liep hij tijdens de tweede Gouden-Spoelwedstrijd Jean Paul Gaultier tegen het lijf die toen in de jury voortzat. Één en ander resulteerde in een verhuizing naar Parijs en de fraaie Margiela-details doken op in de Gaultier-kollekties.

Aan die medewerking is nu een eind gekomen: Margiela staat op eigen benen. Tussen de glitter-invitaties van de Franse créateurs stak ook een ruw afgescheurd stuk krantepapier. En onder de rubriek „Divers" het rood omcirkelde bericht dat Martin Margiela zijn winterkollektie toont aan de Boulevard de Strasbourg. In een oude (bioskoop-?)zaal beleefde le tout Bruxelles — maar dan wel de kreatieve kant van de familie — de prezentatie van de nieuwe kollektie.

De kelderruimte is afgeplakt met plastiek en bruin plakband en er staat een orkestje (als decor) op het podium. Bekende mensen uit Brussel — o.a. Jenny Meirens van Crea, de zakenvrouw achter Margiela — gekleed in witte laboratoriumjassen, dirigeren een delikate stoelendans om iedereen een plaatsje te geven.

Zombies

En dan komen de zombies. De ogen zwaar en zwart omlijnd, blauwbruine lippen, slordige haardos die half in een rolkraag wordt gestopt: je moet als kreatieveling natuurlijk geen rekening houden met dit soort bijkomstigheden, maar de sfeer is meteen raak. Onduidelijke muziek wordt om de haverklap afgebroken met een krassende naald op de plaat en de juffrouwen lopen als op de herrezenen uit de video-clip „Thriller". Maar we zouden het over mode hebben.

Een eerste indruk is dat traditionele jassen, broeken, rokken en overgooiers uit elkaar werden gehaald en dan ietsjes anders weer in elkaar gezet. Zo beginnen de mouwen zeer hoog tussen hals en schouders, verdwijnt de hals in een hoge kraag, nog geaksentueerd door een soort leren hoofd-halsband, en staan de naden op de overgooiers binnenste buiten. Op een „gewone" trui komt een stel anders gekleurde schrijfmouwen, of hoe noem je zo'n attribuut voor klerken uit grootmoeders tijd? Vestjes met grote verfstekken worden voor de gelegenheid aan trui en rok geplakt met bruin kleefband, maar dat is bijzaak.

Want Margela heeft zeer mooie bloezes met grappige opstaande kragen, beeldige rechte strakke rokken met een grote split achteraan, rokken met ingestikte plooien en jasjes met linten op de rug. Zijn driedelige pakken hebben een vest dat langer is dan het jasje en de gekreukte kragen steken er grappig uit.

Laagjes

De pantalons bestaan uit twee laagjes: een satijnen short met pijpen in ribfluweel of een ander winters materiaal. Tenzij de pantalon (b.v. een wijde jeans) gedragen wordt met een rokje er overheen. Gaultier doet het ook, het zal dus in orde zijn. Bij Margela wordt ook de overgooier weer in ere hersteld: je hebt er met drapages of ze zijn zo ruim dat je er makkelijk zeven maanden zwangerschap in verstopt.

Overdadig lang zijn ook de mouwen: met een ongewone tricotband op een gabardine-jasje zodat nog net de vingers er uitsteken. En die zijn voor stuk verpakt in zwarte lintjes. Een grapje, wel te verstaan.

Lieve HERTEN
(foto's Marc Cels)

Trui met „schrijfmouwen", vestje met vlekken.

Revival van de overgooier.

De Standaard, April 2, 1989

A LIMBURGER MAKES FASHION IN PARIS

– 'Antwerp Six': first group defilé in London at Westway Studios and first group presentation in Paris.

– Wim Neels and Anna Heylen graduate from the Academy.

– Jean Paul Gaultier launches Junior Gaultier
– Anna Wintour becomes editor-in-chief for *Vogue USA*.

81

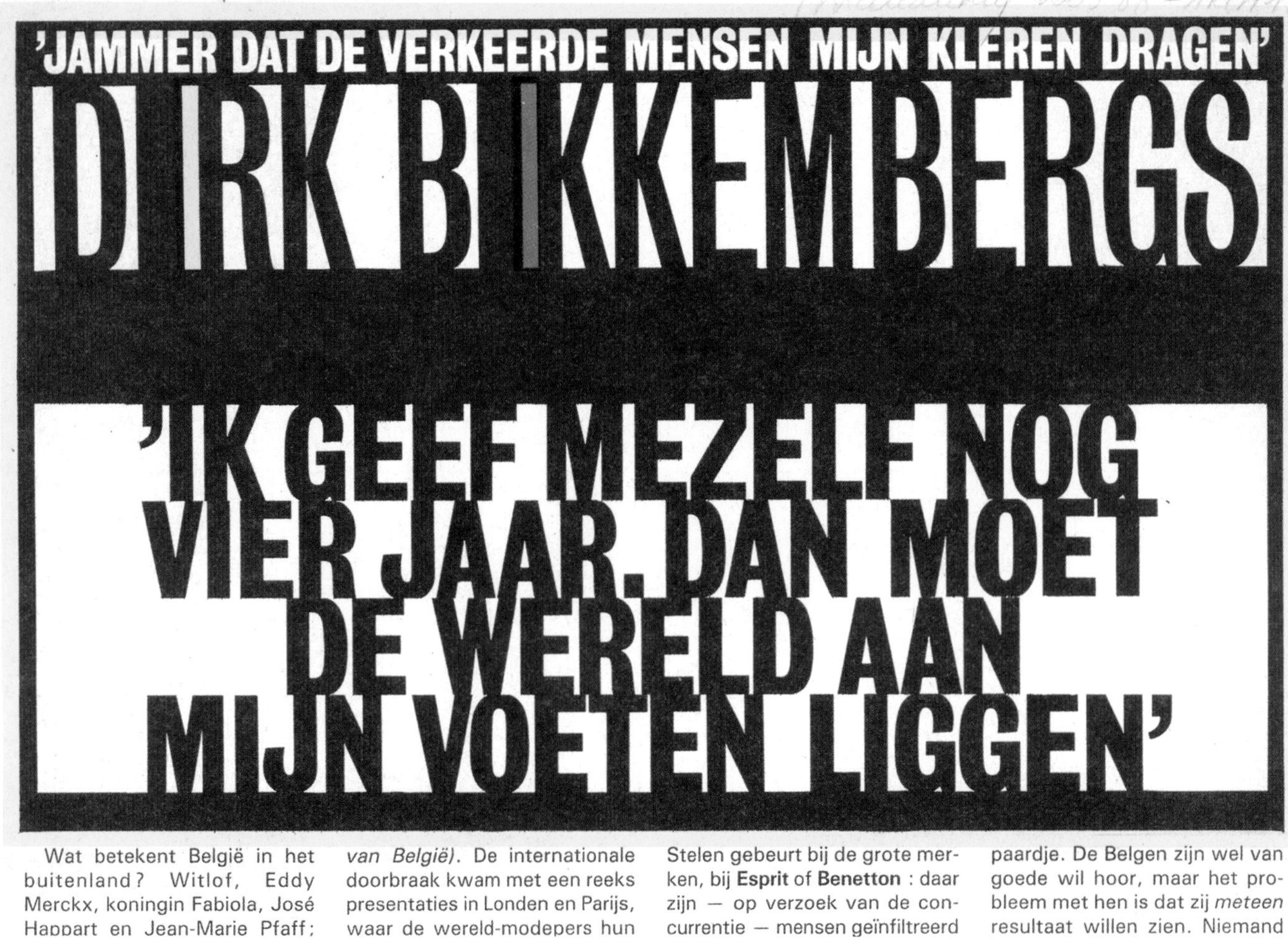

'JAMMER DAT DE VERKEERDE MENSEN MIJN KLEREN DRAGEN'

DIRK BIKKEMBERGS

'IK GEEF MEZELF NOG VIER JAAR. DAN MOET DE WERELD AAN MIJN VOETEN LIGGEN'

Wat betekent België in het buitenland? Witlof, Eddy Merckx, koningin Fabiola, José Happart en Jean-Marie Pfaff; *van België)*. De internationale doorbraak kwam met een reeks presentaties in Londen en Parijs, waar de wereld-modepers hun Stelen gebeurt bij de grote merken, bij **Esprit** of **Benetton** : daar zijn — op verzoek van de concurrentie — mensen geïnfiltreerd paardje. De Belgen zijn wel van goede wil hoor, maar het probleem met hen is dat zij *meteen* resultaat willen zien. Niemand

Humo, 1989

DIRK BIKKEMBERGS: 'I GIVE MYSELF ANOTHER FOUR YEARS. THEN THE WORLD WILL BE AT MY FEET'.

Dirk Bikkembergs: 'The Belgians [manufacturers] mean well, but the problem is that they want instant results. Nobody has the patience to invest in a young stylist. They want to make a collection today and have a pile of orders on their desks tomorrow. That is impossible. I have just finished studying at the Academy for five years and I am working with an Italian producer who well understands that it may take another five years before I earn him a pile of money. He is thinking in the long term. That is the whole difference.'

i-D Magazine, 1989

IN THE AUTUMN OF 1989, MARTIN MARGIELA, A RELATIVELY UNKNOWN BELGIAN DESIGNER, PRODUCED THE MOST EXCITING SHOW OF THE PARIS SEASON.

The sensation caused surprised even himself and everyone else involved – he felt the response was an over-reaction. At the moment – at least until the hype has cooled down – Margiela refuses to give interviews or do photo sessions. He believes the time for designers to be superstars is over, and it is natural shyness, he claims, not pretension, which turns him from the camera.

– Suzy Menkes writes the fashion columns for the *International Herald Tribune*.

– Neneh Cherry: *Buffalo Stance*.
– Prozac launched.
– Tom Wolfe: *The Bonfire of the Vanities*.

1989
– Véronique Leroy wins the fifth Golden Spindle competition.

In the autumn of 1989, Martin Margiela, a relatively unknown Belgian designer, produced the most exciting show of the Paris season.

The sensation he caused surprised even himself and everyone else involved – he felt the response was an over-reaction. At the moment – at least until the hype has cooled down – Margiela refuses to give interviews or do photo sessions. He believes the time for designers to be superstars is over, and it is natural shyness, he claims, not pretension, which turns him from the camera.

In 1977, Martin Margiela began a fashion course at Antwerp's Royal Academy Of Fine Arts. After a junior collection produced in Milan, he returned to Antwerp in 1982. He met and became assistant designer for Jean Paul Gaultier in 1985. He has never done a straight catwalk show, and for his Spring/Summer 1990 collection, he invited the fashion editors and French press to explore beyond the conventional show circuit to an obscure location: a stretch of wasteland in a notoriously violent suburb of Paris.

There was no formal tent, instead a canopy construction which exposed the graffiti on the walls of the site. Pierre Rougier, Margiela's agent, had ignored police protests and demands for 24 hour security. The neighbourhood children had also become enthusiastic, seeing the preparations on the wasteland that was their playground. They nicknamed the event 'the festival' and their condition for co-operation with the Margiela team was participation in the final production. Rougier is sure that only local support, especially the children's, safeguarded the set-up, as it would have been their older brothers responsible for any trouble had it occurred.

Rougier was well aware of the risk that nobody would actually come, but decided in any event, they would do the show for the kids anyway. He need not have worried. 800 curious guests arrived, way beyond expectations. It was a

WORDS BY Kayt Jones

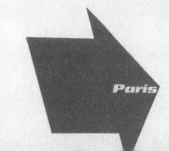

Paris

Martin Margiela, formerly a Gaultier assistant, in this, his second collection on his own, provided quite a different vision of fashion for the 1990s: a beatnik, Existentialist revival. Many of the designs are not only thought-provoking, but carry strange overtones of bondage: fingers tied together with black ribbons; ribbons that corral long, straight hair at the neck to form a hood shape; the back fullness of jackets controlled with a series of ribbon ties; vests and coats taped to the body; broken dishes wired together to form a vest; models' eyes outlined in kohl; and darkly painted lips. The construction of the clothes suggests a deconstructivist movement, where the structure of the design appears to be under attack, displacing seams, tormenting the surface with incisions. All suggest a fashion of elegant decay.

Details, 1989

Martin Margiela, formerly a Gaultier assistant, in this, his second collection on his own, provided quite a different vision of fashion for the 1990s: a beatnik, Existentialist revival. [...] The construction of the clothes suggests a deconstructivist movement, where the structure of the design appears to be under attack, displacing seams, tormenting the surface with incisions. All suggest a fashion of elegant decay.

86

Photography by Phil Inkelberghe
Thanks to Gianluca Jandelli

Lore Ongenae (links): «Ik vond ‹La Cicciolina› van bij het begin een zeer mooie vrouw» / Foto's med. en doc.

«Blootborstje» aangekleed

Antwerpse studente aan de Academie ontwerpt kledingcollectie voor La Cicciolina

KLAUS VAN ISACKER

ANTWERPEN - Vlamingen staan voor niets, zo blijkt. Want terwijl overal ter wereld nog steeds druk gefotografeerd wordt als de Italiaanse pornoster Ilona «La Cicciolina» Staller haar rechter- of linkerborst ontbloot, kleedde een 24-jarige Antwerpse studente dit bizarre parlementslid helemaal aan. Met een volledige zomercollectie, van top tot teen. «Voor mijn examen», zo luidt het.

Onze chef op de redactie was zeer enthousiast. «Wij hebben exclusieve foto's van ‹La Cicciolina›, mijnheer», zo had het aan de andere kant van de telefoonlijn geklonken. En of de krant niet geïnteresseerd was ? «Het antwoord is ja», zo werd gezegd, «wij contacteren U nog wel». Waarop, om redenen die mij nog altijd niet duidelijk zijn, uw dienaar de enige aangewezen persoon voor de job bleek. «OK, chef».

Bedekt

Lore Ongenae, zo heet onze Antwerpse studente die blootborstje helemaal aankleedde. Ze zit in haar derde jaar aan de Koninklijke Kunstacademie te Antwerpen, maar kan haar heerlijk Westvlaams accent niet wegsteken. Ieder jaar moet ze als eindwerk een collectie kleren ontwerpen, die dan tijdens een modeshow door de docenten beoordeeld en gekwoteerd wordt. «Als hoofdthema koos ik het Verre Oosten», zo vertelt ze, «als bijthema Ilona Staller». Alsof het de gewoonste zaak van de wereld was.

Een keuze beïnvloed door een weddenschap waar wij geen weet van hebben, Lore ?

Ongenae : «Neen, helemaal niet. Ik moet U zeggen dat ik ongelooflijk gefascineerd was en ben door haar schoonheid. Het was dus een zeer bewuste keuze».

«Ik vind Ilona Staller een zeer mooie vrouw, in feite de mooiste die ik ken. Het is echt mijn type vrouw, de vrouw die ik voor ogen had toen ik mijn collectie aan het maken was».

«Je moet een vrouw voor je hebben als je bezig bent aan het tekenen van je kledijstukken. In je verbeelding moet je al zien hoe één en ander rond haar lichaam zal passen. Zo gaat het veel gemakkelijker. Ik zag haar twee jaar geleden voor het eerst, en ik wist direct: zij was het. Voor haar, zo wist ik, wilde ik ooit nog kleren ontwerpen».

Heel zeker dat je niet gewoon de sensatie zocht ?

Ongenae : «Neen, geenszins. Pas op, ik koos Ilona helemaal niet vanwege haar reputatie als pornoster, deelgenote aan de internationale seks-business, of omdat ze toevallig ook verkozen werd als parlementslid. Neen, wat mij in haar aantrok was haar tederheid, haar kwetsbaarheid ook».

«Ik geef natuurlijk toe, ‹La Cicciolina› is zeer sexy. Maar ze heeft daarbij een fantastisch kinderlijk trekje dat je bij geen enkele andere vrouw terugvindt. Ze is niet vulgair, ze heeft iets speciaals. Ik vind haar zeer schattig».

«Het valt ook op dat je voor haar kleren hebt gemaakt die zelfs geen straaltje bloot er laten zien.

Ongenae : «Ja, natuurlijk. Het moet toch niet altijd allemaal naakt zijn. Ik ben niet zo voor al die blote borsten, het moet draagbaar zijn, en vooral : veel raffinement hebben».

Wat is de rol van de erotiek in de mode ?

Ongenae : «Oh, erotiek speelt een zeer grote rol in de mode, natuurlijk. Ik vind dat het vrouwelijke zeer zeker sterk naar voren moet komen. Ik ben tegen geslachtsloze kleren. Anderzijds mag het er niet te vingerdik op liggen».

Je reisde ook speciaal naar Rome, om er Staller in jouw kleren te laten fotograferen. Hoe heb je dat voor mekaar gekregen ?

Ongenae : «Ik moet zeggen dat mijn promotor, mevrouw Loppa, daar een zeer belangrijke rol in heeft gespeeld. Zij is het die mijn voorstel om ‹La Cicciolina› te gaan aankleden van bij het begin heeft gesteund.

Zij is beginnen brieven schrijven en telefoneren, tot ze het voor mekaar had dat we naar Rome mochten afreizen».

«De manager had ons evenwel geen garanties kunnen geven dat mevrouw zou willen poseren. Als ze de kleren mooi vindt, dan doet ze het, zo werd ons gezegd. Als ze het maar niets vindt, dan niet».

«Bij onze eerste afspraak, was Ilona niet aanwezig. We moesten de kleren daar laten, en mochten de volgende morgen eens terug komen. Toen we daar in de late namiddag weer aankwamen, stond zij reeds enthousiast in mijn collectie rond te springen, en gaf onmiddellijk toestemming voor een uitgebreide fotosessie. Op voorwaarde evenwel dat ze de kleren waarin ze moest gefotografeerd worden, mocht houden. Wat ik uiteraard goed vond».

«Ze was zeer professioneel tijdens de sessie, geen moeite was haar teveel. We mochten haar enorme studio gebruiken en zoveel tijd nemen als we wilden. Alhoewel onze fotograaf niet de absolute vrijheid had. Zij besliste in welke positie ze lag of stond».

Oh ja, ook nog dit, beste lezer. Foto's van de aangeklede Ilona Staller kunnen we u niet tonen. Lore Ongenae en haar vriend-fotograaf willen de negatieven voor veel geld aan duur buitenlandse tijdschriften verpatsen. U zult het moeten doen met een foto van een «blote» Cicciolina. Of hoe blootborstje zonder bloot ook nog kan bijbrengen.

Source unknown, June 19, 1989

'BLOOTBORSTJE' HAS CLOTHES: ANTWERP ACADEMY STUDENT DESIGNS A FASHION COLLECTION FOR 'LA CICCIOLINA'

The Flemish won't stand for anything, or so it seems. Because photographers are always there taking pictures whenever the Italian porn star Ilona 'La Cicciolina' Staller bares her left or right breast, a 24-year-old Antwerp student is thoroughly adorning this bizarre member of Parliament, from top to toe, with an entire summer fashion collection.
'For my final exam project', says Lore Ongenae.

– Dries Van Noten opens his flagship store Het Modepaleis on Nationalestraat.

– First Dirk Bikkembergs show in Paris – winter 1989–1990.

– Lore Ongenae dresses Italian porn star 'La Cicciolina' with her third-year collection.

TOUT BEAU...

Jardin des Modes,
December/January 1990–1991

ALL BEAUTIFUL... ALL BELGIAN. MARTIN MARGIELA, DIRK BIKKEMBERGS, DRIES VAN NOTEN

Soon after their graduation from the Antwerp Royal Academy in 1980, the first 'young creators of Belgium', a country where fashion didn't exist, have been lumped together, mainly so the press wouldn't have to deal with pronouncing their exotic names. […]
It was purely for practical reasons that the Antwerp Six formed a group: […] Today, each of them swears that this was the group's only justification, that each of them has developed a very individual style indeed […]

Depuis leurs sorties respectives de l'Académie royale des beaux-arts d'Anvers en 1980, les premiers "jeunes créateurs de Belgique", pays où la mode n'existait pas, ont vite été rangés en vrac dans le même sac, ce qui épargnait à la presse d'avoir à prononcer leurs noms... exotiques. Walter van Beirendonck, Dirk Bikkembergs, Ann Demeulemeester, Martin Margiela, Dries van Noten, Dirk van Saene, Marina Yee formaient le groupe des Sept, que Martin Margiela quittait bientôt pour travailler chez Jean-Paul Gaultier et s'installer à Paris. Le groupe des Six ne formait alors un groupe que pour des raisons purement matérielles: ne louer qu'un camion et un seul stand pour leurs premiers salons, les "foires" comme ils disent si bien là-bas. Aujourd'hui, chacun assure que le groupe n'a jamais existé autrement qu'en cela, que chacun développe un style bien particulier, certains ne s'occupant que de la femme, d'autres que de l'homme, un tel commençant par une collection de chaussures (Dirk Bikkembergs), l'autre par des blazers (Dries van Noten), un autre encore entretenant un avant-gardisme radical (Walter van Beirendonck), au service de l'enseignement à l'Académie.
Tous se définissent comme européens avant tout, plus soucieux d'habiller Japonais, Californiens ou Canadiens qu'Anversois. Anvers est pour eux une place nette et vierge de tout style mode, à l'inverse de Paris, Milan ou Londres. Chacun apporte là toutes les charges émotives accumulées au hasard de ses déplacements et, dans le calme du petit "village cosmopolite" (une expression de Dries van Noten), crée à sa convenance. S'il n'existait pas avant eux de style belge, ce dernier s'installe maintenant avec eux de saison en saison. L'horreur de la décoration et du chichi, la volonté d'aborder la création d'une façon brute et sans concession, la présence commune de certains détails, comme les rubans d'attache, les vêtements transformables, et surtout la subtilité apportée à une certaine "anti-mode", tout cela, au-delà de leurs styles respectifs, forme un horizon commun de mode belge. Et ce n'est pas un hasard si, ces dernières années, ce sont les styles les plus marqués géographiquement (Romeo Gigli, Dolce & Gabbana pour l'Italie, Sybilla, Jeff Valls et Adolfo Dominguez pour l'Espagne, les autres là-haut pour la Belgique) qui ont réussi leur coup.

MARTIN MARGIELA

Le souci maniaque d'inventer une silhouette inédite, une allure étrangère, non pas une dégaine de plus, libre association de looks du énième styliste branché, mais une coupe désormais reconnaissable, un travail unique de création, la ligne Martin Margiela, ni destroy ni classique.

Quelques nippes déchirées, un terrain vague, il n'en fallait pas moins pour coller sur le dos du Belge Martin Margiela l'étiquette indéchirable de créateur de mode destroy... Cependant, l'amour que porte le doux Martin au vêtement, son souci du détail, son acharnement, de saison en saison à rester constant dans la voie qu'il s'est fixée font plus de lui "le seul jeune créateur découvreur de sa génération" que "le déchiqueteur enragé de toile de bâche" que d'aucuns ont cru voir tout d'abord.

SUBTIL ET CONTRADICTOIRE

Si les collections (la cinquième présentée en octobre 90 à Paris) ont désormais planté une idée plutôt rassurante dans la tête des professionnels de la mode, les défilés, quant à eux, sous le plaisir ludique d'habiller les collections d'événements, brouillent les pistes, jouent dangereusement avec des impressions contraires. Tout est à l'image de cette ambivalence chez Martin Margiela. D'un côté les chuchotements agités de quelques centaines de WFT (World Fashion Terrors) instaurent en Margiela le nouveau créateur à la mode, donc en instance d'être déclaré démodé vite fait bien fait par ces mêmes conspirations, alors même que l'on surprend déjà à parler de la carrure Margiela (épaules très étroites renforcées d'épaulettes en boudin, légèrement XVIIIe siècle et rendues praticables par un système de soufflet au dos), propulsant le jeûnot de trente-trois ans dans la sphère des classiques. Ces contradictions ne se font pas par hasard... mais sont sans aucun doute générées par la saisissante complexité du travail de Martin Margiela et, pour tout dire, par sa subtilité. Margiela n'est ni destroy ni classique, ni aucune chose, ni attiédi par un compromis ennuyeux; il est précisément à la fois l'un et l'autre en même temps, comme un

point qui garderait un pied sur l'abscisse et l'autre sur l'ordonnée, plutôt que de se tenir pieds joints sur un endroit quelconque de la tangente, à l'intersection des inverses.

PUCES ET TROIS DOUBLURES

Un petit boléro en affiches déchirées pour l'été. Destroy? non... finement doublé à l'intérieur. Des fripes récupérées aux puces et dans le surplus pour l'hiver... Elles seront associées et assorties, chemise de bûcheron cousue en torsade sur un pull-chaussette; c'est une idée la voie qu'il s'est fixée font fort peu "jeune créateur" (environ 500 F), on peut tout aussi bien pomper l'idée et faire pareil chez soi. Ce n'est pas un problème, au contraire, le succès pour Martin Margiela, ce sera quand ses "propositions" seront suivies dans la rue. Du boulot de rigolo? A des prix tout à fait différents, un travail tout aussi peu "jeune créateur": "LA" veste Margiela, carrure étroite et dos à pinces, luxe des détails, les trois doublures classiques devenues rares aujourd'hui, le boutonnage ouvert des poignets. Encore autre chose, la robe de soirée à 1000 F, sans travail particulier de la coupe, ce qui rend la confection à bon marché, mais avec une trouvaille de matière qui fait à elle seule toute la robe : un feutre découpé à effet extensible, rappelant les guirlandes de papier des goûters d'anniversaire.

DOUCEUR ET FERMETE

Timidement vissé sous sa casquette de marin, ce longiligne garçon nordique en impose par sa discrétion. Et sait cependant se faire remarquer par une allure légèrement dégingandée, comme excusant sa grande taille par la nonchalance de sa stature. Ainsi, fringué de façon fort reconnaissable d'un sympathique jean élargi en bas (sans doute un bricolage maison) et du sempiternel T-shirt rayé qui va parfois jusqu'à être troué de vieillesse et ne le quitte pas d'une semelle, le grand gentil de Martin Margiela n'est pas sans laisser transparaître, sous l'accent flamand légèrement traînant, une détermination à toute épreuve. Il suffit de visiter son show-room pour s'en convaincre : rien n'est arrivé là par hasard. Tout entier recouvert d'un blanc obligatoirement nickel, sièges et bureaux dotés de housses de linge blanc taillées sur mesure, se découpant en ton sur ton sur la peinture blanche qui s'étend partout, des étagères au coffre high-tech du téléviseur Sony. Même un petit classeur dans son coin a sa petite liquette blanche. Là-bas, on fait manifestement ce qu'on veut ou on fait pas. Pas de logotype, pas de catalogue, pas de nom sur l'étiquette des vêtements, blanche comme il se doit.
Jenny Meirens, la directrice commerciale de Martin Margiela, ne va certainement pas non plus laisser les choses aller au hasard. Propriétaire d'une

Fourre-tout en veau, Delvaux (existe aussi en cuir d'autruche).

DELVAUX BRUXELLES: MAROQUINERIE ROYALE

Quand Charles Delvaux crée sa maison de maroquinerie en 1829, au cœur de sa capitale brabançonne, certainement n'osait-il qu'à peine espérer voir un jour ses créations s'offrir aux Parisiens dans une rue prestigieuse, au nom prédestiné pour la maison : la rue Royale, au n° 18. Prédestiné car, bien avant de conquérir Londres, Luxembourg, Monte-Carlo, Paris et Tokyo, Delvaux

fournissait en bagages somptueux la cour royale de Belgique... il y a de cela plus d'un siècle. En 1933, Franz Schwennicke rachète la maison à laquelle il ne gardera de modifier tout esprit, mais au contraire poussera l'exigence d'une tradition savante et luxueuse de la belle ouvrage à son paroxysme. Aujourd'hui, Solange Schwennicke et sa famille travaille chaque saison en ce sens, résistant avec un esprit grand siècle aux pragmatiques de l'époque. Mais la maison sait également se frotter au présent et offrir d'élégantes audaces, telles cet hiver des poignées simples ou doubles, qui s'allongent pour atteindre l'épaule et se donner ainsi de très actuelles allures de bandoulières. Shopping et fourre-tout sont résolument conçus pour une femme citadine, aussi active qu'élégante. Le box-calf et le veau grainé foulonné se conjuguent cette saison aux temps écologiques, en tonalités vert d'eau et argile. La maison reste fidèle à ses techniques prestigieuses d'un autre âge : finissage aniliné, doubles piqûres, pattes en relief donnent le ton.

– Walter Van Beirendonck designs jerseys for the T/W Classic Tour of Belgium bicycle race.

– Donna Karan inaugurates DKNY.
– Diana Vreeland, former editor-in-chief of *Vogue USA,* dies.

– Walter Van Beirendonck: *Fashion is Dead!* newspaper – summer 1990.
– Steven Soderbergh: *Sex, Lies and Videotape.*

TOUT BELGE

Non soumises à la loi des saisons : les constantes Margiela.
"LA" veste étroite à trois doublures et les "pieds de vache" qui ont foulé chaque défilé.

DIRK BIKKEMBERGS

Le mot d'ordre, chez Dirk Bikkembergs, c'est la brutalité. Il n'a créé pour l'instant que pour l'homme (il baptisera une collection femme pour l'hiver 91/92). "Pour les années nonantes, le total look créateur pour l'homme, c'est fini", s'exclame-t-il en faisant vibrer de toute part sa carcasse de grand petit garçon de trente et un ans. Ce blondinet à tête d'écolier, cheveux coupés au bol, dans sa chemise de velours à manches courtes portée sur un T-shirt à manches longues, s'excite quand il cause, vocifère, glousse, accompagne son accent belge d'une gestuelle à l'italienne... "Non non non hein, mon homme il a pas d'idée mode et tout ça, il vient pas acheter machin, ni telle tenue de truc, il achète pièce par pièce ce qu'il a envie pour être bien dedans, c'est tout." L'anti-mode se ramène au galop. Or, N.D.L.R., tant que les créateurs restent dans leur circuit créateur (Dirk Bikkembergs sera distribué à Paris cet été chez L'Eclaireur, rue des Rosiers), on ne voit pas bien comment un homme qui n'a pas d'idée mode pourrait acheter créateur (c'est-à-dire mettre les pieds chez l'Eclaireur). Peut-être ces années "nonantes" résoudront-elles ce problème de fond.

L'homme Bikkembergs est plutôt sportif, volontiers baraqué et très sexy... en motard cet hiver et en sous-vêtements permanents pour l'été 91. Le motard a pris le cuir comme seconde peau, taillé sur lui comme un corps. Hard, boxeur : les gants sont faits comme des bandages en jersey extensible. Hard, sous les ponts : un pantalon en chenille de velours donne l'impression d'un tissu à côtes mais à effet loque. Hard, à moitié fini : pulls teints en partie, à moitié plongés dans les bains de teinture. Hard, trottoir : un pantalon à base de lin, dessous agréable à la peau, est enduit d'une matière à l'aspect dur, qui donne au tissu un côté asphalte.

Pour l'été, tout est en tissu de sous-vêtements, c'est-à-dire coton 100%, parfois mélangé à du lin, sans fibres synthétiques, à l'exclusion du Lycra quand nécessaire. Hard éthylique : une maille à bandes irrégulières donne l'idée d'un marin soûl dont le délire se passe autant dans la tête que sur l'habit. Donne aussi l'impression d'une réalisation non industrielle où, cette fois, ce serait le tisserand qui se serait pinté.

L'homme sans façon de Dirk Bikkembergs (défilé été 91).

Pour la petite histoire, Dirk Bikkembergs a commencé en 85 par réaliser trois collections de chaussures. Après quoi vinrent quelques chemises, puis de la maille, toujours fabriquée en Belgique. C'est un Italien qu'il rencontre à Londres qui l'emmène chez le fabricant italien Gibo, avec qui il travaille encore à présent.

Dirk Bikkembergs est le seul du groupe avec Martin Margiela à défiler. Cinq représentations à Paris, au moment des créateurs homme. Mais faire défiler des motards sur une petite estrade blanche, ça fait rire. D'où un goût pour les endroits é-gouts : tels les sous-sol Bonaparte d'Austerlitz où Dirk Bikkembergs et son équipe, en juillet dernier, ont eu le plaisir d'être accueillis par d'énormes rats, très parisiens, qui sont restés très sages pendant le défilé.

boutique à Bruxelles, où elle a exercé pendant longtemps une exclusivité Comme des garçons, elle est fort soucieuse des impératifs professionnels, comme les délais de livraison, et a su, avec Martin Margiela, porter cette idée du contraste jusqu'en distribution.

Le packaging des produits Margiela est à l'exemple de ses créations. Dans une boîte blanche, vierge et impersonnelle, est enfermée la chose à porter, bien douillette dans le petit papier de soie qui gentiment l'enveloppe. On aurait pu penser à la fourrer dans du papier kraft agrafé. Mais attention, ici, ce sont caresses percussives ! Et tout cela version rare, en exclusivité chez "Kashimaya" jusqu'à cet hiver.

Ainsi, dans les moindres recoins du labyrinthe de la création, se dessinent plus précisément, de saison en saison, les contours contrastés et uniques d'une stratégie créative arrivée à maturité.

MAGIE
Une robe froissée, mal mise, comme à moitié défaite, est maintenue dans un gainage de résille légère et transparente qui la fige dans cette position précaire. La fille s'avance, le corps ainsi paré par le vêtement en instance d'évaporation ; le moment suspendu, sacralisé, de la chute de l'habit. Et ce corps habillé de son déshabillage incarne à lui seul cette volonté, chez Martin Margiela, de représenter en symbiose chaque chose et son contraire, à l'intersection précieuse et rare des inverses.

DE "L'ETHIQUETTE"
Vierge. Martin Margiela signe ses créations d'une étiquette blanche. Ce qui n'est pas sans poser quelques petits problèmes éthiques que je vais, sauf respect de la décision du créateur, commenter de propos vachouilles. Ça changera. Certes, on ne fait pas de communication à outrance chez Martin Margiela. Aucun logotype ne vient figer son sceau l'image de la maison, aucun D.A. (directeur artistique) en vogue ne vient

mettre ses mains à la pâte ; on y ferait plutôt dans le style paperasserie administrative genre P.J. ou assedic, tampon à l'appui et C.V. comme ronéotypé. Même s'il y a une volonté réelle de ne pas suivre à la lettre toutes les règles de la profession, même si le côté dissident par rapport au fétichisme de marque est plutôt sympathique, même si toutes ces préoccupations, qui ont pu mener à la fameuse étiquette blanche en question, peuvent être louées, même avec tout cela, je trouve pour ma part que ça ne marche pas comme susprévu. Comme l'étiquette blanche est cousue de quatre gros points fort reconnaissables, et vu de toute façon qu'étant seule ainsi vierge sur le marché, l'étiquette est toute reconnue d'avance, cela fonctionne plus comme un raffinement conceptuel légèrement snobinard que comme une volonté réelle de ne pas signer. A quand le T-shirt Martin Margiela décoré d'une énorme étiquette blanche à quatre points de couture ? Cela rappellerait à la limite quelques souvenirs de monochromes blancs sur fond blanc.

"100 % coton, tu me colles à la peau".

LA CANETTE D'OR
La remise d'un prix annuel, récompensant un créateur belge, la Canette d'Or, prix organisé par l'I.T.C.B. (Institut du textile et de la confection de Belgique, fondé au début des années 80 et qui permit à ces jeunes de réaliser leurs premières créations de Belgique), atteste de cette volonté d'imposer une mode belge. Le groupe des Sept a participé trois fois, Ann Demeulemeester a gagné une fois, puis Dries van Saene et Dirk Bikkembergs. L'année dernière, c'est Véronique Leroy, refusée à l'Académie royale d'Anvers, et venue faire ses études au Studio Berçot à Paris, qui remporta la Canette.

89

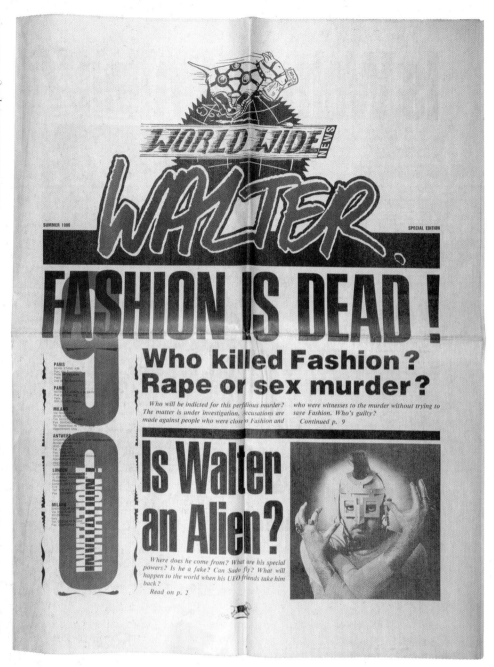

Details, **March 1990**

Those present at Martin Margiela's Paris show were witness to a unique event. In retrospect, the choice of the site – a demolished third-world Paris ghetto – and the deconstructivist impulse of the clothes seemed to echo the collapse of the political and social order in Eastern Europe. The fashion troops perched on the crumbling walls that October evening were, in their own way, an eerie harbinger of jubilant Berliners dancing on the crumbling Wall in November. Margiela's event now takes on a historical aspect; it was a preview into an unknown world that we could not then have recognized or understood. True visionaries, without knowing the whys and wheres, create by reaching into their deepest passions, and on rare occasions anticipate events before they happen.

– Thomas Harris: *The Silence of the Lambs*.
– Stephen Frears: *Dangerous Liaisons*.

– Fall of the Berlin Wall.
– Tiananmen Square, Peking (Beijing).

– Fatwa instituted against Salman Rushdie
for *The Satanic Verses*.
– Art Spiegelman: *Maus*.

Those present at Martin Margiela's Paris show were witness to a unique event. In retrospect, the choice of the site—a demolished third-world Paris ghetto—and the deconstructivist impulse of the clothes seemed to echo the collapse of the political and social order in Eastern Europe. The fashion troops perched on the crumbling walls that October evening were, in their own way, an eerie harbinger of jubilant Berliners dancing on the crumbling Wall in November. Margiela's event now takes on a historical aspect; it was a preview into an unknown world that we could not then have recognized or understood. True visionaries, without knowing the whys and wheres, create by reaching into their deepest passions, and on rare occasions anticipate events before they happen.

At his Paris show, Martin Margiela's arsenal of rebellious imagination exploded amidst the rubble and graffiti-marked walls of a demolition site in a third-world district. Enthusiastic neighborhood children, fascinated by the invasion and the exotic models in various states of deconstructivist style, became part of the show.

Impatient guests and neighborhood youngsters scaling demolished buildings to gain entry to the s

Neighborhood youngsters lined the rubble-strewn lot that served as a runway and reacted uninhibitedly to the Margiela models' exposed bosoms.

African neighbors peeked into the show in an attempt to find their children and rescue them from the path of fashion's sins.

92

Youngsters getting into the act, prancing along mimicking the walk of the models.

Auditions

audition

1

12 NOV. 1989

date: From 29 november till the 29th 7 nov.

hour: 1 h.e.o. clock..

make-up, hair: mascara: BLACK DVRJOIS. F.D.T: BEIGE DIOR eyeshadow: CREME BLACK lipstick: BEIGÉ SHISEIDO

clothes: Ann Demeulemeester

clothes: Anne Verbeke.

bare feet

photo RONALD STOODS

styling DIRK VAN S

INGE GROGNARD

CHRI

30 + 28 Ecns. 80mm

+ AVAILABLE LIGHT + TL LIGH

date: (14) november '89

hour: 12 o'clock

make-up, hair: P.D.T:I 2 Y. SHISIDO *cycohadow* 'GLITTER DARK BROWN
lippencie → SERGE LOIS ALVAREZ

clothes: **Walter Van Beirendonck**

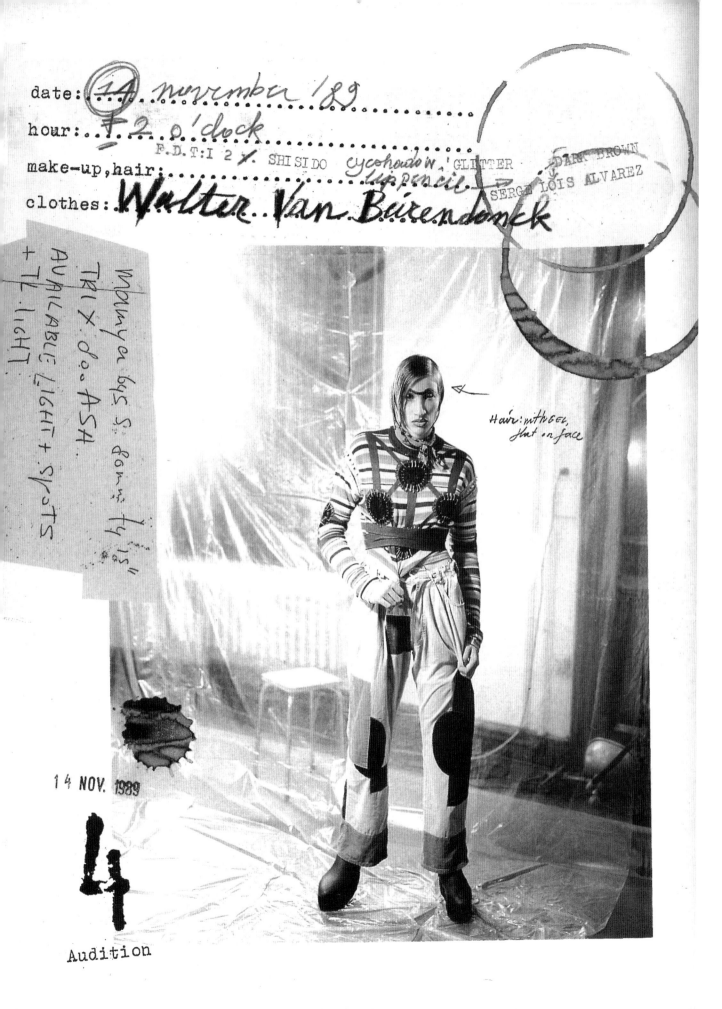

Monaya b4S St Louis ty is
TRIX do ASA.
AVAILABLE LIGHT +
+ TL LIGHT.
LIGHT + SpoTS

Hair: with GEL,
flat on face

14 NOV. 1989

4

Audition

Linda Loppa, pétillante directrice de la section mode de l'Académie d'Anvers.

LA BELGIQUE A LA POINTE DE LA MODE

L'Académie Royale d'Anvers forme une élite de stylistes

MARTIN MARGIELA, Dirk Bikkembergs, Dries Van Noten, Walter Van Beirendonck ou Ann Demeulemeester n'ont pas en commun que le fait d'être belges. En plus de leurs talents, très différents, et de leurs succès dans l'univers international de la mode, tous sortent de la même école : l'Académie Royale des Beaux-Arts d'Anvers. Au printemps, chacune des quatre années d'études qui composent la section mode de l'Académie présente ses travaux aux professionnels de Belgique et au public flamand. L'enseignement, public et gratuit, est basé ici sur le dessin (huit heures de croquis de nu hebdomadaires, la première année; quatre heures, les trois années suivantes) et sur l'histoire du costume, mais également sur la technique avec des cours de patronnage, de coupe, de drapage et de création expérimentale. Un cursus équilibré qui impose aux élèves de quatrième année la présentation d'un dossier, d'un stand de Salon, d'une collection complète (les accessoires, choix des mannequins et développements industriels possibles, etc) et d'un entretien devant un jury de professionnels où ils doivent défendre leurs choix esthétiques. Ensuite, lors de trois défilés publics, leurs talents sont jugés par la ville entière. On ne s'étonne donc pas de retrouver ces élèves rapidement employés dans les sérails des stylistes en vogue ou dans les bureaux de style pointus, et ce partout en Europe.

De ce cru 90, on retiendra les mélanges de vêtements de travail et de robes du soir des élèves de première année (il n'y a pas de Bois de Boulogne à Anvers mais le monde semble très concerné par certaines fonctions). En seconde, la tendance est à l'histoire du costume, revisitée «new age». Le style gothique de Johan Dekens est entièrement blanc, comme les «voix des anges» immaculées de Fabienne De Schaetzen. Les dégradés, pastels ou vifs, illuminent également le travail de la plupart des 21 élèves de cette seconde année.

En troisième année, le style se raisonne davantage. Le folklore, thème imposé, se teinte de couleurs écologiques, ou de fluos pops, d'applications de caoutchouc, de résilles et de fibres synthétiques sportives. On retiendra les empiècements en caoutchouc ultra fin (celui des préservatifs) découpés puis collés par Magda Siraj, les combinaisons et dessous sexy pour hommes de Filip Arickxx, ou encore le style fun-baroque en mousse colorée et fibre élasthanne de Nicola Vercraeye. Les dix élèves terminant leur quatrième

année exploitent des thèmes différents qui illustrent leur personnalité. L'écologie, le plastique Pop'Art et l'escalade baroque revue XXIe siècle trouvent ici des illustrations extrêmes. Un vestiaire de poupée *Barbie* en maille et nœuds kitsch chez Lore Ongenae. Combinaisons Bauhaus, en mélanges de jean et caoutchouc pour Dominique Dubois. Total looks de cosmo-girls, en plastique coloré et parfois strassé de Koen De Keyser. Tissus métallisés et satinés pour garde-robe ultra junior en perfecto strassé chez Hans De Foer.

La collection la plus applaudie et déjà très commerciale de Patrick Van Ommeslaeghe décline un vestiaire «Warhol» en mini-robes 60 blanches, en applications de badges motards sur tissus moulants et en imprimés trombones de bureau, colorés, géants, sur costumes masculins impeccables. Le tout au son d'une house-music tonitruante et plébiscitée par les nombreux amateurs belges de «vogueing».

Patrick CABASSET ●

Fausse fourrure et géométrie post-70 de Patrick De Muynek.

Journal du Textile, July 2, 1990

THE ANTWERP ROYAL ACADEMY TRAINS A STYLIST ELITE

The ten graduating students explore various themes in line with their personality. [...] Most praise went to Patrick Van Ommeslaeghe for his already very commercial collection showing a 'Warhol' wardrobe consisting of 60 white mini-dresses [...].

1990
– First Dirk Van Saene show in Paris – winter 1990–1991.
– Josephus Thimister becomes Creative Director at Balenciaga.
– Dirk Van Saene designs the 'Token' collection for Bartsons.

97

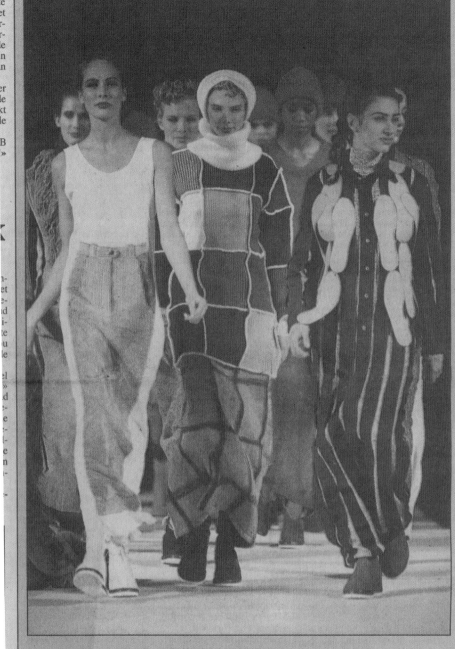

Antwerpen schittert in Parijs

/ foto M. Daniels.

De Nieuwe Gazet, October 22, 1991

ANTWERP SHINES IN PARIS

The final exam fashion show of the Antwerp Academy in Paris, with the support of its sponsors: the ITCB (Belgian Institute for Textiles and Fashion) and the Belgian Ministries of Education, Foreign Relations and Culture.

98

Hij is er toch gekomen, de show van de Antwerpse academie in Parijs. Nadat de Franse modejournaliste Joy De Caumont het werk van de studenten van de modeafdeling op de eindejaarsshow in juni bewonderde, werd het hele raderwerk in gang gezet. Met een paar sponsors, met centen van het I.T.C.B., de ministeries van Onderwijs, Buitenlandse Betrekkingen en Cultuur werd het project op zeer korte tijd georganiseerd. Op de eerste rij zaten een paar oud-studenten die het al «gemaakt» hebben: Dries Van Noten en Sammy Tillouche. In de Franse hoofdstad spreekt men zelfs over «de nieuwe ontwerpers uit het noorden» die voor de opvolging moeten zorgen. / foto M. Daniels.
Blz. 11 : «De wonderbare visvangst»

– Patrick Van Ommeslaeghe graduates from the Academy.
– Tom Ford becomes Creative Director at Gucci.
– Rifat Ozbek: New Age collection in London.

– Jean Paul Gaultier dresses Madonna for her *Blonde Ambition Tour*.
– First Corinne Day fashion series with Kate Moss, for *The Face*.
– David Lynch: *Twin Peaks*.

– Nelson Mandela released from prison.
– Eurotunnel opens – the first UK-Europe land link.

Fashion / A Special Report

Ann Demeulemeester design, left; unisex gear from Walter Van Beirendonck (circle); Dries Van Noten, far right, and one of his designs, at left.

Belgium: How the Ugly Duckling Grew Up

By Alexander Lobrano

ANTWERP, Belgium — Ten years in the making, the Belgian Revolution is now fully dressed. This is a story of coats and dresses rather than guns, since it is through the work of an uncommonly talented assortment of young fashion designers that Belgium is now having a surprisingly major impact on the direction of contemporary fashion.

A short roll call of those designers who have made and are making the country's reputation includes Dries Van Noten, Walter Van Beirendonck, Ann Demeulemeester, Veronique Leroy, Dirk Bikkembergs, Chris Mestdagh and Martin Margiela.

Until the 1980s, the idea of Belgian fashion might have seemed like an oxymoron. Then, six years ago, six young Antwerp designers showed up at the London Designer Show and created a sensation with the audacity of their presentations — Walter Van Beirendonck, for example, dressed up as a gnome, sitting on a plastic toadstool — and the creativity of their clothing, exemplified by Dries Van Noten's perfectly finished, found-in-the-attic-of-Europe ensembles and Ann Demeulemeester's refined minimalism.

These fledglings also included Bikkembergs, today a well-known men's wear designer, and women's wear designers Dirk Van Saene and Marina Yee.

Meanwhile, everyone in London wanted to know, "Who are these people? Belgian? What's going on in Belgium?"

After a few more seasons in London, everyone knew what was going on in Belgium: A group of young designers, reacting to the country's domination by big French and Italian designers and to the unbending local bourgeois formula for elegance — conservative clothing decorated with obvious status symbols — had decided to clean out the country's closets.

Today, the results of this fashion fervor are seen in the window of the world's best shops and in the pages of the glossiest fashion magazines. Van Noten has 70 sales points in Japan alone and went from sales of $1 million in 1987 to $7 million last year. Trend-sensitive Fiorucci has just opened an in-store boutique at its Milan shop to showcase Van Beirendonck's antic unisex "Wild & Lethal Trash" line; and Demeulemeester is sold by Maria Luisa, L'Eclaireur, Galeries Lafayette and Kashiyama in Paris.

Speaking beyond their individual experiences, the Belgian designers have several ideas as to what specifically propelled their country to the front ranks.

"There's so much noise in a city like Paris, but here [in Antwerp] we don't hear anything about fashion, and this has been a big advantage for me since I need the purity and the isolation of living outside the world of fashion," says Demeulemeester.

"It was a matter of things coming together," says Geert Bruloot, an Antwerp jack-of-all-trades whose talent for publicity helped launch the Antwerp designers and who is today one of the city's most influential retailers with his shops Crocodrillo (shoes) and Louis (clothing). "It all started about 20 years ago when they first created a fashion department at the Akademie [the Antwerp art school where Rubens studied], and then 10 years ago the Belgian government started encouraging the fashion industry with small grants," says Bruloot.

Beyond the importance of the fashion-design program at the Akademie was the enormously cosmopolitan and unchauvinistic atmosphere of the country itself, the headquarters of the European Community and center of the world's diamond trade. Belgium is also comprised of two very differ-ent and often conflicting local identities — that of Flemish-speaking Flanders and French-speaking Walloons, and what this had led to is a psychologically avant-garde situation where many young Belgians see themselves as Europeans first and then either Flemish or Walloon afterward.

This subsumed national identity led to a lot of freedom. As Dries Van Noten explains, "Belgium is a very cultured country without many obligatory cultural references."

Often referred to not very accurately as a sort of European Ralph Lauren, Van Noten explains his approach to fashion: "Tradition is very important to me. I have respect for the past and it's reflected in my clothing. I don't try to do replicas of old clothing, though, but rather I use the old base as a point of departure, changing the proportions, colors and fabrics to something modern."

ALMOST as attentive to merchandising as he is to designing, Van Noten's handsome Euro-traditional look is sold at first-rate stores all over the world, though he is especially pleased to have recently added Harvey Nichols in London and Maxfield in Los Angeles. This new season in Paris is the end of his seasonal themes. These themes, British India and Rich Man/Poor Man among them, were important to making his reputation — he completely redecorated his studio and showroom to express the season's theme — but now he has dropped this concept.

Walter Van Beirendonck, 36, is the wild man in the Belgian pack and made his original mark with provocative and offbeat knits and separates for men. He is shrewdly sensitive to the way young people think, which is why Fiorucci's picked up his new line, Wild & Lethal Trash, a collection of vivid, often sloganed and mostly knit club and casual wear.

"Young people want to dress up a bit, to wear something more than the basics, but they want something that's easy, humorous and sexual," he says.

Exactingly idealistic, Ann Demeulemeester is the most successful of the designing women from Belgium. Six years after her London debut, she has earned a solid reputation as a creative designer who produces exciting but perfectly wearable clothing, which is probably why questions about her Belgian nationality exasperate her. Still, even though half of her collection is produced in Italy, she insists on working in Antwerp.

"I'm really more of an architect than a designer," she says. "My clothing is about emotions and contrasts, and this season I've worked with a cigarette silhouette to express the conflict between the poetic and pure and rebellious and wild. I'm not influenced by Paris or Milan and I don't want to be."

Although the success of the first Antwerp designers has inspired many to follow in their footsteps, the latest rising star from Belgium is not Flemish but Walloon. Véronique Leroy, 27, is from Liège, the French-speaking steel and coal-mining city, and though she has lived in Paris for eight years, her hometown remains a strong source of inspiration. She explains her latest collection by saying that it is for "women who aren't afraid to make fun of themselves. For example, it's the story of secretaries who make a big effort to be elegant and sometimes end up being very maladroit, and in being maladroit they create something wonderful."

In many ways, Leroy's ugly duckling story very neatly sums up the evolution of Belgian fashion.

ALEXANDER LOBRANO is a journalist based in Paris.

99

International Herald Tribune, March 21–22, 1992

BELGIUM: HOW THE UGLY DUCKLING GREW UP

Ten years in the making, the Belgian Revolution is now fully dressed. This is a story of coats and dresses rather than guns, since it is through the work of an uncommonly talented assortment of young fashion designers that Belgium is now having a surprisingly major impact on the direction of contemporary fashion.

1991

– Serrano and Mapplethorpe censored in the USA.
– Starck for Alessi – Juicy Salif citrus press.
– Keith Haring dies.

– Christophe Charon wins the sixth Golden Spindle competition.
– Lore Ongenae opens her 'Loreley Rocks' store on the Stadswaag in Antwerp.

– Dries Van Noten: first men's show in Paris – summer 1992.
– Filip Arickx and An Vandevorst graduate from the Academy.
– Ann Demeulemeester: first Paris show – summer 1992.

Belgische mode-ontwerpers stijgen in hitparade

PARIJS — „Dit is erger dan een hardrock koncert", kreunde een Britse journaliste, en ze had nochtans de leeftijd om zoiets te appreciëren. Als Belgische mode-ontwerpers in Parijs hun nieuwe kollekties tonen, mag je „toestanden" verwachten: opstootjes, vechtpartijen, en vooral veel gegadigden die het spektakel moeten missen bij gebrek aan plaats. En of het dan ook de moeite loont? Tot spijt van wie 't benijdt: Ann Demeulemeester is na een enquête bij internationale boetiekhouders opgeklommen tot de tweede plaats op de hitparade van de beste kollekties. Ze wordt nog alleen door Gaultier overklast. Martin Margiela is de tweede Belg: hij verslaat namen als Lacroix, Mugler, Gigli en Ozbek.

Die schitterende plaats op de mode-hitparade heeft een keerzijde: honderden inkopers en journalisten raakten niet binnen op de Belgische defilés.

Bij Margiela wilde het ons wel lukken, al had die aanloop naar het defilé iets van de weg naar Golgota. De lokatie was typisch Margiela. Eerder vorige week had een journalist van „Le Journal du Textile" zich al afgevraagd in welk vies en ontoegankelijk oord hij zich dit keer ging verstoppen. Het adres stond op een grote kartonnen letter K die in ons hotel lag te wachten. Maar heel vreemd, sommige kollega's hadden een ander adres? De uitleg was nog potsierlijker dan gewoonlijk: de lokatie werd gevormd door twee afgedankte paviljoenen van een ziekenhuis, met net over het muurtje het kerkhof van Montmartre.

De K gaf, zo bleek later, toegang tot de „witte" happening. En dat had toevallig niets te maken met de wit vertrokken gezichten van de bezoekers die opstootjes, schoppen, wankele omheiningen en onzichtbare niveauverschillen trotseerden om binnen te geraken, maar met de kleur van de kollektie.

Koncept

„Binnen" is overigens een relatief begrip met stukken zoldering die naar beneden komen, maar gelukkig regende het net niet. In een ruimte, niet veel groter dan twee normale woonkamers waren

twee gangetjes uitgespaard met bruin pakpapier, en daarop zou „het" gebeuren. Ik durf het nauwelijks hardop zeggen voor al de sukkels die weer buiten bleven staan, maar ik heb alles goed gezien. En genoteerd dat Margiela vasthoudt aan een koncept dat al jaren duurt en dat eerlijk gezegd aan enige verandering toe is.

Akkoord, hij heeft vóór alle anderen de comeback van de hippie-look aangekondigd en zijn diagonaal gesneden maxi-rokken zijn nog altijd het mooiste wat op de modemarkt voor veel geld te kopen is, maar moet het per se met uitgerafelde naden, met recyclage van stukken goudbrokaat die duidelijk van de vlooienmarkt komen? En wat

Margiela-defilé: nieuw en recyclage. (foto Marc Cels)

is de boodschap van een riempje rond een grote teen, om nog te zwijgen van de plateauschoenen die er nog altijd uitzien als bokkepootjes?

Gefopt

Margiela is natuurlijk nog veel meer: de lange jasjes worden vesten en daar gaat een voile over, de rug heeft nieuwe nepen rond de schouders, de revers zijn uit gerimpeld brokaat en zelfs uit witte dierehuid, een veiligheidsspeld houdt jasjes bij elkaar die, zoals in overigens alle kollekties, zonder bloes of beha worden gedragen. Een trui met rolkraag heeft aparte, losse mouwen, en er kan een mofje aan iedere hand. Ronduit fraai zijn de gebreide topjes met halternek die op de rug

worden vastgebonden. En toch voel je je na afloop gefopt. Want om het nog wat spannender, warmer en akeliger te maken, liepen de gelegenheidsmannequins met brandende aanstekers rond. Bij iemand schoot een stukje van de pruik in brand en we vreesden even voor de flapperende witte wimpers maar alles bleef beperkt tot verschroeide vingers.

Minder vlot verliep het op het „zwarte" defilé waar de kleren zwart waren, de verlichting miniem en de chaos groot. In een nabijgelegen kroeg zat de internationale modepers na afloop nog te foeteren en dure eden te zweren: nooit zouden ze zich zoiets nog laten welgevallen...

Lieve HERTEN

De Standaard, October 19, 1992

BELGIAN FASHION DESIGNERS RISE IN THE HIT PARADE

To the dismay of the envious – Ann Demeulemeester, according to a survey of international boutique owners, has climbed to second place on the hit parade of best collections. She is outclassed only by Gaultier. Martin Margiela is the second-highest Belgian on the list, having beaten such names as Lacroix, Mugler, Gigli and Ozbek.

– Walter Van Beirendonck begins his W.&L.T. (Wild & Lethal Trash) byline.
– Véronique Leroy: first collection in Paris – winter 1991–1992.

– Wim Neels: first women's collection – winter 1992–1993.
– Lieve Van Gorp: first accessories collection.
– *Visionaire* established by Cecilia Dean, James Kalardios & Stephen Gan.

– Tom Ford: first show for Gucci – winter 1991–1992.
– Carla Sozzani opens 10 Corso Como in Milan, a multi brand store with art gallery, bookstore and restaurant.

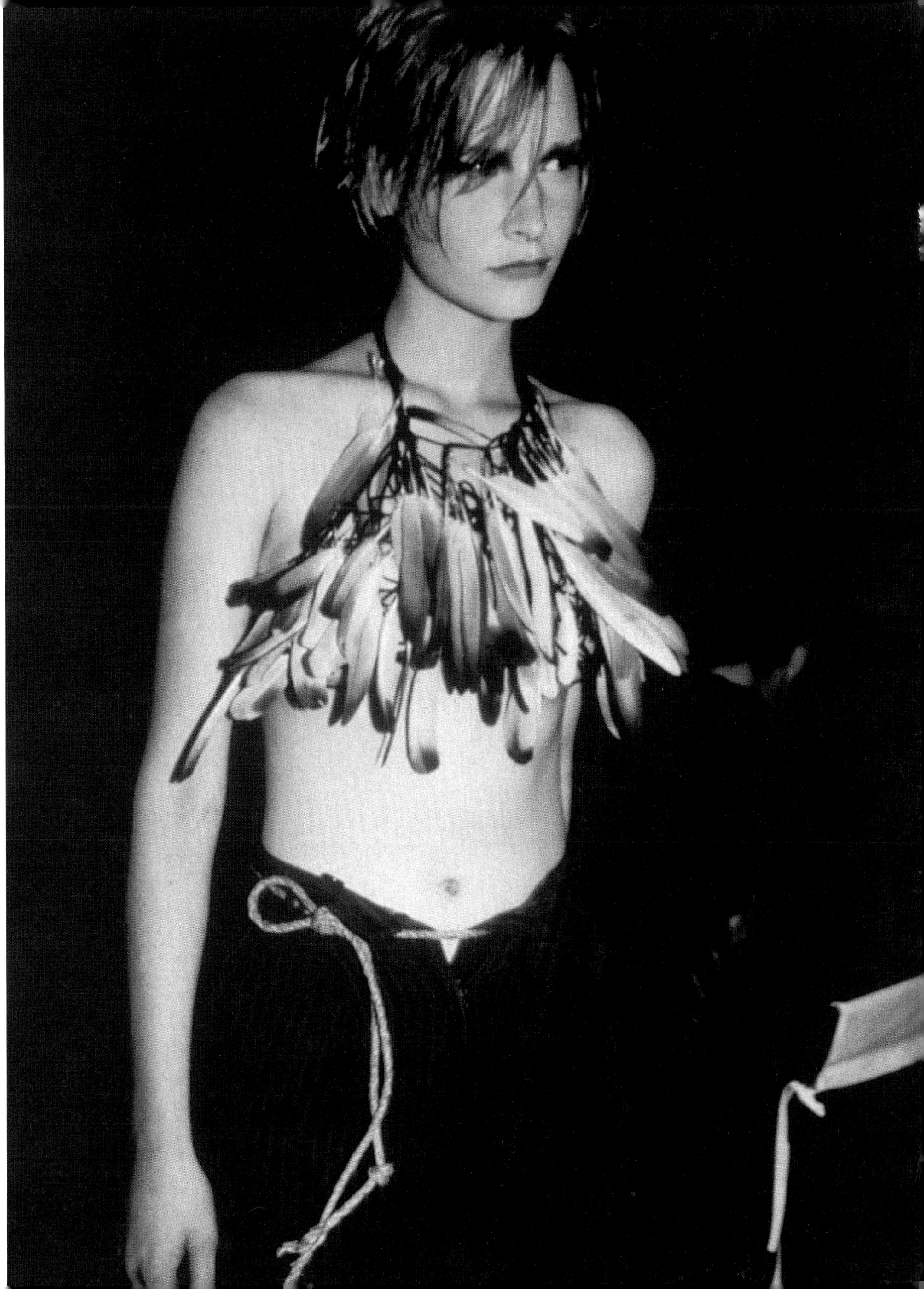

Ann Demeulemeester, spring–summer 1992

De Standaard Magazine,
June 18, 1993

THE LAST FITTING: MARTHE VAN LEEMPUT SAYS GOODBYE TO THE ANTWERP FASHION ACADEMY

For 30 years, she has taught at the fashion department of the Academy of Antwerp. [...] Today, Van Leemput is retiring. Tomorrow evening, she will watch the last of her students' defilés.

'I remember the year that Linda Loppa graduated. There were three of them then, and the year after that there was only one student.' Van Leemput has seen several hundred students pass her way. There are people whose names she barely remembers, people with whom she became good friends, people who are going through life as famous fashion designers. She is proud of them, and she wears their clothes, and she fully realizes that they are the ones who made it happen.

'More than once, I helped put together our students' collections. For Walter *(Van Beirendonck)*, for example. The first thing I did was the washing up; then came the clothes. I also remember his second-year collection. Lots of zippers – beautiful. I remember the trip to Italy in motor homes, full of recent graduates and their first collections. I was always there. I wanted to keep them motivated.'

102

MODE

Dertig jaar gaf ze les aan de mode-afdeling van de Akademie van Antwerpen. Ze was erbij toen ontwerpers als Walter Van Beirendonck en Ann Demeulemeester hun eerste historisch kostuum prezenteerden. Ze was er ook bij toen de huidige 'chef' van die afdeling, Linda Loppa, eindeksamen deed. Vandaag gaat Van Leemput met pensioen. En morgenavond ziet ze voor het laatst een defilé van haar studenten.

Veerle Windels

" HET is toch nog goed gekomen, met die studente", zegt ze stilletjes. Marthe Van Leemput (65) zit aan een lange tafel in het mode-atelier van de Antwerpse Akademie tijdens de laatste pas van de tweedejaars. Naast haar hebben de andere proffen van de mode-afdeling plaatsgenomen: Walter Van Beirendonck, Walda Pairon, Nellie Nooren, Mia Schneiders, Anne Kurris en Linda Loppa. Vijf inderhaast bijeengezochte modellen zijn op het kleine podium in het atelier geklommen. De studenten staan zenuwachtig in een hoek. Een kwartier hebben ze de tijd om het voltallige lerarenkorps een laatste keer vóór het defilé hun kollektiestukken te laten zien. Van plastic, van leder, van katoen, met of zonder slogans, en vooral met accessoires: kettingen en plateauzolen zijn de suksesnummers van dit jaar.

„Ze zijn niet vies van veel werk", zegt Van Leemput, terwijl ze met een half oog de kollektie van tweedejaars Florence Cattedou bekijkt. „Ze werken veel op pop, hebben eigenlijk weinig opleiding in coupe gekregen; zeg nu zelf, hoe zet je zoiets in patroon? *(wijst naar het podium)* Gelukkig weten ze zich te redden, zoals ze dat later in het leven zullen moeten doen. Het zou echter gelogen zijn te zeggen dat ze zich in dat tweede jaar allemaal zeker van hun zaak voelen. De eerstejaars wordt gevraagd een avondkostuum en twee toiles te maken. Maar in het tweede jaar is al sprake van een kollektie van vijf stuks. Niet evident. Van de 28 studenten die in september aan het tweede jaar zijn begonnen, blijven er nog 22 over."

Marthe Van Leemput heeft jaren lang de tweedejaars geholpen bij het uitvoeren van hun historisch kostuum en hun eerste kollektie. Daarnaast sprong ze bij in het derde jaar; vroeger ook in het vierde jaar. „Maar het gebeurde wel vaker dat ook vierdejaars binnenliepen met een of andere vraag. Ooit deed ik zelfs het eerste jaar nog, maar dat was veel vroeger, toen er nog maar weinig studenten waren. Ik herinner me het jaar dat Linda Loppa afstudeerde. Ze waren met z'n drieën toen, en het jaar daarop was er zelfs maar één studente."

Van Leemput heeft in haar loopbaan enkele honderden studenten zien passeren. Mensen van wie ze zich de naam amper herinnert, mensen die intussen vrienden geworden zijn, mensen die door het leven gaan als beroemde mode-ontwerpers. Ze is er trots op, draagt ook hun kleren, maar beseft ten volle dat ze het zelf hebben waargemaakt.

Van Leemput: „Je krijgt met zoveel verschillende karakters te maken, je moet je vaak aanpassen. Maar ik hou er goede herinneringen aan over. Vrienden ook. Bij sommige studenten sta ik heel dicht, maar ik heb geprobeerd een zekere afstand in acht te nemen, ook al was dat niet altijd even gemakkelijk. Dit is niet zomaar een school, soms kom je een gat in de nacht bij je studenten binnenvallen. Ik herinner me die Gouden Spoel-wedstrijden. Meer dan eens hielp ik bij de uitvoering van de kollektie van onze studenten. Om één uur 's nachts kwamen ze nog binnenlopen met dingen die dringend gestikt moesten worden. Ze zei: jongens, ik kan niet meer, ik stop ermee. Maar ik deed telkens door. Bij Walter *(Van Beirendonck)* op kot bijvoorbeeld. Het eerste wat ik deed was de vaat, daarna kwamen de kleren. Ik herinner me overigens nog zijn tweedejaarskollektie. Veel ritsen, prachtig. Ik herinner me ook die tocht naar Italië, in motorhomes, met enkele pas afgestudeerden en hun eerste kollekties. Ik was overal bij, ik wilde hen stimuleren. Of ik erin geslaagd ben, weet ik niet. Ik heb vooral getracht hen te helpen."

„Dat jaar, dat ik dan ook maar dat van De Antwerpse Zes zal noemen, was fantastisch. Talent te over: Walter, Ann *(Demeulemeester)*, Martin *(Margiela)* en De Lange *(ze bedoelt Dirk Bikkembergs)*. Zoiets is nooit te voorzien. Het was gewoon een sterk jaar. Punt. En waarom heeft de ene meer sukses dan de andere? Draait het om talent? Om gevoel voor zaken doen? Ik herinner me nog dat Ann een week voor haar 'jury' al klaar was met haar kollektie, terwijl ze de dag zelf. Maar dat wil niet zeggen dat één van de twee beter was. Of is."

In de oorlog was Van Leemput naar de akademie gekomen. Halve dagen. Later volgde ze modetekenen, in avondschool. Daarover is ze kort: het stelde weinig voor, een pop natekenen, in houtskool of in akwarel. Op haar 35ste wilde ze opnieuw naar de akademie. Ze was zelf nog studente toen ze door Mary Prijot gevraagd werd om te helpen in het atelier.

„Ik ben hier begonnen, zonder evenwel te weten dat ik hier dertig jaar zou blijven", zegt Van Leemput. „Met Mary klikte het meteen. Er is dikwijls gezegd dat ik door haar betutteld werd, maar dat is niet waar. Mary was een moeilijke, autoritaire vrouw, maar we waren vriendinnen. We gingen samen uit, wisselden zelfs onze garderobe uit. Mary had iemand nodig om haar te helpen bij de uitvoering van de silhouetten van de studenten. Het was de tijd dat de mode-afdeling weinig meer inhield dan modetekenen, dat er van shows geen sprake was. We kochten een naaimachientje tweedehands, amper tweehonderd frank kostte het, maar toenmalig direkteur Mark Macken wou het niet vergoeden. Toon maar eens wat ge kunt, zei hij."

„Die eerste shows waren ongelooflijk. Zonder muziek. Zonder mannequins. In de refter. We zijn mary eens gaan kijken naar de Elisabethzaal, en leerde daar een zekere Vanhecke kennen, een man die in die tijd shows organizeerde en het Belgisch mannequinwereldje goed kende. En zo is dat stilletjesaan gegroeid, van de refter naar de lange zaal. Bloedheet was het daar in de zomer; de mannequins waren drijfnat van het zweet. Tot overmaat van ramp kon e-

Foto Patrick De Spiegelaere

DS *MAGAZINE* 18 juni 1993   24

Marthe Van Leemput neem

DE LAA

1992

– Douglas Coupland: *Generation X.*
– Bret Easton Ellis: *American Psycho.*
– Massive Attack: *Blue Lines.*
– Alek Keshishian: *In Bed with Madonna.*
– The Gulf War.

– ITCB closes.
– Walter Van Beirendonck: W.&L.T. and Mustang collaborate.
– Roularta takes over 'Fashion this is Belgian'.

– David Vandewal, Peter De Potter and Jurgi Persoons graduate from the Antwerp Academy.
– Marc Jacobs: Grunge collection for Perry Ellis.

en daardoor is de afstand tussen mij en de studenten toch groter geworden".

„Maar het grootste verschil met vroeger is wel het grote aantal studenten dat de voorbije jaren mode is gaan studeren. En ze kunnen niet allemaal ontwerper worden. Na een jurering zijn we nooit volmaakt gelukkig. Ik blijf dat verschrikkelijk vinden — iemand laten zakken. Enkele jaren geleden hadden we maar liefst over de honderd inschrijvingen voor het toelatings-eksamen. Zestig zijn er binnengeraakt, maar van die zestig zijn er nog gesneuveld. We zijn streng: zelfs in het tweede en het derde jaar is het mogelijk dat studenten zakken. Er kunnen moeilijk elk jaar twintig mode-ontwerpers afstuderen. Want waar kunnen die terecht? Het blijft knokken, ook al is er bij fabrikanten meer plaats dan vroeger. Anderzijds ben ik ervan overtuigd dat iemand die het aan een akademie niet maakt, toch nog kansen heeft in het milieu."

Even gaat het over de enorme druk die op de laatstejaarsstudenten rust. Nu Demeulemeester, Van Noten en Margiela het internationale modecircuit op zijn kop zetten, kan het niet anders of de hele wereld kijkt toe, speurend naar potentiële opvolgers. „Weten we", zegt Van Leemput, „maar worden in de meeste branches niet steeds

---

„WE ZIJN STRENG. ER KUNNEN MOEILIJK ELK JAAR TWINTIG MODE-ONTWERPERS AFSTUDEREN. WANT WAAR KUNNEN DIE TERECHT?"

---

hogere eisen gesteld? Ik heb ook vragen als ik mijn kleinkinderen zie opgroeien. Hoe zullen die later aan de bak komen? Anderzijds kan onze Akademie alleen maar veeleisend zijn om de toekomst van velen enigszins te verzekeren. Om die reden hebben we bijvoorbeeld het aantal silhouetten in het vierde jaar opgetrokken van acht naar twaalf. Maar er zijn studenten die vijftien of zelfs meer silhouetten maken. Dat doen ze dus zichzelf aan."

De fotograaf wil nog enkele portretten maken. „Geen close-ups", zegt Van Leemput verontschuldigend. „Daar ben ik te oud voor geworden." Ze lacht uitbundig. Dan, met een blik die boekdelen spreekt: „Het hele jaar al wordt me gezegd dat het nu de laatste keer is. De laatste pas. Het laatste defilé. Ik ben de enige die zich dat maar niet realizeert."

Het defilé van de mode-afdeling van de Antwerpse Akademie vindt plaats op vrijdag 18 en zaterdag 19 juni. Telkens om 20 uur, in het pakhuis Sint-Felix aan de Oude Leeuwenrui in Antwerpen. Een uitzondering op de traditie, omdat daar dit jaar in het kader van Antwerpen 93 mode-installaties te zien zijn.

☆

ook maar vijfhonderd man binnen, het zat er steevast stampvol. Walter en Dries (*Van Noten*) gingen in die tijd al kijken naar de shows van de grote namen in Parijs. Onze defilés vonden ze allicht maar een boeltje. Een goede vijf jaar geleden konden we dan gaan defileren in de Handelsbeurs. En dat is onze vaste stek gebleven."

Wat de mode-afdeling van de Antwerpse Akademie vandaag is, heeft zeker en vast te maken met de entoesiaste stimulans van Van Leemput. Niet alleen was zij de drijvende kracht achter heel veel initiatieven; zij was het ook die onder meer Linda Loppa en Walter Van Beirendonck in huis haalde.

„Toen Prijot wegging, wisten we dat we er iemand bij moesten hebben. We wilden proffen die er meer van wisten dan wij. Mensen die het vak van de andere kant kenden. We dachten aan Fred Debouvry, de man die nu de mannenkollektie van Andres en Hampton Bays ontwerpt. Hij wilde het eerst wel doen, maar haakte uiteindelijk af. Daarna vroeg ik of Linda Loppa eventueel interesse zou hebben. Zij zei ja, maar haar vader was niet onverdeeld gelukkig: ze verkocht toen kleren in zijn winkel in de Quellinstraat, en hij wilde wel weten hoeveel uren ze in die akademie zou moeten spenderen. Van Walter wist ik dat

hij het wilde doen. Toen Josette Janssens overleed, ben ik het hem onmiddellijk gaan vragen."

Er komen enkele mannequins het atelier binnengelopen. Ze laten hun fotomap zien aan Walter Van Beirendonck, die met hen de uren en de gages afspreekt. Intussen komt weer een tweedejaarsstudente haar vijf silhouetten voorstellen. „Het is toch afgeraakt", fluistert Marthe me in het oor. Ik vraag of de studenten nu kreatiever zijn dan vroeger. Of ze het vak met andere ogen bekijken. En hogere verwachtingen koesteren. „Is de jeugd veranderd? Ik zou het niet weten." Veel is er niet veranderd met de jaren, zegt ze, „ik ben verouderd, dat wel,

scheid van de Antwerpse mode-akademie
TSTE PAS

25

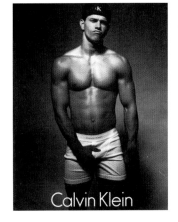

Calvin Klein

103

— Calvin Klein ad campaign with Marky Mark.
— Peter Lindbergh and Linda Evangelista for *Harper's Bazaar*.

— Corinne Day and stylist Melanie Ward for *The Face*.
— H&M comes to Belgium.
— Junya Watanabe: first show in Japan.
— Madonna publishes her book. *Sex*.

— Damien Hirst wins the Turner Prize.
— The BBC begins broadcasting *Absolutely Fabulous*.
— Jan Hoet curates 'Documenta IX'.

Styles
of The Times

Coming Apart

A rebellion against the embellished 80's, deconstructionist fashion is poised to go mainstream. But its founders are looking beyond it.

No more gilt: In October 1989, Martin Margiela, above, changed fashion forever with the jacket at left. (Yes, it's ready to wear — the sleeve ties onto your arm.)

By AMY M. SPINDLER

THE wire hanger was vibrating like a sewing machine in Dancing joltingly from it was a pearly transparent dress with swatches of fabric sewn to it like so many wads of cotton on shaving cuts.

After four years of studying cut, draping, anatomy, drawing, marketing and design at one of Europe's most prestigious fashion schools, the Royal Academy of Fine Arts in Antwerp, Belgium, Mr. Schreiber was presenting his pieces to a jury last month. The judges included Jean-Paul Gaultier, France's leading avant-garde designer, who is credited with discovering the academy's most notorious graduate, Martin Margiela.

Mr. Margiela is the reluctant leader of a revolutionary movement in fashion, deconstructionism, that has permeated everything from haute couture to street dressing.

The jury had not gathered only to see the work of Mr. Schreiber and his classmates. In the same building, there was a retrospective of 30 years of fashion design from graduates of the academy. Archives lie along the log-planked floors of the warehouse chosen for the show, a dank building with stone stairwells and iron pillars.

Fittingly, it looks like a place where fashion might crawl to die.

The academy was the training ground for deconstructionism — the end of fashion as we know it — and three of its graduates, Mr. Margiela, Ann Demeulemeester and Dries van Noten, were the star pupils. Mr. Margiela graduated first, in 1980, followed the next year by Ms. Demeulemeester and Mr. van Noten. Their subsequent successes ruptured the close-knit cabal of the fashion

Continued on Page 9

WHAT IS DECONSTRUCTIONISM, ANYWAY?

ORIGINS: The term first described a movement in literary analysis in the mid-20th century, founded by the French philosopher Jacques Derrida. It was a backlash against staid literary analysis, arguing that no work can have a fixed meaning, based on the complexity of language and usage.

SO WHAT DOES THAT HAVE TO DO WITH FASHION? The Oxford English Dictionary defines deconstruction as "the action of undoing the construction of a thing." So not only does that mean that jacket linings, for example, can be on the outside or sleeves detached, but the function of the piece itself is reimagined. The term as applied to fashion was first coined by Bill Cunningham in Details magazine in 1989, and, he said, "it stuck."

PIVOTAL MOMENT: Martin Margiela's show in a vacant lot in Paris in October '89 for spring '90. It was the cusp of the new decade, and he saw such relevance in that moment that he plastered "90" on his fashion pieces. With that clear statement, finally, press and buyers fully understood

Continued on Page 9

BANDA TILL YOU DROP
In Los Angeles, the strong Mexican beat of banda, with its big-band music and industrial-strength dancing, is even sweeping gang members to their feet.
PAGE 5.

EH?
The overt covert earphone is the Secret Service lifeline. Batteries and whisper not included.
THING, PAGE 8.

MORMON SECRETS
Deborah Laake says she didn't mean to hurt the church, but her memoir has created an uproar.
PAGE 8.

104

Coming Apart

Continued From Page 1

establishment in Paris, shoving Antwerp — and the academy — into the forefront.

Deconstructionist designs, with their unfinished seams and practiced plainness, were initially considered antifashion, a satire of couture values.

They're a bit more complicated than that.

Antwerp's fledgling designers would scurry to Paris during runway seasons, begging, borrowing and copying invitations to get into the shows and see what the future held for them. They witnessed the emergence of Mr. Gaultier and the rise of Rei Kawakubo and Yohji Yamamoto.

And they saw every excess of the '80s played out on runways and in the streets of Paris. The power suits. The gold buttons. The designer logos plastered on everything. The whole haute couture opera, with Brünnhilde trussed up in embroidery, clacking beads and drapery velvet. And the international press, running around with thesauruses to find one more word synonymous with gilt.

A satire would have been redundant. If that was the future of fashion, few of the academy group wanted it.

As a backlash against established 80's excesses — and tempered by the influence of Mr. Gaultier and the Japanese designers — a new style was born. It was one that offered a sort of asbestos suit against the bonfire of the vanities.

Still, it owed much of its success to a decidedly 80's phenomenon: marketing. The Antwerp designers emerged when the Belgium Government wanted to push its fashion industry and helped finance showings of the school's work in places like Brussels, Paris, Tokyo and London.

WITHOUT abandoning any of their rigorous training, the three young designers set about creating clothes that would not overwhelm the wearer. Clothes that didn't seem oblivious of the realities of an often unhappy world.

Each of the Belgians pursues that end in a different way: Mr. Margiela with a vengeance, Ms. Demeulemeester with femininity and Mr. van Noten with studied simplicity. And now, right when the civilized world is ready to embrace the Belgians, the founders of the movement have tired of the association. (It's even been parodied in a magazine produced by one of their classmates in which the group is called the Antwerps.) The Belgian movement is dead, its founders say emphatically; they want to be considered as individuals.

Yet, the unspoken question hovered over the jury room in Antwerp: Could the round-spectacled Mr. Schreiber lead another uprising?

The 15 jury members included representatives from three of fashion's most influential stores — Amanda Verdan of Harvey Nichols in London, Maria Luisa Poumaillou of Maria Luisa in Paris and Barbara Weiser of Charivari in New York.

Charivari is selling more Belgian fashion than Italian. "What's important in the movement is that it's a change of consciousness of what is appropriate and what constitutes an outfit," said Ms. Weiser, who has been buying it from the outset. "Maybe it has to do with women no longer having to define themselves in terms of work models. It's not a question of a particular trend, or identifying with a particular social group."

What drew these high-powered retailers to Antwerp is partly a search for the roots of Mr. Margiela's complex movement and partly the hope that if the last revolution started here, the next might as well.

It was a revolution. And a bloody one at that. Mr. Margiela's first show was in a Paris parking garage. Models had blackened eyes, wan faces. They walked through red paint and left gory footprints across white paper. Mr. Margiela used the footprinted paper to make his next collection.

In his anger against what too much money and too little imagination had done to his art form, Mr. Margiela recycled thrown-away clothes, disembowled his perfectly cut jackets and wrapped bright blue garbage bags around the clothes he made.

"Instead of killing fashion, which is what some thought he was doing," Ms. Poumaillou said, "he was making an apology."

Before Mr. Margiela, Ms. Demeulemeester and Mr. van Noten emerged from the Royal Academy, Belgium was for chocolates.

"In every era," Ms. Verdan said, "there is a right look of the moment that comes from a different place. In the 70's, Italy had Missoni, Krizia and Versace. In the 80's, Paris was for the power suit with Chanel, Mugler and Montana. A fashion movement is a mutation. Why Antwerp? Who knows? Like the Cubist movement, which affected all the painters in Paris, was it something in the air?"

What was in this air was mostly the demand for discipline from one exceptional teacher, Mary Prijot, the stern Miss Jean Brodie figure who founded, fought for and ruled the academy's fashion program for most of its life. She retired in her prime, the year after her star pupils graduated, in 1982. "I must say that was the best group I ever had," she said. "Sorry for the others, but I'm talking about the group."

Her Antwerp apartment, in a 16th-century Flemish building, is a private archive of her protegés.

A sketch Mr. Margiela made of Mrs. Prijot is framed on the wall. His rolling script highlights details that are present today: antique Ethiopian ring. Red lipstick. Silver hair. Gold chain. Nail polish.

"Belgium is a great exporter of fabric," Mrs. Prijot said, "and I said, if we make it, we can use it." Her imprint is visible in her students' work, in the meticulous, flawless cuts she demanded. "You've got to know the traditional before you can play with it," she said. "You must know your ABC's. When a costume isn't good, I see the faults. Of course, it begins with talent. You must have a gift, a vision of things. Martin was strong from the beginning. Dries had many qualities you could feel. Ann was a very good drawer. One day she said, 'You're always criticizing,' " and I said, 'Yes. It's my job.' "

Mrs. Prijot's ideal is the work of Coco Chanel. "Chanel invented fashion," she said. "Everything she did was perfect, the lines, the proportions, the equilibrium of the clothes. All is in place."

Mr. van Noten said: "Madame Prijot thought there was only one good designer, and that was Chanel. And only one nice haircut, and that was a chignon." When Ann Deemeulemeester would come to class with her hair down, Mrs. Prijot would send her to put it up. "I think that was a big part of our creativity, later," Mr. van Noten said, "fighting against her strength to do what we believed."

He is the only one of his classmates to serve on the students' jury, and there is a prophet-without-honor-in-his-own-country aspect to the way the boyish designer is treated at home. In Paris, groupies throng his shows. Here, it is Mr. Gaultier who is asked for autographs.

Mr. van Noten's style has been called Amish. Going from Jesuit school to the academy, he has strong personal reasons for that austerity. But he finds a historical one as well. "Fashion 12 years ago had a completely different attitude," he said. "We came out of school in 1981, with Montana and Mugler. Fashion was all about glamour. It was a completely different world, with bigger shoulders."

He considered for a moment, then added: "There was this feeling that it had to stop at some point. Something real had to happen."

When Ann Demeulemeester was 16, she and her small-town sweetheart, Patrick Robyn, a photographer, fell in love with a house in a suburb outside Antwerp and through a magical series of events bought it soon afterward. It was designed by Le Corbusier, and the private, introspective Ms. Demeulemeester loves it in spite of that high-profile image. It is one of the reasons she stays in Antwerp, as does Mr. van Noten. But she fights against being labeled an Antwerp designer.

"Now everyone is trying to develop his own thing," she said. "Our tastes are very different, in fact. I never see the others. I have nothing to do with the academy. I am an individual. My house is here, and I feel protected."

A tree grows in her studio, which was an artist's atelier when it was built. When Ms. Demeulemeester and her husband first moved in, rain leaked through the roof. "I didn't care," she said. "A beautiful design makes a beautiful ruin. It's the same thing for clothing.

"You never get anything for free. Coming from this country, with no fashion tradition, we had to prove a lot. It's really a miracle that we're here. The problem now for the new students may be that after Martin, Dries and I, people expect to find a certain level of design here."

That is an understatement. And it is the sort of association with Antwerp that Mr. Margiela hoped to sever, from the time he got up nerve to contact Jean-Paul Gaultier for work in Paris. Mr. Gaultier had judged a student contest Mr. Margiela had entered.

Mr. Gaultier hired the young designer as a design assistant. "I didn't need a design assistant," Mr. Gaultier said. "And he said, 'I don't care, I'll be your secretarial assistant.' He became in charge of the commercial collection. I could see his strength. And I said, what are you doing here, you could do something incredible."

IN his workroom in Paris, surrounded by racks of his clothes covered by white muslin, Mr. Margiela talks quietly over the constant tapping of a sewing machine. This is not the typical designer's lair, papered with pictures of faraway places for inspiration. He does not mine other cultures for inspiration; he mines fashion.

But he does have an archive, a plankboard closet stuffed with clothes: the severed sleeves from his first season, each tiny button at the medieval cuffs unique. The jacket that is now his signature, with its tidy puckered sleeve molded to the shoulder. The first crisp cotton shirt tied with linen laces. His history is stored in boxes of photos, meticulously marked with the year and season. The models, hair parted like drawn drapes, look as if they could pose for tarot card illustrations.

"I'm interested in the entire culture of fashion," he said. "But I'm not interested in taking one moment of history and copying it. Commercial stuff is always in themes. That was one of the details no one could understand in the beginning. There was no theme. And they'd ask, are those long dresses for evening?"

There are those who liken the effect Mr. Margiela will eventually have on cut and shape to that of Chanel's effect in her day.

"Madame Prijot had certain ideas, and I had others about this thing called fashion. I don't know what she said to you about me, but I know she doesn't think much of what I'm doing."

In fact, she had said she thought Mr. Margiela would someday return to the style of Chanel and stop following the "siren song of publicity." But, she added, "He succeeds, because he dares."

Mr. Margiela and his partner, Jenny Mierens, spent a year developing what would be "Margiela," from the blank white labels on the clothes to the urban combat zone locations of the shows.

He met Ms. Mierens when she was organizing shows for Yohji Yamamoto and Comme des Garçons in Brussels. And he leaves no doubt that nothing in his career has been accidental, or luck. "It was very important to come to Paris," he said, "because here, I could feel free. Belgium is a small country. I felt that I needed a bigger space, and distance. Someplace to work alone and express myself without barriers. I wanted to detach from Belgium and all the good and bad things that happened there."

He said that the first show brought strange reactions, or no reactions. "We were working one year, and wanted a concept," he continued. "It's a big word, but if you see what happened afterward, after five years, I think we can call it that."

What Mr. Margiela brings from the academy more than anything is his cutting technique, which is legendary among his teachers. And what has he left behind for the academy? The same thing that Mr. van Noten and Ms. Demeulemeester have left: the intimidating specter of their success

Back in Antwerp, in the jury room, points are being given to the students. Mr. Schreiber is on the verge of something called Highest Honors. A few points extra, which the jury can award, will win him that.

"What is this high honors?" Mr. Gaultier said to the other jurors. "Look, Martin never had it. Dries never had it. Ann never had it. Should he have what they never had?"

The vote went against Mr. Schreiber; none of the students was granted Highest Honors.

Perhaps no one leaving the academy will be allowed to surpass the level set 12 years ago. And Mr. Margiela, Ms. Demeulemeester and Mr. van Noten have become the new icons to rebel against. They are the Chanel standard, for future graduating classes.

ABOVE Martin Margiela's transparent, pieced dress, above, from his pivotal 1989 show, held among the ruins of a demolished building.

ABOVE Dries van Noten at the Royal Academy of Fine Arts student runway show, where he served on the jury.

LEFT A tattered-hem skirt from Mr. van Noten's collection shown in Paris in March.

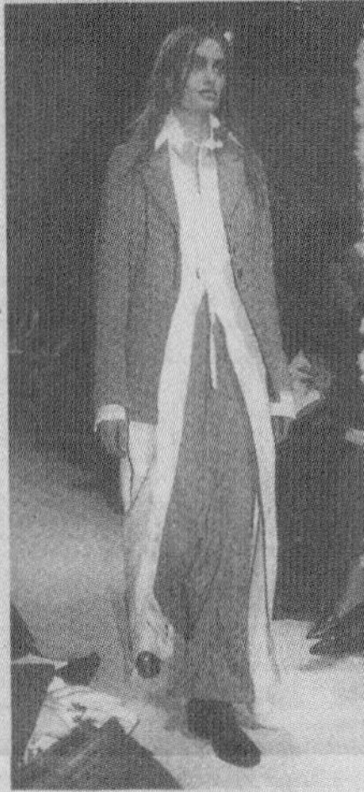

ABOVE Ann Demeulemeester, left, with a model at her 1990 Paris show.

LEFT Crinkled fabric and linen laces close a crisp, long white shirt from Ms. Demeulemeester's March 1993 collection.

Photographs by Bill Cunningham for The New York Times

DECONSTRUCTIONISM: ALTERATION REQUIRED

Continued From Page 1

that deconstructionism had arrived.

SARTORIAL FAMILY TREE: Comme des Garçons' Rei Kawakubo is mom; Jean-Paul Gaultier is dad. Mr. Margiela is the favored son. And Coco Chanel is that distant relative everyone dreads a visit from, but once she's in town, realizes they have of a lot in common after all.

WHAT TO LOOK FOR: Linen laces to close jackets and to cinch waists. Crisp white shirts. Asymmetrical cuts. Unfinished hems. Ad-hoc empire waistlines, made with thin belts. Recycled pieces. Perfectly fit shoulders, but loose in form. Elongated sleeves or trouser legs. Exaggerated cuffs. Fabrics that are crinkled, folded, fringed or pulled apart.

SEX QUOTIENT: Singularly noncommital. Not loose, not tight, not androgynous, not studiously sexy, not even studiously monastic. The wearer brings the attitude.

GEOGRAPHY: Born in, raised in and rebelling against one place: Belgium. Mr. Margiela believes a link is that all the designers are from the north. "We're completely different from Italian and French designers."

WEIRD CYCLICAL NATURE OF FASHION: Karl Lagerfeld borrows from deconstructionism for his haute couture collection, leaving the ladies feeling breathlessly avant-garde with a bit of tattered tulle. This, in turn, leads to new respect for the Belgians.

PARALLEL MOVEMENTS: In art, the heavy social critiques in this year's Whitney biennial. In theater, Peter Sellars's direction of traditional works. In dance, Saburo Teshigawara's noise dance at the Brooklyn Academy of Music. In architecture, "The Decon Seven": Peter Eisenman, Frank Gehry, Zaha Hadid, Rem Koolhaas, Daniel Libeskind, Bernard Tschumi and the Coop Himmelblau firm.

The New York Times, July 25, 1993

COMING APART

Antwerp's fledgling designers would scurry to Paris during runway seasons, begging, borrowing and copying invitations to get into the shows and see what the future held for them. They witnessed the emergence of Mr. Gaultier and the rise of Rei Kawakubo and Yohji Yamamoto. And they saw every excess of the 80s played out on runways and in the streets of Paris. [...]
As a backlash against the 80s excesses – and tempered by the influence of Mr. Gaultier and the Japanese designers – a new style was born. It was one that offered a sort of asbestos suit against the bonfire of the vanities.

Style rides the crest of a New Wave

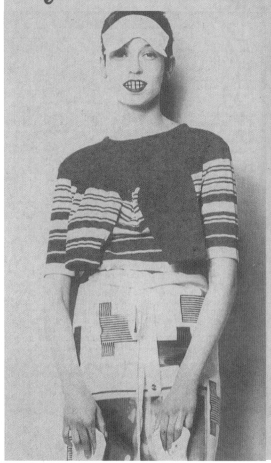

THE names that appear on the judges' panel read like a *Who's Who* of the fashion world — from Paris' perennial bad boy, Jean-Paul Gaultier and rising Belgian star Dries van Noten, to top-notch fashion retailers such as Maria Luisa of Italy and Charivari of New York. This eclectic bunch will converge on Antwerp at the end of this month for the graduate fashion awards of the city's Royal Academy of Fine Arts.

The stature of the Antwerp Academy is at an all-time high. Students hoping to enrol in its prestigious fashion degree course are put on a growing waiting list before they take rigorous entry tests. Its most famous ex-students, Anne Demeulemeester, Martin Margiela, Dirk Bikkembergs and Dries van Noten now command centre stage in international fashion.

It is primarily this cluster of designers which has so far provided a fresh initiative for 1990s style when all else appeared bankrupt.

Heralded by buyers and press as the hotbed of European talent, Antwerp is the blueprint for fashion training today.

The rise of previously unknown countries like Belgium, Holland, Germany and Austria marks a turning point for the industry.

In fashion terms it is known as the North European New Wave and its success amounts to a mix of talent

Northern Europe is now the breeding ground for imaginative designers, writes Seta Niland

and training. Linda Loppa, fashion director at the Antwerp Academy says: "We focus totally on creativity."

Fashion, according to Loppa, is an art before it is a business. Her philosophy is shared by the rest of Europe's leading fashion colleges.

At the Hoogeschool in Arnhem, Holland, students pursue a vigorous exercise in fashion aesthetics for four years. Alongside the rudiments of design like pattern cutting, students study European art history, language, and visit costume museums such as Kensington Palace in London. A mandatory year out of the four-year degree course gives students an opportunity to experience the realities of large organisations.

Some colleges, like the Rijkshoogeschool in Maastricht, insist on a completed apprenticeship in commerce.

The primary aim, however, is to train students to produce fashion collections from a cultural and artistic viewpoint. Most fashion schools feel that the way to achieve this is to involve successful working designers with the teaching process.

Avant-garde British style guru Vivienne Westwood joins German menswear

designer Wolfgang Joop at the Berlin School this month for a series of lectures. Joop is also sponsoring the MA Menswear degree at the Royal College of Arts, London.

British designers are particularly popular with the best of Europe's fashion colleges. Linda Loppa of the Antwerp Academy says: "Most of our students identify closely with British designers like Westwood.

"They, more than the Italians or the French, refuse to compromise their designs and, like us, they do not receive substantial government funding for fashion training."

Another avenue that many European colleges are keen to support is the inter-design exchange programmes across Europe.

The Ecole des Arts Appliqués Duperre in Paris is twinned with London's St Martins. The Hochschule Der Kunste in Berlin has just initiated an exchange system known as The Erasmus Programme, with colleges in Belgium, Britain, France, and Italy.

Walter van Bierendonck, eminent Belgian avant-garde designer, and a lecturer at the Antwerp Academy, describes the new breed of 1990s fashion graduate: "You have to be able to operate on all creative levels. Graduates realise that to succeed today you have to have many fingers in the fashion pie. It helps your work to be able to see all the layers of fashion."

The European, June 4, 1993

STYLE RIDES THE CREST OF A NEW WAVE

The names that appear on the judges' panel read like a Who's Who of the fashion world – from Paris' perennial bad boy, Jean-Paul Gaultier and rising Belgian star Dries Van Noten, to top-notch fashion retailers such as Maria Luisa of Italy and Charivari of New York. This eclectic bunch will converge on Antwerp at the end of this month for the graduate fashion awards of the city's Royal Academy of Fine Arts.

Heralded by buyers and press as the hotbed of European talent, Antwerp is the blueprint for fashion training today. The rise of previously unknown countries like Belgium, Holland, Germany and Austria marks a turning point for the industry. In fashion terms it is known as the North European New Wave and its success amounts to a mix of talent and training. Linda Loppa, fashion director at the Antwerp Academy says: 'We focus totally on creativity'.

1993
– Antwerp '93: Cultural Capital of Europe: Academy fashion show at Scheldekaaien in Antwerp; Exhibition St Felix warehouse; *Lux* magazine: Dirk Van Saene for Antwerp '93.

– Dries Van Noten's first women's line and defilé – summer 1994.
– Dirk Bikkembergs designs his women's collection – winter 1993–1994.
– Modo Bruxellae founded.

– Olivier Rizzo, Peter Philips, Erik Verdonck, Sarah Corynen and Frieda Degeyter graduate from the Academy.
– Dutch designer duo Viktor & Rolf win the Hyères fashion competition.

Stapelhuis omgetoverd tot modekatedraal

Walter Van Beirendonck viert einde van modeprojekt Antwerpen 93

Van onze verslaggever

Met Isabelle A en The Dinky Toys in exuberante outfit van Walter Van Beirendonck werd donderdagnacht het modeprojekt van Antwerpen 93 uitgefuift. Van Beirendonck (36), de rebel van de wereldbefaamde Zes van Antwerpen, mocht het Sint-Felix Stapelhuis nog eens omtoveren tot een katedraal van mode. Licht, kleur, lef en filozofie stuurde hij in een wervelende, ritmische tocht over de catwalk.

De lange wachttijd aan de ingang van het beschermde stapelhuis aan de Oude Leeuwenrui in Antwerpen nam wat te veel Parijse couture-allures aan, maar dat kon het feest niet bederven. Want niet alleen de schreeuwerige „fashion victims", de herkenbare slachtoffers van trends, maar ook fans en nieuwsgierigen wachtten geduldig op een rondleiding door Walter's Wondere Wereld!

Het werd een drukte van jewelste op alle verdiepingen van het stapelhuis dat door licht- en andere effekten op een katedraal ging lijken. Op de tweede verdieping kon men nog eens de tentoonstelling van de dertigjarige mode-afdeling van de Antwerpse Akademie en de andere „installaties" bekijken.

Op de eerste verdieping had Walter Van Beirendonck zijn Wondere Wereld geïnstalleerd: „Souvenirs of the World", de truien (in grote ballons) van de winterkollektie 1993-'94, en „Robinet d'Amour /Labours of Love", de zomerkollektie van 1994. In de coulissen nam modefotograaf Ronald Stoops „live" foto's van de mannequins die zich opmaakten voor het defilé.

Een „gewone" mannequin.

De outfit begint bij de fraaie schedel.

Wonderlijk

Dat defilé was het hoogtepunt van de avond. Op de eerste verdieping van het negentiende-eeuwse pakhuis kreeg de stoere houten vloer een blanke catwalk aangemeten en de muziek en de belichting deden de rest. De bezoekers werden ondergedompeld in een aangename, warme sfeer. Het midden hield tussen een gezellige Kerstmis binnen terwijl het buiten sneeuwt en een diskoteek uit de jaren zeventig. Walter's Wondere Wereld!, inderdaad.

Pas goed wonderlijk werd het toen de „mannequins" zich tussen het publiek waagden. „Mannequins", mét aanhalingstekens, want Walter Van Beirendonck selekteerde deze „gewone" mensen vorige week tijdens een auditie met een 250-tal kandidaten. Het was verfrissend te zien hoe zij de kleren de nodige sympatieke draai gaven.

Alle maten, gewichten, kleuren, rassen, leeftijden en geslachten (het leken er meer dan twee) waren er. Echt zwanger of gewoon dik. Bodybuilders en efeben. Jongens, vrijgezellen, papa's en opa's. Meisjes, dames, mama's en oma's. Kinderen en de hond. Allemaal werden ze door Van Beirendonck in lekker opzichtige en geschifte kleren gestopt.

In minder dan een uur showden ze de zomerkollektie 1994 van Wild And Lethal Trash, kortweg W.&L.T.!, een prijsvriendelijke, commerciële lijn voor het jonge publiek die Van Beirendonck nu voor het eerst samen met jeansfabrikant Mustang Italia produceert. Mustang zorgt voor de distributie in Europa.

De inspiratie haalt Van Beirendonck in India, niet de softe look van de Engelse kolonialisten ter plekke, maar het kitscherige India van prints en filmprenten. En voor de rest: „knalharde muziek, lekker doorzakken, tattoo-kultuur, piercing, body-painting en make-up en vooral een grote dosis lef".

Dat geeft schitterende resultaten: luide kleuren overdadig gekombineerd, t-shirts met al even luide boodschappen (F*** the PAST, kiss the FUTURE! of Take me tiger), overalls, petten en mutsen, collants, wikkels over eigenzinnige jeans, sigarenbanden en kleine Elvisjes, ingewikkelde truien, bizarre accessoires.

Te kombineren met etnische kledingstukken, leger- en werkkledij. De body-painting nam merkwaardige vormen aan: blauwe gezichten, een nek en een stoere borst van bladgoud of -zilver, een groene oorrand, tot drukke t-shirts met een doorkijk op een druk beschilderde borst.

Van Beirendonck was de perfekte uitsmijter voor het modeprojekt van Antwerpen 93, want het feest nadien volgde gestroomlijnd uit wat op de catwalk werd getoond. Een deel van Walters filozofie in de praktijk gebracht. The Dinky Toys, die Van Beirendonck dragen, gaven een live-optreden weg en Isabelle A was hun gast, zoals ze ook even in het defilé tussen de andere „gewone mannequins" kwam wandelen.

Peter JACOBS
Foto's: Marc CELS

Terug naar school in zelf gekozen kleren

De Standaard, August 28–29, 1993

WAREHOUSE TRANSFORMED INTO FASHION CATHEDRAL: WALTER VAN BEIRENDONCK CELEBRATES THE CLOSE OF THE ANTWERP '93 FASHION PROJECT

– Sarah Corynen designs her own collection, presenting it in Paris.
– Junya Watanabe first shows his line in Paris.
– Miu Miu, a second Miuccia Prada line, launched.

– Hussein Chalayan graduates from Central Saint Martins Royal College of Art & Design.
– Dolce & Gabbana dress Madonna for her tour.

– Jane Campion: *The Piano*.
– Quentin Tarantino: *Reservoir Dogs*.
– Bill Clinton becomes American President.
– River Phoenix dies.

Dertig jaar mode op negentiendeëeuwse zolders en enkele van de tientallen poppetjes van Anna Heylen / Doc.

Vrijdag 23 april 1993

109

Vlaamse mode aan de top

INGRID VANDER VEKEN

ANTWERPEN — Anne de Meulemeester wordt door «Vogue» geklasseerd bij de topontwerpers, schoenen van Dirk Bikkembergs kan je kopen in New York en Parijs, in Japan doet Dries Van Noten gouden zaken...

In amper dertig jaar heeft de mode-afdeling van de Antwerpse Academie Schone Kunsten zich opgewerkt tot aan de internationale top. Met de bewuste Antwerp Six, maar ook met namen als Martin Margiela, Kaat Tilley, Jo Wijckmans of Peter Coene. En met Linda Loppa, die nu de befaamde modeschool leidt.

Op de negentiendeëeuwse zolders van het prachtig gerestaureerde Sint-Felix-pakhuis brengt Antwerpen '93 hulde aan deze ongelauwerde Vlaamse Culturele Ambassadeurs.

Eén zolder geeft een overzicht van de voorbije dertig jaar. Met foto's en krantenknipsels, maar vooral met tekeningen en kleren. Naarmate de jaren vorderen zie je de ontwerpen professioneler en zelfzekerder worden. Doodjammer, dat niet meer bewaard is gebleven.

De agressieve sexy look van een Jean Paul Gaultier vond hier zijn weg voor Madonna hem ontdekte, de armoede-look deed zijn intrede voor textielfabrikanten dat idee overnamen van Japanse ontwerpers. Eén leerling ontwierp zowaar in 87 al een EHBO-uitrusting voor de Kempense Steenkoolmijnen...

Op een andere zolder hebben ontwerpers mode-installaties gemaakt. Onder de titel «Voodoo me» exposeert Lore Ongenae haar kleren in een toverachtige tempel vol dierenhuiden en primitieve beelden. In een glazen schrijn hangt Anna Heylen tientallen, allemaal anders aangeklede poppetjes op. Tussen kisten met noten, fruit en kruiden legt Rika Bauduin van natuurvezels gehaakte truien...

Overal: diezelfde zorg voor details — van elk knoopje tot elk kleurtje — en voor de presentatie. Loop je over de loopbrug van de ene zolder naar de andere, dan kijk je in de diepte neer op een gigantisch patchwork. Van kleren, uiteraard.

Want behalve een mode-expo is dit ook de ontdekking van een stukje industriële archeologie.

Vanaf 14 mei komt er ook nog een expositie van modefotografen. En ook het jaarlijks mode-défilé van de Academie zal hier worden gehouden. *T.e.m. 29/8, Oude Leeuwenrui 31, do, vrij, za en zo van 11 tot 17.30 u. Toegang gratis.*

Source unknown, April 23, 1993

FLEMISH FASHION AT THE TOP

An exhibition on contemporary Flemish fashion at the St Felix Warehouse in Antwerp, as part of Antwerp '93, Cultural Capital of Europe.

1994

– 'Act-Up' wraps the Place de la Concorde obelisk in a condom.
– Rachel Whiteread wins the Turner Prize.
– Audrey Hepburn dies.

– Inez van Lamsweerde and Vinoodh Matadin photograph the Véronique Leroy collection for *The Face*.
– Francis, Belgium's first upgrade vintage store, opens in Antwerp.

– Christoph Broich and Stephan Schneider graduate from the Academy.
– Stephan Schneider: first collection and Paris presentation.
– Ann Salens dies.

Esquire, spring 1994

BELGIANS AT THE GATE

110

Their names trip up the tongue, and their ideas challenge the refined notions of fashion traditionalists: Martin Margiela, Dries Van Noten, Dirk Bikkembergs, Walter Van Beirendonck, and Ann Demeulemeester: the Belgian designers currently at the forefront of the European avant-garde. Starting slowly in the '80s, their importance has built through the first few years of this decade. Their ideas have influenced designers in Tokyo, Paris, and New York. Journalists have been scrambling for explanations. And a most unlikely new fashion capital has been born: Antwerp.

—

Belgians at the Gate

THEIR NAMES trip up the tongue, and their ideas challenge the refined notions of fashion traditionalists: Martin Margiela, Dries Van Noten, Dirk Bikkembergs, Walter Van Beirendonck, and Ann Demeulemeester, the Belgian designers currently at the forefront of the European avant-garde.

Starting rather slowly in the '80s, their importance has built through the first few years of this decade. Their ideas have influenced designers in Tokyo, Paris, and New York. Journalists have been sent scrambling for explanations. And a most unlikely new fashion capital has been born: Antwerp.

The city has not been such a hotbed of creativity since Rubens was painting here at the beginning of the seventeenth century. With its gilded Flemish architecture, charming cafés, and cobblestone streets, Antwerp is surprisingly sophisticated small town. The second largest port in Europe and a center of the world diamond trade, it is a jumbled mixture of history, nationalities, and languages. Local television is in Dutch, English, German, Spanish, French, and Italian. "It's not a city, it's more like a village," explains Dries Van Noten, who has designed his own men's and women's lines since 1986 and whose first women's show in Paris last fall was one of the hits of the collections. "But there's a tremendous mix of cultures, all in this small village."

Antwerp is a half-hour flight from London, an hour's

drive from Amsterdam, and a four-hour train ride from Paris. "It's interesting because Antwerp is close to all these places, but it keeps its distance," Van Noten points out. "We look at everything that happens in the fashion world with a certain detachment."

The city's fashion movement can be traced to the late '70s, when all these designers were students together at Antwerp's Royal Academy of Fine Arts. The academy, a run-down old building filled with ideas, functions like a fashion think-tank. "What's really different here is our analysis," explains Linda Loppa, director of the fashion program. "At other schools, students draw something and

Deconstruction site: Flemish architecture (top left) and chic pedestrians (above) add to Antwerp's burgeoning image as a fashion capital. Linda Loppa (left), director of fashion at the Royal Academy of Fine Arts. At far left, a student at the academy fits a model for a show. Below, an exhibit of student drawings.

they're happy. We try to be more aware of the meaning of our work. We analyze."

The academy also puts fashion into perspective by requiring the study of fine arts—a difference Van Noten

believes is critical: "I think you need the big view. The problem with a lot of people in this field is that fashion is their only vision."

After graduating from the Royal Academy in 1981,

ANTONIN KRATOCHVIL

IDENTITY
IN ANTWERP
FASHION
THIS IS HOW
IT REALLY IS

Cathy Horyn

Belgian designers have been a problem to the fashion world ever since a group of individuals, their names a flurry of vowels, agreed to be known as the 'Antwerp Six'. So readily in fashion do we admire people for the wrong reasons, then feel a sense of betrayal when they turn out not to be as good as we thought, that we do not know what to make of these straightforward men and women from the north – and I mean the Six of Antwerp, as well as the designers who came after them. If only they were not so open and direct – if only their sense of individuality and power were not so trained in the right direction, towards work and home and a sense of identity – we might know what to do with them. Fortunately for the Belgians, they have always been content to be misunderstood.

In the decade during which the Antwerp Six – Dries Van Noten, Ann Demeulemeester, Walter Van Beirendonck, Dirk Van Saene, Dirk Bikkembergs and Marina Yee – came along, I was new to fashion reporting. Everything seemed urgent to me and, lacking the perspective to judge the tumbling events of the late 1980s and early 1990s, I did not fully appreciate the bomb that the Belgians, both as individuals and as a group, had dropped on Paris.
I remember going with the rest of my fashion sisters to a Salvation Army store that dealt in refurbished domestic appliances, and sitting on a washing machine as Martin Margiela brought forth these sad, appealing clothes draped in recycled plastic bags. Deconstruction was a relatively new concept to fashion and I hungrily snapped at it, no doubt filling my reports (at the time for *The Washington Post*) with intellectual-sounding phrases that announced my enthusiasm but offered, alas, no real insights into Margiela's creative and moral stronghold. I can still recall the clap of boots on the steps of the Elysée Montmartre at Demeulemeester's shows, though the actual source of her energy and strength would elude me for some time. In my reviews, I am sure I dropped the word 'rebel', which was as irreverent as kicking the tyres of a Porsche.

By the time the second wave of Antwerp designers hit, in the latter half of the 1990s – Raf Simons, Jurgi Persoons, Veronique Branquinho, An Vandevorst and Filip Arickx, Bernhard Willhelm, Angelo Figus – I was spending less time at the Paris shows in order to write about Hollywood. The years 1995 to 2000 were crucial for fashion, in part because of the emergence of rival corporate giants like the Gucci Group and L.V.M.H. (Louis Vuitton Moët Hennessy), which created a star system among designers, and in part because the second wave of Belgian talent, which also included Olivier Theyskens, offered a kind of antidote to the showmanship, and ultimately the commercialism, favoured by the big corporate brands. Not only did the Belgian designers of this period share the largely democratic idea that it was possible to create a distinctive world, drawing on their own experiences and values, they considered it their responsibility. As Simons told the journalist Jo-Ann Furniss: 'We don't actually live in the catwalk world of Paris and Milan. I don't think it is wise to run away from ideas and make an empty, glamorous image instead. In fact, I have the opposite feeling. I think I have the responsibility to show how fashion really is. I want things to be discussed.'

113

From 1999 onward, I have written about Simons, Willhelm, and many of the others, although there is a marked change in energy and understanding in the columns that appeared after 2003. The reason for this is that I started making regular trips to Antwerp. The Belgian designers I know never discuss their relation to the city, beyond saying it is a good place to live. Or, as Van Beirendonck once told me, 'Here in Antwerp, you present yourself through your work and a little bit outside the fashion world'. But while we would never say that the French designers have a special affinity for Paris or the Japanese for Tokyo – to make such a claim in a globalized world seems archaic – I think it can be said that the Belgian designers are different precisely *because* they live in Antwerp.

Van Noten, Simons, Demeulemeester, Van Beirendonck – these are designers whose fashion projects a strong sense of identity and, to find comparable figures, those people who have an unquestionable connection to their country and city, you would have to look outside the fashion world, to literary figures such as James Joyce and Thomas Mann. Of course, Joyce and Mann were preoccupied with the larger sense of history when they wrote, respectively, of families in Dublin and Lübeck. Yet it seems to me that Antwerp, far more than Paris and certainly more than Milan, has played a similar role in the lives and aesthetic judgements of its designers. To look at Demeulemeester's bluntly minimalist Corbusier house, situated alongside a treeless plot near an expressway flyover, is to appreciate her aesthetic and physical isolation, not only from the rest of Antwerp, but from the fashion establishment as well. 'I'm not confused about what's happening in fashion', she told me recently, 'because I follow my own direction and go.'

One afternoon in the spring of 2004, while standing in Van Noten's waterside studio and looking at various sources of inspiration, I wondered what could unite pictures of old Havana, a naïve painting of flowers, and a bunch of English tweeds. Then I looked out of the window. Beyond was the harbour and beyond that the city, washed in that peculiar, yellowish light of Antwerp. Through its port passes every type of commodity, yet there is something profoundly discreet and silent about the city. You have the feeling of knowingness, of secrets to be revealed, but ultimately a genuine disinterest in the comings and goings of the world – which is exactly the sense imparted by Van Noten's clothes. If anything, his work suggests he has become more committed to creating things with a sense of identity, which quality gives him power over the absoluteness of fashion. 'There was a period when it was

Top: Jurgi Persoons, autumn–winter 1999–2000

Left: Angelo Figus, autumn–winter 2002–2003

quite difficult to survive as a designer', observed Van Noten in 2004. 'The worry was "I must be fashionable". Now, my biggest concern is what I make – do I like it and are people going to want to have it. Are all the hip stylists going to like it, yes or no? I don't care any more.'

That same year, I contacted Simons and proposed that I write about him for *The New York Times Magazine*. Although I had covered nearly all of Simons' shows since 1999, I did not know him. I was perversely convinced that anyone who could so clearly express the ideas and attitudes of a generation of young men must be very intimidating and, for this shabbiest of reasons, I avoided meeting him. By July 2004, however, this was no longer an option. Simons had just staged a collection called 'History of the World', its invitation listing the names of people and things that had changed the modern world. The inference was that any one of us could do the same, as long as we believed in our own capacities. I thought the collection very good, its sleek tailoring and technical fabrics a foreshadowing of the futurism we now see everywhere. But I was really impressed by the kind of character that such a bold assertion requires. How many people would make such a moral claim in a cynical age?

Simons and I met in Antwerp, then drove to Westende, on the coast, where he has a small flat in a 1970s tower block. When we first spoke, over the telephone, he described the place as 'crappy'. I don't know why, but I took an immediate liking to him. Westende was all that he said it was: a community of drab flats and concrete pedestrian plazas with shops and restaurants where you can have a beer and eat battered prawns while listening to Europop. Simons was about to be named Creative Director at Jil Sander, an appointment that has since brought him to wider attention. But on that day at the beach I recognized the source of his creative power and that of the Belgian designers in general. For all the intellectuality ascribed to their methods, they actually look at everything very simply and directly. Simons, in particular, has never made any effort to create a superman – he prefers the ordinary examples he sees around him. Yet, while no one would deny that his clothes and fashion shows have a visionary quality, it is the very directness of his vision that sets him apart. His 24 shows and video presentations are a catalogue of youth's extremes, seen through the single window of Antwerp and told in a quiet voice that lets us know: *this is how it really is.*

Perhaps because many Belgian designers of the 1980s and 1990s went through the rigorous train-

Top: Bruno Pieters,
Haute Couture 2002

Right: Haider Ackermann,
autumn–winter 2003–2004

ing of the Royal Academy, they tend to be more committed to realism than their peers in Paris and Milan. 'We were completely naïve country boys and girls', recalls Patrick Van Ommeslaeghe, who graduated from the Academy in 1990 and went on to work for Balenciaga in Paris, as well as design his own collections, before joining Jil Sander. 'We were terrified of all those professors but, in a way, they moulded us. They made us completely individual. They demolished us – you either went to the top or to the gutter – but that was the nicest thing about the Academy.'

In the late 1990s, few designers offered a more contemporary view of women's lives and emotions than Veronique Branquinho. I've always thought in a certain way that she was to her generation what Joan Baez was to hers in the 1960s – 'the Madonna of the disaffected', to use Joan Didion's line from a 1966 essay. Branquinho's early references were varied – Peter Weir's *Picnic at Hanging Rock*; the ballet photography of David Hamilton; Dario Argento's horror classic *Suspiria* (which also influenced Nicolas Ghesquière at Balenciaga) – but her clothes inevitably revealed her own strong sense of character and enigmatic personality. 'My work is always about the attraction to something and the rejection of it', she once said. Perhaps the most striking thing about Branquinho's clothes is that, whether they are tailored and simple or languid and moody, they impart a sexual tension highly contemporary in feeling. It makes me wonder what Branquinho might have done, at a certain moment, with a label like Yves Saint Laurent: a woman interpreting the ultimate modern female uniform.

A.F. Vandevorst has taken inspiration from hospitals, school gymnasiums and the Red Army. The design duo's experiments with leather and fur, military uniforms, court regalia and old-fashioned lingerie have produced a fantastic, postmodern aesthetic that somehow hints of the fullness of life – loss, pain, beauty, waste, absurdity. Significantly, as the British journalist Sarah Mower points out: 'The thinking behind their collections is always rigorous, symbolic and personal, but what makes them attractive to me is the fact that their collections are never so conceptual that they can only be judged as an art statement. There might be more than a touch of Magritte-like Belgian surrealism in the way they once showed tailored tailcoats, worn back to front, but you could see perfectly well that the jacket could be worn the right way, too.'

If the past six or seven years have failed to produce a consensus of opinion about Belgian design, it may be a reflection of a more competitive business cli-

mate and, at the same time, a demand for greater individuality in dress. I sometimes worry that individuality has encouraged a kind of fake intellectuality that makes it hard to see and judge things for what they really are. Certainly no one could accuse Bernhard Willhelm of being pretentious – funny, strange, even appalling, but never pretentious. His imagination has freely roamed from the prehistoric African desert to the purplish land of Smurfs to Bavarian Fräuleins in aprons and gingham. I recall a collection inspired by the dung-gathering rituals of the scarab beetle, which occasioned beautiful Egyptian tunics, trousers and original prints. What I believe is that Willhelm is simply asking us to look into his world, without analysing or judging it, much as Wes Anderson asks us of his films or John Currin does of his sexually explicit paintings. The temptation is to see Willhelm's work primarily as a rant against the formalism and structure of fashion – the need to be a Big Brand – but I think his intentions are much more innocent and genuine than that. He is asking if we are too sophisticated for our own good.

Although their careers ended prematurely, Angelo Figus and Jurgi Persoons were designers of instinct and unfettered imagination. I recall seeing a Persoons collection, held in the underground garage of the Pompidou Centre in Paris, with models in fanciful tweed skirts and humble cotton shirts lying on 18 separate, slanting mirrors. Like so many Belgian designers before them, Persoons and Figus, with his blanket-like draping, had a knack for discovering new ideas in the commonplace.

Bruno Pieters, the inventive Jean-Paul Knott, Christian Wijnants, whose knitwear and palette project an elegant aloofness, the menswear designer Kris Van Assche – these talents are part of the latest Belgian migration to Paris and beyond. One of the most promising designers to emerge in recent years is Haider Ackermann, whose clothes are described, not unreasonably, as romantic and nomadic. To me, they are modern. Amid all the futurism of the spring 2007 collections in Paris, Ackermann's fluid ethnic trousers, his draped tops and jersey dresses, and his sharply cut jackets offered a believable vision of the future. 'In Antwerp, designers are very down-to-earth. They just try to make clothes', Ackermann told me. 'They're thinking: "How can a woman be herself on the street, how can she dress for daily life?" It's a different sensibility to what you find in Paris.'

Given the history of the last twenty years, one supposes that Belgium and the Antwerp Academy will continue to produce designers with original points

Haider Ackermann, spring–summer 2006
Tilda Swinton in *Purple Fashion Magazine*,
Vol.3, nr.5, summer 2006

of view. But this is by no means a certainty. As Patrick Van Ommeslaeghe said to me: 'The mentality of the new kids is different. Now they have so much access to information, from the Internet, that they're almost not designing anymore. They're staring at the computer screen – at every sock, every shoe, every detail. They've seen all the collections. It's really numbing your brain, and because of that there's no more building a world of your own.' Nowadays, the Academy has many more students from outside Belgium: about ninety percent of the students are foreigners. This mirrors the changes that have occurred in the rest in the world and in other industries. And as Geert Bruloot observes: 'We cannot talk about an Antwerp style any more. It's finished. It's a much more international style. Today, the students want to be very much part of the international style you find on the Internet.'

Paradoxically, the Belgians have never been more influential and in demand than they are now. One has only to look at the power of Ann Demeulemeester's recent collections, the clamour for Dries Van Noten's clothes. If Raf Simons had not achieved his own world, if he had not stuck to his beliefs, would he be at Jil Sander? Would he now be exerting even greater influence? The secret of the Belgian fashion revolution is actually very simple. These are people with a strong sense of identity, a feeling for ordinary life and an unshakeable sense of personal character.

Veronique Branquinho, spring–summer 2005

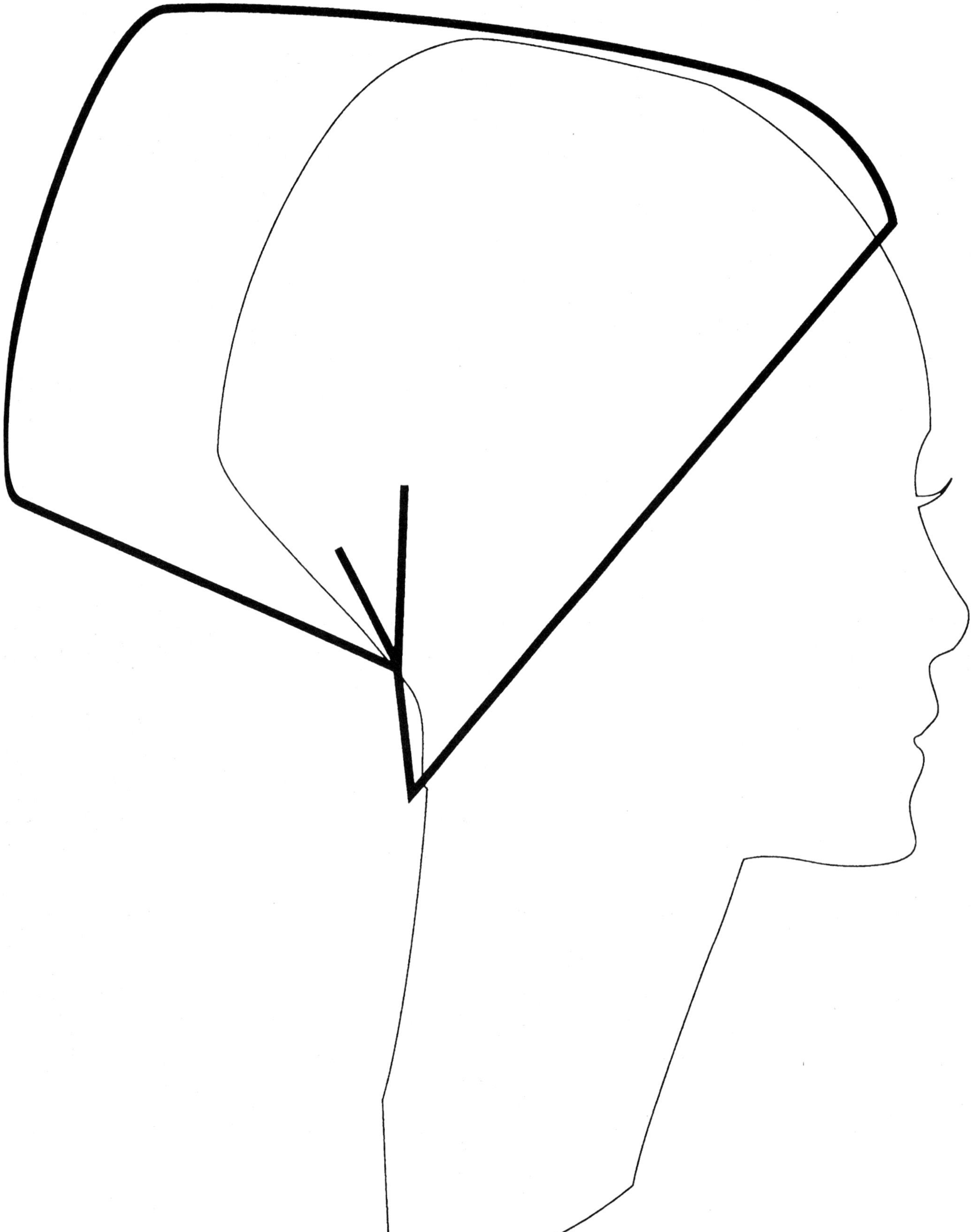

Patrick Van Ommeslaeghe, autumn–winter 1999–2000

Patrick Van Ommeslaeghe, spring-summer 2000

Patrick Van Ommeslaeghe, autumn–winter 2000–2001

Patrick Van Ommeslaeghe, spring-summer 2001

Bernhard Willhelm, autumn–winter 2005–2006

1995
2006

left margin, partially cut off:
difference.
re elusive.
able to a
le, includ-
y, and the
n with the
ke any rag
Linley, 25,
ughter-in-
to be pho-
two huge,
couturiers.
ince Pavlos
an, Marie-
oung royals
era. For the
e made 62
. Whatever
v craze for
t publicity

vays spent
tle of that

rfeld is sell-
huge price
s to bejew-
Galliano to
ial magic.
pes is that
el in buying
ill spread.
t to choose
enbigh/Paris

If It's Chic, It Must Be Belgian

RUE DU FAUBOURG ST. HONORE. VIA DEL CORSO. MADISON AVENUE. Huidevettersstraat. Pardon? The chic Antwerp street with the unwieldy name rarely strikes a bell with even the most devoted readers of *Vogue*. But the Huidevettersstraat is poised to gain greater recognition on the fashion map. The street lies at the center of the exclusive Meir shopping district in Belgium's bustling port city, now increasingly recognized for having more than its fair share of style sense and designer flair.

During the past years, Antwerp, home to breweries and sugar refineries, has churned out a cadre of talented designers who, like Calvin Klein and Jil Sander before them, understood the value of simplicity long before the rest of the fashion universe caught up. Designers like Dries van Noten, Ann Demeulemeester, Martin Margiela and Marcel Gruyaert of Anvers (Antwerp in Flemish) have had a huge following in Belgium for the past few years, but now they are finding devotees worldwide, filling the racks of swank shops in Paris and New York City and forging a distinctive Belgian style.

That look is marked by a penchant for spare lines, dark color palettes and sexy, interesting fabrics, such as jersey and silk knits. The outré and retro references that have overtaken so much of fashion in recent seasons are virtually nonexistent in the collections of these lean designers. Instead you will find sleek suits, butter-soft leathers and muted satins—clothes that are wearably attractive. "I like to make nice little shapes, and that's it," says Van Noten, who presides over every aspect of his 10-year-old business from design to marketing and public relations and whose clothes are now available in more than 500 large stores and boutiques around the world, including 160 in Japan alone. "We Belgians are very practical. Clothes have to be very direct. People are a little fed up with fashion and designers' rules—they don't like that anymore. They just want a nice shirt."

Van Noten, Demeulemeester, Margiela and Gruyaert all studied at Antwerp's Royal Academy of Arts, where their taste for minimalism was coupled with an aversion to the fashion industry's self-aggrandizing self-consciousness. When the group studied together during the '80s, "fashion became serious," notes Van Noten. "And it is not really something to be taken that seriously." Certainly no one could accuse the Belgians of publicity mongering. Demeulemeester rarely speaks to the press; Margiela refuses to be photographed.

They let their clothes speak for themselves. And for the most part the clothes convey an elegant hipness. In his latest collection, Van Noten offered sheaths in quiet, never dowdy prints and suit jackets whimsically buttoned on the diagonal. Demeulemeester paraded cold, chic mod cuts in her fall collection, while Anvers served up rich, pony-skin minis.

Margiela, who worked for Jean-Paul Gaultier before launching his own collection in 1988, bears the least similarity to his peers. His unconstructed shirts and skirts often use recycled fabrics and display outward stitching. His clothes never carry a label. "When we first started out in 1988, it was the biggest moment for labels," he explains. "I want people who don't know who made one of my garments to first say this is nice, then the salesperson can tell them who made it. If you see something in the cloakroom in a restaurant, then you will never know who it's by, but I don't care."

Talk softly, and carry off a big sense of chic: call it Belgium's fashion diplomacy for the '90s. The rest of the world is listening. —*By Ginia Bellafante. Reported by Dorie Denbigh/Paris*

Lean, sleek and muted embody the national style

TIME, OCTOBER 9, 1995

Time Magazine, October 9, 1995

IF IT'S CHIC, IT MUST BE BELGIAN

1995
– Raf Simons: first collection and presentation in Milan – winter 1995–1996.
– Lieve Van Gorp: first women's collection.
– Xavier Delcour: first collection, presented in Paris – summer 1996.

– Dries Van Noten: visiting designer for Pitti Immagine Uomo in Florence – summer 1996.
– *Street Magazine* special edition devoted exclusively to Martin Margiela.

– Controversial ad by Calvin Klein Jeans.
– Diesel ad by David LaChapelle.
– Alexander McQueen's remarkable Dante collection – winter 1996–1997.

Angelique Raven:

Tegen het 'Amerikaanse Supermodel'
De kollektie van Angelique Raven (23) gaat over de Amerikaanse Supervrouw. "De media en de reklame spiegelen ons een onbereikbaar ideaalbeeld voor van de vrouw die alles heeft: haar uiterlijk, haar werk, haar privé-leven. Alles is perfekt in orde, tenminste in de boekjes. Veel vrouwen proberen dit beeld na te streven en beginnen aan zichzelf te sleutelen. Dat gebeurt door middel van fitness, afslankcrèmes, plastische chirurgie en andere ingrepen. Ze zijn zich er zelfs niet van bewust dat ze gemanipuleerd worden. Wat vrouwen nu doen, is veel drastischer dan toen ze nog een corset droegen. Er zijn nu meer modeslachtoffers dan ooit. In de Verenigde Staten krijgen meisjes van zestien al een face lift als cadeau op hun verjaardag. Zo jong en ze zijn al niet meer tevreden over zichzelf. Ik heb me dan afgevraagd: tot hoever kan je gaan? Ik heb foto's van topmodellen uitgeknipt en ben gaan experimenteren: hoe zouden ze er uitzien als ze perfekt symmetrisch zouden zijn, zoiets als het toppunt van schoonheid? Ik heb hun gezicht in twee delen gesneden, de helften gekopieerd, twee linker- of rechterhelften tegen elkaar gelegd. Het resultaat is ronduit lelijk en onpersoonlijk. Het geeft ook te denken over wat er op dat vlak allemaal mogelijk is met genetische manipulatie."

"Mijn kollektie is bedoeld als een grappig protest tegen de myte van de ideale vrouw. De kleren zijn heel strak, zodat elke onvolmaaktheid getoond wordt. De modellen dragen onpersoonlijke zwarte brillen, en elastiekjes op plaatsen waar het overtollige vet goed uitkomt".

DE MODEMAKERS VAN MORGEN

Goed tien jaar nadat de Zes van Antwerpen met hun diploma buiten stapten, stuurt de Koninklijke Akademie van Antwerpen binnenkort een nieuwe generatie ontwerpers de bonte modewereld in. De afgestudeerden van toen, of althans sommigen, zijn intussen beroemde namen geworden. De kollekties van Bikkembergs, Demeulemeester, Margiela, Van Saene, Van Beirendonck en Van Noten – the Antwerp Six – vind je achter winkelramen in New York tot Tokyo en in de kleerkast van vedetten als Mick Jagger en Madonna.

Maar het ziet er naar uit dat de nieuwe lichting het niet makkelijk zal krijgen om in de voetsporen van haar illustere voorgangers te treden. Het is immers al jaren volledig windstil in modeland. Er gebeurt haast niets nieuws en je kunt je evenmin spiegelen aan de trend-shows van de grote modehuizen, want die grijpen – meer dan ooit – terug op vroegere jaren. Kortom, de mode ligt op haar gat en je moet al superbegaafd zijn, wil je nog met iets of wat originele dingen voor de dag komen.

We zijn gaan praten met de negen laatstejaars in hun oubollige schoolatelier in Antwerpen en vroegen hen: wat nu gedaan? De modemakers in spe vertelden ons wat ze denken over de mode van nu en verklapten wat ze van plan zijn. En terwijl je hun portretten bekijkt in DeMix, zijn zij opnieuw aan de slag voor wat hun eerst grote wapenfeit moet worden: hun kollekties op de driedaagse modeshow van de Akademie op 15, 16 en 17 juni. (MLS)

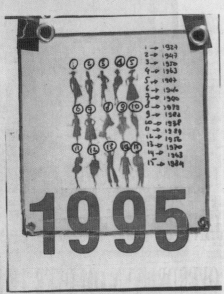

129

De Morgen, February 22, 1995

THE FASHION MAKERS OF TOMORROW

Angelique Raven, Maarten Lambach, Luc Parein, Anne-Sophie De Campos, Ava Schmitt, Veronique Branquinho, Tessa Pimontel, Lieve Gerrits and Ellen Monstrey.
A good ten years since the 'Antwerp Six' walked out the door with their diplomas, the Royal Academy of Antwerp will soon be sending a new generation of designers into the colourful world of fashion. Those early graduates, or at least some of them, have since become famous names. [...] But it does not look as if the new graduates will have an easy time treading in the footsteps of their illustrious predecessors. For some years now, things in the land of fashion have been at a standstill.

Anne-Sophie De Campos:

De stad in de sixties
Anne-Sophie De Campos Resende Santos (23) zoekt haar inspiratie in de grote wereldsteden én in de periode van de sixties. "Mijn klerenkollektie is gebaseerd op het drukke stadsleven en op de mensen die je er op straat ontmoet. Steden zoals New York zijn altijd in beweging. Ze lijken alsmaar groter te worden, agressiever ook, en ze slibben stilaan dicht door het immense verkeer. De invloed van de verschillende straattypes is terug te vinden in mijn kollektie. De bedelaar in zijn trashy kleren. De naamloze stadsmens die 's ochtends naar zijn kantoor gaat. De yuppies die willen opvallen en erg met hun uiterlijk bezig zijn. De kulturele mix van bewoners uit de verschillende wijken zoals China Town of Harlem. Al die invloeden zijn verwerkt in de kleuren die ik gebruik. Grijze, metaalachtige kleuren geven de grauwheid en de dagelijkse sleur van de stad weer. Die laat ik kontrasteren met happy kleuren en hoopvolle symbolen zoals wolkenkrabbers met witte wolkjes in een helblauwe hemel.

"Wat de stijl betreft, ben ik zwaar beïnvloed door de jaren zestig. Toen keek men nog verlangend uit naar de toekomst. Ik wil niet trendy doen. Ik hoop op een come back van die sobere stijl en van zijn tijdloze vormen, die ik wil kombineren met nieuwe stoffen.

Ava Schmitt:

Het Generation X-gevoel
Ava Schmitt (25): "De jaren negentig hebben geen eigen modebeeld. Er wordt voortdurend gekopieerd en teruggegrepen op vroeger: op de elegantie van de jaren veertig tot de diskostijl van de seventies. Ik vrees dat het allemaal wat te maken heeft met de grote moedeloosheid, een soort fin-de-siècle-gevoel dat heerst onder de jongeren. Wat ik over onze Generation X gelezen heb – over de oppervlakkigheid, het onoprechte en het gebrek aan engagement bij de jeugd – slaat dikwijls de nagel op de kop. Ik citeer: "Jongeren zijn al vroeg konsumenten en zien elkaar steeds meer als produkt. Die houding manifesteert zich zowel in vriendschappelijke als in seksuele relaties: ik kies jou als produkt maar als ik geen waar voor m'n geld krijg, neem ik wel 'n ander." Wel, dat vind ik letterlijk terug in tv-programma's als Blind Date of bij de dating boxes op café, waar je via een computerscherm kan uitzoeken wie bij je past."

"Alles kan, alles mag, alles is te koop. Er is zoveel keuze dat je haast verlamd en er hangt een sfeer van 'we hebben alles al gehad'. Toch ga ik die jaren negentig proberen uit te beelden. Het wordt een agressief aandoende kollektie, elegant weliswaar, en met allerlei historische invloeden.

MODE

Lee : vleeskleurig
semi-transparant hemd,
jas met satijnen
smokingkraag,
cool wool broek.

Nico : roze katoen-lycra
Sound Berlin T-shirt
van Raf Simons.
Eigen onderbroek
en voetbalsokken.

130

Nico : zwart
katoen-lycra Bowie
T-shirt en zwarte
wollen broek.

Lee : grijs Bowie
T-shirt, grijze cool wool
broek en zwarte
satijnen blouson met
lichtblauwe bies.

Raf Simons, autumn–winter 1997–1998

Right: *The Face*, July 1996

GRASS ROOTS

What is about Belgium that breeds such down-right distinctive designers? Tip-toeing in the foot-steps of art-house Antwerpians Demeulemeester, Margiela and Van Noten comes Jurgi Persoons, designer of feckless, fluid mens and womenswear that's well worth a second glance.

Grass Roots What is it about Belgium that breeds such downright distinctive designers? Tip-toeing in the footsteps of art-house Antwerpians Demeulemeester, Margiela and Van Noten comes Jurgi Persoons, designer of feckless, fluid mens and womenswear that's well worth a second glance. Sadly, unless you venture to the prestigious Louis store in Antwerp, you won't be able to cast an appreciative eye over it, because no British buyer has snapped Persoons up – yet. With his gift for combining unusual fabrics (lace, tartan) and cutting a tailored dash, it won't be long before the Bursteins and beyond are phoning through their orders. **LC**

133

Crochet butterfly dress £325, red leopard-print dress £542, both by Jurgi Persoons, enquiries 00 323 237 0205. Loafers by The Natural Shoe Store, 21 Neal St, London WC2

MEN'S FASHION / A SPECIAL REPORT

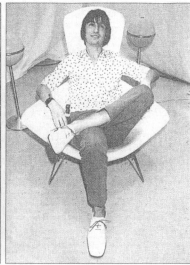

At left, urban separates with schoolboy and vintage references from the Belgian designer *Raf Simons*; at right, jazzy patterned shirt and slim pants from Christophe Lemaire who showed his first full men's line on Friday.

Beyond the Beret and Baguette: Designers Display Contrasting Styles

By Rebecca Voight

PARIS — "French men's wear is elegant, but relaxed. There is always a play of contrast," says José Lévy, the young designer whose label José Lévy à Paris leads the pack of boisterous, up-and-coming names here.

Lévy illustrates his point in a strict hunting green jacket with a scrappy sheepskin collar for fall from the collection he will show on Saturday. "I was thinking of an unlucky hunter condemned to resemble his prey," he says with a twinkle in his eye.

Lévy is one of the few in France who has been able to give classic menswear a humorous punchline and stay entirely away from the color black. For next winter he has taken a leaf from French forest rangers, hunters and imaginary animals. His game is in the details, like gold blazer buttons with charade messages. This is done in established tweeds, camels, moss greens and navys. It's only on closer inspection that a prim tweed reveals rubber backing and camel wool pile.

The Romanian-German designer Udo Edling who works here and will present his third show on Friday is also into paradoxical menswear. "I like hidden details," says Edling, "like invisible hand stitching on a nylon shirt collar instead of vulgar topstitching. I want to put luxury in places you would never expect to find it."

Edling's quiet luxury generated comparisons to Jil Sander, but he insists his style is much more French, closer to the body and more tailored. Last fall, his black nylon jacket came lined in cozy cashmere. "I don't think I could design anywhere else but here now. The city has a certain magnetism," he says.

Good vibrations or not, Paris the fashion capital has suffered from an identity crisis of late. "France cannot sit on its style laurels anymore," says Lévy. He and six other young French designers will be featured in a group presentation by Promas, the international promotional arm of the F.M.F. Mode Masculine Française (French menswear federation) at Paris's men's fair SEHM this weekend. This is the first show the globe-trotting Promas has held in France and it will inaugurate SEHM's

new fashion show space. Two Paris menswear showrooms will debut this week as well. Carole de Bona, whose Espace, around the corner from Place des Victoires, is a hunting ground for new talent during Paris's women's collections week, will feature seven young men's collections, including Udo Edling and Beaudoin-Masson, both also holding shows there.

Nearby, at the Bourse de Commerce, Tranoï, another established women's showroom, opens its doors with a dozen men's collections, including the hip shoemaker Rodolphe Ménudier and France's Moritz Rogosky.

Christophe Lemaire, who has a successful women's collection, has been showing a limited edition men's line for the past three years and will hold his first men's show this season. Inspired by the cool, minimalist style of jazz musicians in the '60s — Serge Gainsbourg, Jacques Dutronc and beatniks — Lemaire describes his look as "sharp dressing with liberty and definitely not dandy."

On a similar wavelength is fellow French women's designer Jérôme l'Huillier whose men's collection has

grown out of his method of designing clothes in terms of couples. L'Huillier has a Frenchman's fascination for American heroes like the filmmaker Nick Cassavettes and the Kennedy brothers. But he leaves the American '60s far behind in his liberal use of color.

Men's designers here, like their women counterparts, are increasingly depending on Asian orders to bolster their fragile businesses. Lévy sells to a score of Japanese stores and recently signed with a top importer there. "The Japanese are the world's most avid fashion consumers," he says. "They don't just buy labels, they're interested in new style."

ALTHOUGH he works at home in Antwerp, the Belgian designer Raf Simons is another Paris enthusiast who has been coming here for the past several seasons to promote his collection with video presentations at galeries. "I like to combine art and business," says Simons, who will hold his first show with a full crew of models which he is busing in from Antwerp this season.

His provocative look is full of vintage menswear details, references to English schoolboys and most recently '80s punks. Simons shirts are in Swiss cotton, but he never makes a suit that matches and he favors old gray "clochard"-style wools for coats. His hand-assembled, machine-knit sweaters look like a hybrid of rich and poor.

"Raf has a very special energy because he's still hungry and not pretentious," comments Nina Garduno, vice president of menswear at Ron Herman Fred Segal, the Los Angeles specialty store that mixes European designers and casual style. Although the collection is only in its third season, Garduno has had it in the store for the past two.

Another marginal mover and shaker is Moritz Rogosky who for his fourth collection has played with the kind of flashy eveningwear favored by magicians and the heroes of French police novels like Arsène Lupin. "I was intrigued by the combination of black and purple," he explains. A few days before the show that he will stage in a 1930s restaurant, Rogosky was still searching for white patent leather shoes. Perhaps

the best overview of French menswear now is at Panoplie, a small store close to Place des Victoires. Jean-Louis Beaumont sells a great deal of Helmut Lang and Dirk Bikkembergs at Panoplie which he mixes with José Lévy, Udo Edling, Christophe Lemaire, Jérôme l'Huillier and other French collections.

"I'm very *cocorico* (French slang for patriotic)," says Beaumont. The store has a theme for each season and this spring it's the stiff, quietly eccentric style of the men in the film director Jacques Tati's surrealist comedies from the 1960s.

Beaumont offers no precise definition of French menswear although he says there is a common denominator in the French collections. "Perhaps it's a good thing that French men's style isn't easy to pin down," he ventures. "I don't walk around Paris wearing a beret and a baguette under my arm," says Beaumont, "but there is something very everyday elegant, but very much a part of the street that is typically French."

REBECCA VOIGHT is a journalist based in Paris who specializes in fashion.

International Herald Tribune, **January 25–26, 1997**

BEYOND THE BERET AND BAGUETTE: DESIGNERS DISPLAY CONTRASTING STYLES

Although he works at home in Antwerp, the Belgian designer Raf Simons is another Paris enthusiast who has been coming here for the past several seasons to promote his collection with video presentations at galeries: 'I like to combine art and business,' says Simons [...]. His provocative look is full of vintage menswear details, references to English schoolboys and most recently '80s punks. [...]

'Raf has a very special energy because he's still hungry and not pretentious,' comments Nina Garduno, vice president of menswear at Ron Herman Fred Segal, the Los Angeles specialty store that mixes European designers and casual style.

J

1996

– Ann Demeulemeester designs 'Table Blanche' for Bulo.
– Jurgi Persoons: first women's collection – summer 1997.

– Stephan Schneider opens a store in Antwerp.
– Wim Neels: first men's collection – summer 1997.
– Ann Demeulemeester awarded the Flemish Culture Prize for Design.

– Ann Demeulemeester's first men's collection – summer 1997.
– Christophe Broich: first collection – summer 1997.
– Anna Heylen: first collection – summer 1997.

Mode nieuws

Elle (Dutch edition),
September 1998

THE NEW BELGIANS

Olivier Theyskens zelf

Madonna draagt Theyskens

Olivier Theyskens

Theyskens

Theyskens

De nieuwe Belgen

België is aan een tweede wereldwijd mode-offensief begonnen. Waren het in 1981 de Vijf van Antwerpen (Martin Margiela, Dries van Noten, Ann Demeulemeester, Walter van Beirendonck en Dirk Bikkembergs) die internationaal doorbraken, nu zijn twee nieuwe Belgische ontwerpers, Veronique Branquinho en Olivier Theyskens, het nieuws van de dag.

Evenals de Vijf studeerde Veronique Branquinho aan de beroemde Academie van Beeldende Kunsten in Antwerpen. Ze studeerde in 1995 af en ontwierp vervolgens voor verschillende commerciële merken, wat haar 'zo ongelukkig' maakte. Met het tonen van haar eerste collectie afgelopen maart heeft de 25-jarige haar geluk hervonden. De collectie van Branquinho is geïnspireerd op de meisjes uit de tv-serie Twin Peaks: ze dragen onschuldige plooirokjes naar school, maar hebben ook een minder brave, duistere kant. De plooirok kwam in elke lengte en vorm in de collectie terug - platte plooien, stolpplooien en accordeonplooien - en werd gecombineerd met tunieken van konijnenbont (onschuldig volgens Branquinho), coltruien, soepelvallende broeken en jassen tot op de grond. Veel internationale modebladen besteedden aandacht aan de collectie en noemden Veronique 'already a fashion veteran'.

De 21-jarige Olivier Theyskens gaf vlak voor zijn eindexamen de brui aan zijn opleiding aan de Brusselse academie La Chambre. Zijn successtory begint met de Oscaruitreiking afgelopen voorjaar, waar Madonna verscheen in een jurk van Theyskens. Sindsdien zijn alle ogen op de jonge Belg gericht, nog voordat hij een kledingstuk heeft verkocht. Zijn stijl beschrijft hij als een mix en match van ready-to-wear en haute couture. 'Dat ik een jonge ontwerper ben wil niet zeggen dat een kledingstuk niet perfect gemaakt hoeft te zijn. De details, zoals een mooie voering of een perfect ingezette rits, geven een kledingstuk persoonlijkheid.' Wat vond hij van Madonna? 'Ik was ontzettend vereerd, maar ik hoop dat de hype verder gaat dan alleen media-aandacht.' Misschien moet Theyskens besluiten zijn kleding te gaan verkopen. Want wat kun je meer verwachten als je kleding alleen beschikbaar is voor de pers?

Branquinho

Veronique Branquinho zelf

Bont mag van Branquinho

Branquinho's Twin Peaks-look

VIKTOR & ROLF
le parfum

135

– Dirk Schönberger begins his men's collection.
– Viktor & Rolf: Le Parfum.
– First Florence Biennial: 'Moda/New Persona/New Universe'.

– *Wallpaper* magazine first published.
– Alexander McQueen becomes Creative Director at Givenchy.
– Stella McCartney designs for Chloé.

– Carol Christian Poell: first collection – winter 1996–1997.
– Hubert de Givenchy retires.

Jurgi Persoons, autumn–winter 1997–1998

Structuring Creativity: Antwerp's Cradle of Design

By Suzy Menkes
International Herald Tribune

ANTWERP, Belgium — It was like a film noir in a medieval dungeon: ghostly white figures with pictures projected on their bodies.

But behind this dramatic scenario was a rack of intricately cut, well-made clothes in black and gray — with just a splatter of blood red as a skirt unfurled.

Belgian fashion is a particular mix of gothic fantasy and down-to-earth reality. And the installation by the graduating student Marjolijn Van den Heuvel summed up its spirit.

She was one of seven final-year designers from the Royal Academy of Fine Arts in Antwerp, which staged its annual show last weekend — and proved the importance of the college as a seedbed of fresh talent.

Far from being a fashion outpost, Belgium has been center stage ever since a group of designers known as the Antwerp Six came to prominence in the 1980s. They included Ann Demeulemeester, Martin Margiela and Dries Van Noten, who have all defined 1990s style. Their work is often dark and deconstructivist, but it uses natural, even rugged, fabrics and is based on the noble tailoring tradition and rich culture of Flanders.

With that comes a quirky, troll-like spirit that you find in the Brueghel paintings on exhibit in the city. In fact, the imaginative shoes created by the students — squashy leather boots with open toes and shoes with heels straight as sticks — might have walked right out of the crowded 16th-century canvases.

"It's about using something natural and turning it into something mysterious and dark," said Van den Heuvel, showing footwear she described as a "mix of Egon Schiele and cowboy boot" and oversize pants wrapped to the body to create "broken lines."

But don't imagine that the students study Antwerp's peasant art and pointed architecture to produce Identikit collections. Their strength is in diversity — and that is the achievement of Linda

themselves," said Loppa. "If they find their own identity — then we did a good job."

Her words are echoed by Walter Van Beirendonck, who is the designer behind the funky and upbeat W&LT label. He studied at the academy and has taught there for 11 years.

"I try to use my imagination and fantasy to get into their world and work with them from inside to out — and the best ones have their own style after four years of working so intensely," said Van Beirendonck.

For Bernhard Willhelm, a student who graduated with distinction, that individuality meant capturing the spirit of his native Bavaria in an installation of fir trees and in knitwear patterned like paw prints on snow. Modern takes on Little Red Riding Hood were the checked Tirolean tablecloths made into tulip-shaped skirts and dirndls reworked in asymmetric tiers. The knitwear — inspired by the newspaper story of a little old lady knitting an entire wardrobe — was exceptional in its graphic modernity.

Tim Coppens's simple sportswear with computer-manipulated prints on a lizard theme was also graphic and made a dramatic show, as prints and colors slithered together and snake-patterned beads made dangling headgear.

The current graduates are children formed by the 1980s. Kris Van Assche set up a boxing installation and focused on two iconic figures of that era: Margaret Thatcher and Madonna. His clothes — showed by models with glittering boxing gloves — expressed a confrontation between masculine and feminine as crisp tailoring fabrics were draped or used asymmetrically.

Loppa says that she would describe Belgian style as being about "good fabrics and nice finish — quite flat and linear, not so much about drapes."

But it is the quality of that tailoring that distinguishes Belgian students from their international counterparts and is the basis on which recent graduates like Veronique Branquinho have managed to set up business. Both she and her partner, Raf Simons, are based in Antwerp, show

paid tribute to Loppa, describing her as a "strong woman" and saying that she runs a very individual academy, where "they want you to go deep inside yourself — and they follow and help."

Both she and Simons are also grateful to the pioneering work done by the Antwerp Six in building good relations with local banks and manufacturers. Significantly, Belgian fashion graduates, unlike the British, are not obliged to look abroad if they want to set up their own labels.

For Olivier Theyskens, another rising young Belgian designer who dropped out of the La Cambre design school in Brussels, the Antwerp college is unique. Although Madonna wore a Theyskens dress to the Academy Awards, he has not yet organized his manufacturing.

After watching the Antwerp show, staged in the soaring, vaulted ancient stock exchange, he said: "If I'd been to this school where every student reaches their personal goal — maybe I would have stayed."

So what is so special about the Antwerp experience? The word the graduates use to describe it is "discipline."

"I think maybe it is realism and discipline — being taught that self discipline is the only way to survive," said Van Assche.

THAT chimes with the impression formed by Hirofumi Kurino, from Tokyo's United Arrows retail group.

"For me, Belgian style is a kind of realism," he said. "There are many strong ideas, but most of the clothes on the runway are wearable — and that is a strong part of the vision. The way they are teaching and guiding is excellent, respecting freedom and individuality, but with each student really thinking about the market."

While Antwerp is on the crest of a design wave, Loppa is working on a new initiative: to create a Flanders Fashion Institute, a 5,000-square-meter building on four floors, restored by city funding and projected to open in 2000.

For this venture, there is a motto: "It is not sufficient to cherish creativity — it has to be structured." That sums up what is happening in Antwerp — and the lesson it can give to the wider fashion world.

In Antwerp, clockwise from top left: Coppens's graphic knit; Van den Heuvel and her gothic installation; Van Assche holding skirt, and his dress with boxing gloves; Willhelm's footprints-in-the-snow pattern, and the designer with linear sweater; established graduates: Branquinho and Van Beirendonck.

Andrew Thomas

137

International Herald Tribune, June 23, 1998

STRUCTURING CREATIVITY: ANTWERP'S CRADLE OF DESIGN

Belgian fashion is a particular mix of gothic fantasy and down-to-earth reality.

For Bernhard Willhelm, a student who graduated with distinction, that individuality meant capturing the spirit of his native Bavaria in an installation of fir trees and in knitwear patterned like paw prints on snow. Modern takes on Little Red Riding Hood were the checked Tirolean tablecloths made into tulip-shaped skirts and dirndls reworked in asymmetric tiers. The knitwear – inspired by the newspaper story of a little old lady knitting an entire wardrobe – was exceptional in its graphic modernity.

While Antwerp is on the crest of a design wave, [Linda] Loppa is working on a new initiative: to create Flanders Fashion Institute [*sic*. ModeNatie], a 5,000-square-meter building on four floors, restored by city funding and projected to open in 2000.

For this venture, there is a motto: 'It is not sufficient to cherish creativity – it has to be structured.' That sums up what is happening in Antwerp – and the lesson it can give to the wider fashion world.

STYLE

La nouvelle vogue

Raf Simons
Un tailleur juvénile.

Trente ans, vit et travaille à Anvers. Après des études de design industriel à Genk, il effectue un stage chez Walter Van Beirendonck. Il attrape le virus de la mode, et, quelques années plus tard, projette d'entrer à l'Académie d'Anvers. La directrice, Linda Loppa, l'en dispense mais le soutient pour sa première collection qu'il présente en 1995 dans un showroom milanais. Puis il

montre sa mode à Paris dans une galerie, avant d'exploser, en janvier 1997, avec son premier défilé.

Olivier Theyskens
Un surréaliste théâtral.

Vingt et un an, vit et travaille à Bruxelles. Après deux ans à l'école de La Cambre, Olivier Theyskens est assistant sur des défilés et des stylismes photo. Il montre une minicollection au Barclays Catwalk à Knokke-le-Zoute (sponsorisé par la marque de cigarettes). En mars dernier, dans l'ancien hôtel particulier des Noailles à Paris, il défilait pour la première fois. Une présentation gothique et surréaliste. Une mode de fantasme non commercialisé. Madonna portait du Olivier Theyskens, en avant-première, aux Oscars.

Véronique Branquinho
Une romantique austère.

Vingt-quatre ans, vit et travaille à Anvers. Ancienne élève de l'Académie royale des beaux-arts dont elle sort en 1995, Véronique Branquinho réalise des collections commerciales et vend des chaussures le week-end. Elle rencontre un fabricant, aujourd'hui son associé, qui lui finance sa première collection, printemps-été 98, au romantisme austère.

A.F. Vandevorst
Un couple volontariste mais inspiré par Joseph Beuys.

« A.F. » pour Filip Arickx, 28 ans, et « Vandevorst », le nom de famille d'Ann Vandevorst, 29 ans. La griffe d'un couple de stylistes qui se rencontrent le premier jour de leur scolarité à l'Académie d'Anvers en 1987. Anvers où ils vivent et travaillent. Elle, ancienne première assistante de Dries Van Noten, lui, après un passage chez Dirk Bikkembergs, sera styliste pour des griffes commerciales et la télévision. Forts de leurs expériences complémentaires, ils présentaient en mars dernier une collection puissante et poétique inspirée par Joseph Beuys.

kitsch de la modernité, des idées fouillées dans les brocantes, Bruxelles reste esthétiquement scotchée à son heure de gloire: l'Exposition universelle de 1958 et son Atomium. C'est une nostalgie des années 50, des colonies… quand Bruxelles était riche!»

P.P. et C.S-A.-P.

Olivier Theyskens. Maquillage blafard pour robe costume à rayures.

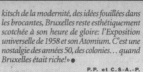

Libération, June 28, 1998

THE NEW VOGUE

- Larry Clark: *Kids*.
- Danny Boyle: *Trainspotting*.
- The 'White March' in Brussels, in response to the Marc Dutroux case.
- American rapper Tupac Shakur shot.

1997
- Martin Margiela exhibits at the Boijmans Van Beuningen Museum in Rotterdam.
- Raf Simons: first defilé in Paris, winter 1997–1998, and 'Black Palms' summer 1998 collection.

- W.&L.T. dress U2 for their 'Popmart' tour.
- W.&L.T: 'A Fetish for Beauty' – summer 1998.
- Joint presentation of Comme des Garçons & Martin Margiela in Paris.

138

140

Elle, September 7, 1998

LOWLANDS TREND: A FRESH NORTHERN AIR ON FASHION

Who would have thought? […] The international fashion elite has its eye on one spot only: a small country in the north of Europe. A country that is not keen on glamour and glitter: the Belgium of cobbled streets and pralines. […] A region with low grey skies, which at first glance has no ties with the sophisticated universe of fashion.

In the mid 1980s a first wave of designers caught the attention: the ones known as the Antwerp Six […] And this year, more than ten years later, a second wave takes the catwalk by storm: An and Filip Vandevorst, Veronique Branquinho, Raf Simons, Jurgi Persoons. New kids on the block who promise to be as talented as their predecessors.

– Martin Margiela designs for Hermès.
– Josephus Thimister designs his own collection.
– Kaat Tilley: first Paris show – summer 1998.

– Veronique Branquinho presents her first women's collection in Paris – summer 1998.
– Dries Van Noten opens stores in Hong Kong and Tokyo.
– Flanders Fashion Institute (FFI) awarded the title 'Cultural Ambassador of Flanders'.

– Christophe Broich's first women's collection – summer 1998.
– Olivier Theyskens shows his first collection in Paris.

LES ENFANTS DE REI KAWAKUBO ET DE MARTIN MARGIELA

LA GENERATION "CONCEPTUELLE" CULTIVE UNE MORALE DE LA DUREE

SURGIE la saison dernière à Paris, une nouvelle vague de stylistes d'Europe du Nord a redistribué les cartes de la mode. Immédiatement adoptés par la presse et les acheteurs, les Anversois Véronique Branquinho et AF Vandevorst, les Allemandes Desiree Heiss et Ines Kaag, du collectif *Bless*, font aujourd'hui figure de nouvelle avant-garde. Exigeante, mûre et modeste. A la fois pertinente dans ses concepts et méthodique dans sa production. Même si la divergence des styles interdit de parler franchement d'école – un amalgame qu'ils rejettent en bloc –, les nouveaux venus partagent quelques idées sur la

L'ANVERSOISE VÉRONIQUE BRANQUINHO ET DEUX DE SES CRÉATIONS. Surgie la saison dernière, la nouvelle vague de créateurs venue du Nord est en train de redistribuer les cartes de la mode.

mode. Celle, par exemple, de rendre un hommage plus ou moins explicite aux précurseurs, comme Rei Kawakubo, la styliste de *Comme des Garçons*, et surtout à Martin Margiela, un ex de ces fameux *Six d'Anvers* du milieu des années 80.

Comme par hasard, ce dernier se trouve aujourd'hui propulsé au top de sa cote. Numéro un des ventes de l'hiver 1998-99 chez *Onward*, la boutique pointue du boulevard Saint-Germain à Paris, il figure aussi dans le peloton de tête du palmarès affectif des pros de la mode. Derrière lui, la critique éparpille aussi ses espoirs entre l'Anglais Hussein Chalayan, les Belges Dirk van Saene, Ann Demeulemeester ou Jurgi Persoons, les Japonais Junya Watanabe, le duo de couturiers hollandais Viktor et Rolf... Tous adeptes d'une mode exigeante, radicale, d'un abord volontiers épinglé comme «obscur» ou «indigent» par les réfractaires.

Ironique, un grand quotidien britannique a même fait campagne, il y a peu, sur le thème «Aimez-vous la mode "mal fagotée" (frumpy fashion) ?», manière de stigmatiser les silhouettes longues et austères, les tonalités sombres, les formes dépouillées, anti-glamour, immédiatement assimilées à ce courant dit «intellectuel». Pendant ce temps, le musée Boijmans Van Veuningen de Rotterdam n'hésitait pas à enrichir son fonds d'une cinquantaine de pièces signées Margiela, Vandevorst ou Mici de Mérode. «Il y a plus d'idées, en ce moment, dans la mode que dans la céramique, l'acier ou le mobilier», affirme le conservateur Thimo Te Duits.

«Sans l'expliquer vraiment, nous trouvons très flatteur ce nouveau regard posé sur notre travail», s'émeut Patrick Scallon, le directeur de la communication de la *Maison Martin Margiela*. D'autant que nous avons l'impression d'être restés fidèles à nos premiers objectifs, si difficiles à communiquer au début. Il faut croire que c'est devenu un esprit partagé en cette fin de siècle.» Son sentiment rejoint l'analyse de Li Edelkort, chasseuse d'air du temps avec son bureau *Trend Union*. Dans son préambule aux tendances de l'hiver 2000, elle constate que l'homme, désormais, «se décide à vivre une vie intérieure à partir de lui-même, avec l'âme et l'intuition pour piliers de son existence (...). Il s'intéresse moins à paraître qu'à l'être. Il a donc besoin d'autres styles et d'autres vêtements. L'habit devient plus abstrait».

NON AU RITUEL DU SALUT

La nouvelle vague semble relever le défi, dix ans après la première génération anversoise. Pas tout à fait trentenaires, formés dans des départements mode d'écoles des beaux-arts – l'Académie royale d'Anvers, mais aussi les universités d'arts appliqués de Vienne, d'art et design d'Hanovre... –, ces créateurs s'appliquent à régénérer les notions de mode et de vêtement. Notamment au contact de l'art contemporain – un langage et une culture qu'ils maîtrisent sur le bout des doigts –, du graphisme, du design et du merchandising, des techniques de communication et de la publicité. Recadrer le vêtement dans ce réseau de signes les amène à inventer l'après-minimalisme. «On ne peut pas parler de mode conceptuelle, estime Lydia Kamitsis, conservatrice au musée de la Mode et du Textile, d'une part, parce que chaque mouvement de mode joue sur les concepts, même si c'est parfois d'une façon plus concrète, et, d'autre part, parce qu'il y a aussi du vêtement ! Une certitude, en revanche : il s'agit d'une rupture de la perception de ce qu'est un vêtement, d'un moment extrêmement stimulant, unique dans l'histoire de la mode.»

Premier point commun, la lucidité et l'humilité sont érigés en code d'honneur. Non contents de refuser le rituel du salut en fin de défilé ou la surmédiatisation, ces créateurs new-look définissent strictement leur rôle, refusant sans coquetterie le statut d'artiste. «La mode n'a pas à s'installer sur un piédestal ni dans un musée, assène Véronique Branquinho. Elle est faite pour la rue, pour des gens qui ont leur propre vie et leurs propres idées.» «Notre but est pratique, rappellent en écho AF Vandevorst : se sentir bien et se protéger.» Deuxième étape, le manifeste. «Il est important pour nous que le vêtement ait un sens et une valeur. Le vêtement basique et simple, selon nous, est maintenant dénué de sens. Il faut un mariage entre une idée forte et la fonction», ajoutent AF Vandevorst.

Journal du Textile, October 12, 1998

THE 'CONCEPTUAL' GENERATION CULTIVATES AN ENDURING MENTALITY
Rei Kawakubo and Martin Margiela's offspring.

– Jean Paul Gaultier shows Couture line.
– American designer Jeremy Scott is the new hype.
– John Galliano becomes Creative Director at Dior.

– Nicolas Ghesquière designs his first collection for Balenciaga.
– Hedi Slimane is Creative Director at Yves Saint Laurent Homme.
– Marc Jacobs becomes Creative Director at Louis Vuitton.

– Colette multi brand store opens in Paris.
– Prada Sport launched.
– Gianni Versace shot.
– Princess Diana dies.

141

MODÈLES SIGNÉS ANN DEMEULEMEESTER. Dans le sillage de cette pionnière de la mode «conceptuelle», de jeunes adeptes veulent développer une création exigeante, radicale.

D'accord sur le principe, chacun barbouille ensuite la toile à sa manière. «On vit dans un monde saturé, justifie Véronique Branquinho. Mon envie, c'est de revenir aux racines, de créer des vêtements atemporels, qui, dans quatre ans, pourront toujours être portés.» Le succès de son premier défilé parisien, au Gibus, en mars dernier, s'enracine dans l'envie de retour aux matières naturelles qu'elle a su illustrer avec justesse, utilisant des fourrures de lapin – «un matériau de toujours» –, coupées en pulls non doublés, traitées comme des peaux brutes, ou ces fameux plissés qui ont rallié tous les suffrages, «ni chic ni fillette», structurés dans du cuir.

RENOUER AVEC L'HUMAIN

«Pour la première fois, commente encore Lydia Kamitsis, on sent une volonté de partager avec le public les interrogations sur le vêtement lui-même. Ces créateurs ne se posent pas en inventeurs, mais en gens qui doutent, qui explorent. Leurs vêtements exhibent leurs processus de fabrication et de réflexion au lieu de les gommer dans un produit final.» La poésie qui s'en dégage déborde l'aspect extérieur. «C'est froissé, ça porte les marques du temps, ça a des taches, ce n'est pas fini, mais il ne s'agit pas de facilités érigées en mode. Ni d'un retour au grunge qui critiquait la mode léchée. Il s'agit d'interroger la valeur d'un objet qui porte la marque du temps, d'une vie», esquisse Lydia Kamitsis, englobant dans la tendance Elsa Esturgie, Marc Le Bihan ou Daniel Jasiak.

Renouer avec l'humain, l'authentique, le sensible... L'idée fixe de ces stylistes revient à restituer à la femme qui porte le vêtement un rôle pivot. C'est elle, le créateur, qui, par son énergie, sa personnalité, l'histoire de ses déplacements ou de ses rencontres, confère sa valeur finale au vêtement. Là aussi, un changement de mentalité s'impose. «Le public aujourd'hui est plus éduqué par rapport à ce qu'il veut porter, constate Patrick Scallon (Maison Martin Margiela). Il refuse le total look, il a compris que le créateur ne fait que proposer.» L'honnêteté vis-à-vis du consommateur final dé-

Suite page 50 ■■■

■ ■ ■ *La génération "conceptuelle"*

vient une règle de style. «*Il ne faut pas que le vêtement soit plus fort que la femme qui le porte, mais qu'il adhère à sa personnalité*», se soucie Véronique Branquinho. Malgré l'utilisation de feutres non cousus mais rivetés, d'accessoires de défilés inquiétants et contraignants, comme des harnachements, les Vandevorst s'attachent à n'employer que des matériaux confortables, 100% naturels, doux et agréables à porter. *Bless*, qui insiste sur l'idée d'interactivité de ses produits, livre chaque kit (tee-shirts jetables, sacs modulables, perruques en fourrure, guêtres en jean ou cuir...) avec mode d'emploi ainsi que consignes d'émancipation : «*Fits every style ! Wear and don't care !*»

Au final, ces démarches jugées il y a peu abstruses et gratuites, ces produits décrétés importables sont aujourd'hui validés par une demande en forte progression. Malins, les industriels ont été prompts à réagir. *Bless* va commercialiser une nouvelle série de chaussures (son «*produit n°06*») avec l'appui de *New Balance* et *Charles Jourdan*. Véronique Branquinho a été réquisitionnée par le fabricant de cuir italien de luxe *Ruffo*, qui lui a confié sa collection femme de l'été 1999, sous les feux de la rampe à Milan la semaine dernière.

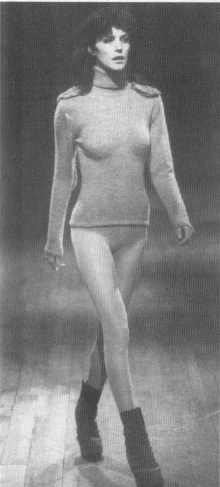

LE TANDEM AF VANDEVORST ET DEUX DE SES CRÉATIONS. «Il est important pour nous que le vêtement ait un sens, une valeur. Pour ce faire, il faut un mariage entre une idée forte et la fonction».

Sur le terrain, les clientes de la première heure – fidèles, selon les vendeuses boutiques, femmes d'art, de lettres mode, ont été rejointes par de nouvelles adeptes a priori moins familières de la modernité. Tous les observateurs le soignent : si cette mode difficile d'accès se à caracoler en tête des ventes, c'est surtout grâce à un long travail de fond. «*Mar[tin] est un vrai perfectionniste*», s'enthousiasme Fatiha Habchi, acheteuse, responsable créateurs au Printemps, qui a dédié premier et unique corner en grand magasin dès 1992 : «*Son professionnalisme – ça son livre très tôt dans la saison des produits techniquement irréprochables – a permis sans conteste de crédibiliser peu à peu ces formes inhabituelles, déroutantes.*» «*Les collections se sont perfectionnées, avec des milles de produits mieux étoffés, comme pantalons ou la maille, qui se vend spectaculairement bien*», témoigne encore Fatiha Habchi. «*Il n'a de limites ni en âge ni en nature, contrairement à d'autres créateurs qui passent mal au-delà du 38*», apprécie Christine Weiss (Onward).

LE CRÉATIF SE VEND

Intransigeants sur la «valeur morale» de leurs vêtements, les jeunes stylistes suivent l'exemple. Eux aussi regardent la qualité comme la preuve matérielle de leur engagement. Sans hésitation, les acheteurs cautionnent leurs productions locales, étayées par un réseau de fournisseurs soigneusement garanties par un méticuleux contrôle maison. Avec une seule collection à son actif, Vandevorst fait face à des commandes importantes de pièces difficiles, comme un pantalon masculin en drap de laine, à la facture retroussée sur des finitions sans reproches. Proposé à 2.000 F en boutique, «*Nous bénéficions de l'expérience d'une première génération, qui a démontré qu'on pouvait vendre du créatif*», reconnaissent volontiers les deux compères. Résultat : leur réseau de distribution inclut les grands bastions de la mode créative : *L'Éclaireur* (Paris et Tokyo) à *Bro[wns]* (Londres), *Fred Segal* (Los Angeles), *Charivari* (New York).

Véronique Branquinho, elle, s'apprête à lancer sur le podium sa troisième collection autofinancée, un ensemble de 350 pièces après les 150 (d'après 60 modèles) de l'hiver dernier. Elle comptabilise une soixantaine de points de vente et ne regrette pas d'avoir repoussé les avances des grands magasins, jugées prématurées dans sa stratégie d'implantation. «*Tout va si vite ! Je préfère prendre le temps de me faire connaître du public par le biais des boutiques*», tranche-t-elle sans hésiter.

CAROLE SAB[AS]

POUR S'EXPLIQUER LE CRÉATEUR EMPLOIE LE FAX

Martin Margiela garde ses distances

Il n'accepte aucune interview, refuse de se laisser photographier, ne vient jamais saluer à la fin de ses présentations et beaucoup ne l'ont jamais vu : Martin Margiela est un créateur singulier. Et, de l'avis de ceux qui le suivent depuis longtemps, l'un des plus doués du moment. La consécration médiatique, qu'il a toujours fuie, vient de lui être donnée pourtant par le succès de sa première collection pour Hermès. Mais sa place de 4e (contre 16e, il y a six mois) dans la Cote des Créateurs du Journal du Textile est tout autant la reconnaissance du travail expérimental qu'il mène depuis plusieurs années. C'est par fax que s'est passé cet entretien, d'un genre un peu particulier. Et si derrière ces réponses incisives – «à publier intégralement et dans l'ordre» – la présence du créateur apparaît évidente, il n'est pas question qu'il se dissocie de l'équipe : «Nous tenons à vous avertir que nos réponses sont au nom de la Maison Margiela et non pas de M. Martin Margiela en tant que personne.» On ne saurait être plus virtuel.

1. Quelle est votre définition du vêtement aujourd'hui ?
– Qu'il reste toujours la dernière couche.

2. A-t-elle beaucoup changé depuis vos premières collections ? En quoi ?
– Probablement par rapport au raffinement de technique gagné par l'expérience.

3. Quelle différence faites-vous entre votre travail et celui d'un plasticien ?
– La mode est plutôt un métier qu'un art. Les deux domaines partagent une voix à travers une créativité mais, avec leur technicité propre et leurs savoir-faire, matières et approches. Pour concrétiser sa créativité, un plasticien a beaucoup plus de liberté qu'un créateur de mode. (Un créateur de mode est, par exemple, censé se limiter à des vêtements, alors qu'un artiste peut changer de médium selon son inspiration). Les deux proposent leur point de vue avec un savoir-faire technique en espérant provoquer cette partie créative en nous tous.

4. Quelles sont les œuvres d'artistes contemporains qui vous ont aidé à définir vos concepts ?
– Celles résultant d'une démarche authentique.

5. Quels sont les autres stylistes que vous sentez proches de votre univers (toutes générations confondues) ?
– Ceux ayant une démarche authentique (toutes générations confondues).

6. Que pensez-vous de la mode ? De ses cycles (collections, tendances...) ?
– La «mode» n'est pas limitée aux «créateurs de mode» de prêt-à-porter. «An individual reaction to a proposition and cultural change». Il y a un grand décalage entre le rythme des collections de prêt-à-porter et les tendances vestimentaires en société.

7. Quel rapport (imaginaire ou réel) entretenez-vous avec les gens qui portent vos vêtements ?
– Un respect pour les femmes qui sentent le vêtement et qui, à travers leur propre vision et sensibilité, intègrent le vêtement que nous proposons dans leur garde-robe. Ces femmes qui sont plus attirées par un vêtement que par une griffe.

8. Comment gérez-vous la partie «commerciale» de votre activité, notamment la distribution ?
– En équipe et d'une manière très attentive.

9. Quelle est votre conception du marketing ?
– Le conseil du vendeur en boutique à son client : une authenticité de création, un fonctionnement et un confort vestimentaire ; un échange entre la fonction et l'émotion.

10. Comment segmentez-vous vos collections et où fabriquez-vous ?
– Depuis deux saisons, le travail sur la structure de notre collection se met en place. La collection Martin Margiela se compose maintenant de plusieurs parties :
0 est la «Production artisanale» (première saison : printemps-été 1989, 20 pièces en moyenne). La fabrication s'effectue à la main, par un atelier au sein de notre maison à Paris. Pour cette partie de la collection, nous retravaillons de vieux vêtements (tels que des vestes d'homme, des vieux jeans, des chemises, des gants, etc), tissus et objets (des affiches de métro, de la porcelaine, des sacs à provision), en transformant leur fonctionnement et leur aspect. Chaque pièce est unique.
1 est plutôt un laboratoire d'idées, qui porte une étiquette blanche, comme depuis son début (première saison : printemps-été 1989, 150 pièces en moyenne). *10* est une garde-robe d'homme lancée sur la collection printemps-été 1999 (80 pièces). *6*, enfin, est un groupe de vêtements avec une créativité plus adaptée au quotidien, dont la structure et les matières sont étudiées pour réduire le prix en assurant la même qualité de fabrication que pour le *1* (première saison : printemps-été 1998. 90 pièces). La maille *1, 10* et *6* sont fabriqués en Italie.

11. Quel est votre chiffre d'affaires ? Sa tendance ?
– Le chiffre d'affaires de notre marque sera supérieur à 50 millions de F pour 1998. En forte croissance.

12. Combien avez-vous de points de vente et quels sont les pays clients ?
– 177 points de vente ; 25 pays clients.

13. Que représente pour vous le marché du luxe ?
– Du luxe.

14. Pour quelles raisons avez-vous accepté de collaborer avec Hermès ?
– Notre décision de travailler avec Hermès est née de la fascination partagée de la qualité, du savoir-faire et de la technicité traditionnelle dans les vêtements.

15. Quel bilan en tirez-vous jusqu'à présent ?
– Que le plaisir du travail se perpétue.

16. Quelles répercussions sur vos propres collections ?
– Aucune.

PROPOS RECUEILLIS PAR CAROLE SABAS ●

DÉTAIL D'UN MODÈLE DE MARTIN MARGIELA. Une mode qui se veut «respectueuse des femmes».

1+2

1998

– Opening of the Guggenheim Museum in Bilbao, designed by Frank Gehry.
– 'Sensation': controversial exhibition of young British artists in the Saatchi collection.

– Teletubbies.
– Wes Craven: *Scream*.
– Daft Punk: *Homework*.
– Rapper Notorious BIG is shot.

– Walter®: Walter Van Beirendonck and Dirk Van Saene open their store in Antwerp.
– Christophe Broich: first men's collection – winter 1998–1999.

– A.F. Vandevorst shows for the first time in Paris – winter 1998–1999.
– Martin Margiela starts 10, a men's line.

– Make-up artist Inge Grognard publishes a book on her work.
– Veronique Branquinho: first show in Paris – winter 1998–1999.

– Veronique Branquinho wins the VHS Fashion Award, presented at Madison Square Garden in New York.

STYLE

La fibre belge pour le vêtement radical

L'ANVERS de la mode

D ans les magazines de mode, l'actualité est nettement plus heureuse qu'à la une des médias belges, où pédophilie, inceste, scandales financiers et politiques déclinent, de jour en jour, le malaise et les tensions d'un pays divisé entre ses communautés.

Au bas des photos de mode, ce sont de bonnes nouvelles qui se glissent, aux noms aussi nouveaux qu'imprononçables, et correspondant à la flopée de stylistes belges qui présentèrent leur première collection en mars dernier à Paris. Cette nouvelle vague volontaire et efficace apparaît douze ans exactement après la première génération de créateurs belges, Marina Yee, Ann Demeulemeester, Dirk Bikkembergs, Dirk Van Saene, Walter Van Beirendonck et Dries Van Noten, les fameux «six» d'Anvers, vite rejoints par deux compatriotes au parcours un peu plus parisien: Martin Margiela et Véronique Leroy. Ces pionniers nous ont familiarisés avec un style qu'on pourrait qualifier de rustique urbain: celui des villageois de centre-ville évoluant entre le Marais et Soho. Des vêtements modernes, austères, presque androgynes, de sensibilité tailleur. Une mode qui, tout en s'affinant avec les années, reste éloignée des codes de l'élégance parisienne. L'approche belge n'a que faire de la virtuosité, laissée en héritage par les petites mains de la haute couture. Les noms à consonance flamande bénéficient aujourd'hui d'un réel crédit. Et la marque Let it be devient Chris Janssen. N'y a plus guère que la Belgique pour s'intéresser au

P ar le biais de la section mode de l'Académie d'Anvers, la première génération des créateurs belges s'est forgée presque entièrement dans cette ville. Depuis, Anvers s'est ouvert à la mode. On y organise des week-ends shopping dont raffolent les Japonais. Pourtant, pas question de devenir une capitale de la mode avec ses défilés. «Cela nous dérangerait, nous aimons notre tranquillité», rappelle Linda Loppa, directrice de l'Académie. Nombreux, cependant, sont les acheteurs qui passent par la capitale flamande, avant Milan et Paris, et commencent leur carnet de commandes par la Belgique. En décidant de montrer leur première collection (produite grâce aux aides de l'Institut du textile et de la confection belges (ITCB) à Paris et à Londres, les six d'Anvers – Walter Van Beirendonck, Marina Yee, Dirk Bikkembergs, Dries Van Noten, Dirk Van Saene et Ann Demeulemeester – ont ouvert la voie belge vers l'étranger. C'était en 1986. Ce fut un choc!

ANN DEMEULEMEESTER, qui depuis a fait son chemin, aimerait qu'on oublie un peu qu'elle faisait partie de la bande et trouve ridicule cette façon de fédérer des créateurs sous la bannière d'un pays. Car, en Belgique, l'identité régionale est trop forte pour que l'on parle d'orgueil national, alors on reste modeste. Même si on s'appelle Ann Demeulemeester, dont les tailleurs font aujourd'hui un tabac aux Etats-Unis! Ses collections sont des merveilles de construction: un nombre réduit d'idées fortes déclinées à l'infini. Certaines pièces sont fabriquées en Italie, mais un maximum restent produites en Belgique. Comme elle, la majorité des créateurs belges continuent de travailler à Anvers, qui offre espace et confort: les loyers sont dérisoires, les surfaces habitables gigantesques et la vie plus douce.

MARTIN MARGIELA, originaire de Genk dans le Limbourg, a quitté la Belgique relativement tôt. Son accession, aujourd'hui, à la création du prêt-à-porter féminin d'Hermès arrive à point pour légitimer cette sensibilité belge. Pour la maison Margiela, «il n'y a pas de style belge, mais des individus, des équipes qui proposent leur point de vue et leur vision créative. Et ce n'est pas parce qu'ils sont belges, c'est grâce à leur talent.

partagent une certaine démarche». Travailler sur l'architecture d'un vêtement traditionnel pour remettre en question sa construction, c'est une partition typique de l'expression belge, fortement influencée par le travail de Rei Kawakubo et de Yohji Yamamoto. Le défi de Martin Margiela est d'installer un regard d'artiste dans un fonctionnement industriel. Depuis deux saisons, il planche sur le vêtement à plat, «explorant l'effet de forme et de mouvement quand des vêtements créés en deux dimensions, une fois mis sur le corps humain, se transforment en trois dimensions». Un blouson, un pantalon que l'on suspend par une petite chaînette, comme des patrons dans un atelier. Il s'agit d'un jeu de construction digne de Géo Trouvetout. Un côté radical, mais n'est-ce pas justement sur ce terrain-là que les Belges ont installé leur différence. «La tradition du made in Belgium est là depuis longtemps, le plus souvent basée sur la pratique et la fonctionnalité, et pas seulement sur le glamour», estime-t-on chez Martin Margiela.

VÉRONIQUE LEROY s'amuse quand elle affirme que «Le Belge est drôle sans le savoir, regardez avec quel sérieux et quelle préméditation l'entarteur balance ses tartes.» Refusée deux années de suite à l'Académie d'Anvers, Véronique Leroy, originaire de la province de Liège, choisit le cours Berçot à Paris. Elle recevra pourtant la canette d'or en 1989. Son style flirte avec le populaire. C'est au cinéma, dans un film comme la Promesse des frères Dardenne qu'elle retrouve les mêmes racines que les siennes, à travers des histoires qui traitent du charme de la Wallonie, d'un milieu minier à moitié au chômage. Sa grand-mère apprêtait régulièrement la maison, faisait jouer le cuivre et le faux chêne, abusait des bougies rouges sur les chandeliers or. L'intérieur prenait des allures de demeure moyenâgeuse. Une ambiance que l'on retrouve dans sa dernière collection: de longues jupes de châte-

laine en daim beige rosé et des bustiers dos nu en peau de chèvre.

DRIES VAN NOTEN, de tradition anversoise, avait un grand-père retourneur de vestes et tailleur pour homme, et des parents dans la confection. L'immeuble-boutique de Dries fait face au navire familial Van Noten. «Une nouvelle vague de créateurs s'élance sur la scène internationale. La mode belge n'était pas un feu de paille, se réjouit-il. Notre simplicité, notre minimalisme n'est jamais affecté et ne reflète aucune prétention. Nous sommes pragmatiques et entreprenants et pouvons donc, dans un contexte international, prétendre aux premières places.» Dries Van Noten continue de faire fabriquer ses collections en Belgique. Inspiré par le voyage mais il parle, l'exotisme qui règne dans sa propre ville, il agrémente ses silhouettes simples de brillances, de broderies, de passementerie, de fourrures et de doublures chatoyantes. «Il faut que l'œil se délecte.» Dries est de loin le plus porté en Belgique.

WALTER VAN BEIRENDONCK a, lui, inventé la mode techno. En 1992, il crée la ligne Wild & Lethal Trash, (W & LT), produite aujourd'hui par Mustang: des vêtements sportifs dans des matières Nylon stretch, imprimés graphiques contemporains et couleurs pétarades, loin de l'austérité de la production anversoise. Mais justement Walter Van Beirendonck ne souhaite pas se laisser cataloguer plus longtemps dans la catégorie streetwear, pour la saison printemps-été 98. Il lance Limited Edition, une collection où il se focalise sur la coupe. Pour lui, la jeune génération belge est plus proche des stylistes que des créateurs, car leur travail n'est pas le fruit de la confrontation d'idées multiples. «Cette génération est plus ouverte, plus réaliste, plus calme, elle a des facilités à ne pas exagérer. Nous, à l'époque de Mugler, Gaultier, Comme des Garçons, nous étions des fous de mode.» Walter Van Beirendonck sait de quoi il parle, il enseigne à l'Académie d'Anvers.

DIRK VAN SAENE, même s'il réalise une collection à son nom depuis 1989, crée aussi les collections femme de son ami Walter Van Beirendonck. Car le talent de mener des carrières simultanées est typique d'Anvers. «On m'a d'emblée collé l'étiquette d'avant-garde couture, parce que j'avais, en 1991, réalisé à la main une de mes premières collections. A l'époque on sortait tout juste du destroy.» Après cinq ans d'interruption, Van Saene renoue avec sa griffe, et son style évolue vers une mode plus sportive et plus conceptuelle qu'il présente à Paris.

Depuis, à Anvers, les six ont fait des petits. La relève est là, habile, rouée au fonctionnement des systèmes de mode. Cette nouvelle génération de stylistes touche, dès ses premiers tirs, la scène internationale. **RAF SIMONS** insuffle une

Du rustique urbain des six pionniers à la relève plus intimiste, la cité flamande pétille de créateurs.

DR

culade pour son premier défilé, en janvier 1997. Des silhouettes étriquées coupées dans des étoffes classiques, des matières naturelles. La coupe tailleur revue avec un œil neuf: une allure qui influence déjà la mode masculine. Peu de mannequins professionnels sur ses défilés, mais un casting sauvage d'adolescents qu'il emmène en car à Paris. Le talent de Raf Simons réside justement dans l'art d'accoler l'imagerie de sa propre adolescence à celle du moment. En janvier dernier, des rythmes des synthétiseurs de Kraftwerk au beat de la techno, son show explorait l'évolution d'un style musical et vestimentaire. Collégiens anglais, punks, surfers, à chaque saison, ses références sont identifiables. Après trois ans d'existence, entouré de neuf collaborateurs et amis, il produit déjà 20000 pièces par saison, fabriquées en Belgique. Mais il reste calme: *«Je ne veux pas trop grandir. La mode vous prend tellement, je tiens à conserver le confort de ma vie.»*

VÉRONIQUE BRANQUINHO, qui partage justement sa vie avec Raf Simons depuis trois ans, a obtenu vingt-cinq points de vente dès sa première collection. Elle en totalise soixante après la deuxième. Une accélération qui a de quoi donner le tournis. Mais Véronique Branquinho possède déjà un talent parfaite-

ment mûr: *«Je voulais des tenues en réaction aux vêtements agressifs et violents tout en fentes et asymétries; je n'avais pas envie de me voir là-dedans! Je tenais à montrer quelque chose de romantique, sans le côté godiche. Ma première collection s'inspirait des photos de David Hamilton. Depuis l'école, la femme que j'habille reste la même. Elle paraît fragile mais c'est une femme forte; je pense à Jane Birkin.»* Avec sa deuxième collection, inspirée de Laura Palmer dans *Twin Peaks*, l'innocence se trouble. Un travail sur l'ambiguïté de l'adolescence parfois ressentie comme mor-

bide et qui peut refléter aussi, en filigrane, les malaises de la société belge. Ses jupes plissées, ses petits pulls courts cachés sous de longues capes n'auraient pas vu le jour sans le soutien d'un fabricant belge, Gysemans, devenu son associé.

A. F. VANDEVORST s'est lancé grâce à l'appui d'une banque. *«Au départ, on cherchait un financier italien, mais Dries Van Noten nous a fait comprendre qu'on maîtriserait mieux notre démarrage en nous organisant nous-mêmes. Nous bénéficions de l'aide logistique de Dries: conseils, contacts avec les acheteurs, partage du showroom parisiens pendant les ventes...»,* confie Ann Vandevorst qui fut longtemps son assistante. Avec Filip Arickx, ils signent à deux une première collection inspirée de Joseph Beuys. Du feutre kaki et gris, ici encore des tissus naturels non mélangés, pour repartir à zéro. S'inspirant du vêtement orthopédique, ils inventent des pièces rivetées, sans coutures. Des carapaces de lainage? Non, une recherche formelle car *«la femme que nous habillons n'a rien à protéger».* Sous ces armures, de la lingerie, pas obligatoirement visible, pour *«une féminité vue du simple côté des femmes...»*

JURGI PERSOONS n'entre pas dans le moule de l'austérité de rigueur.
Depuis 1994, il propose une mode «classic-trash.» Sa dernière collection, «Escada Trauma», raconte le cauchemar d'une secrétaire s'assoupissant au travail. Attaquée par des visons s'accrochant à son pull, elle se réveille dans une jupe trompe-l'œil d'où jaillissent ses cuisses gainées de résille. Une vision trouble, plus intimiste, celle d'une génération de créateurs moins radicale que la précédente ●

PAQUITA PAQUIN ET CEDRIC SAINT ANDRE PERRIN

A.F. Vandevorst. *Veste rivetée et articulée.*

Ci-contre, *robe-guêpière et bottine compensée à multidécoupes.*

Dans le droit fil de l'Institut du textile et des écoles de mode

Un plan gouvernemental visionnaire, et des formations originales et pointues.

À l'origine, l'Institut du textile et de la confection belges. En 1983 naquit donc l'ITCB, la pierre angulaire du développement d'un pôle mode, un plan gouvernemental sur dix ans qui prévoyait 10 milliards de francs pour soute-

nir l'industrie textile belge en déclin depuis une cinquantaine d'années. *«Si l'on veut survivre, il faut créer nos propres créateurs»,* avait prédit Helena Ravert, conseillère auprès du ministère de l'Industrie. Ce plan porte encore

tous ses fruits aujourd'hui puisque les créateurs belges existent et réussissent à inventer une mode d'identité belge dont l'influence se distille dans la mode internationale. Les Six ont formé les fabricants du Limbourg,

des Flandres et du Brabant à leurs nouvelles exigences: coupes et finitions différentes, petites quantités... Ils ont ainsi ouvert la voie et débroussaillé pour la génération actuelle, au point qu'aujourd'hui le «made in Belgium»

145

Libération, June 28, 1998

THE FLIPSIDE OF ANTWERP FASHION.
THE BELGIAN SOFT SPOT FOR RADICAL CLOTHES

This conscious and competent new wave occurs exactly twelve years after the first generation of Belgian designers. [...] These pioneers have familiarized us with a style that one could describe as rustic urban [...]. Modern, stern, almost androgenic clothes, made with a tailor's sensibility. A fashion that becomes more refined over the years, but nonetheless stays remote from the codes of Parisian elegance. The Belgian approach shows virtuosity, a legacy of the haute couture's 'petites mains'. All those Flemish sounding names have gained a lot of credit.

– Veronique Branquinho and Raf Simons design collections for the Italian label, Ruffo Research – summer 1999 and winter 1999–2000.

– Walter Van Beirendonck exhibits with Marc Newson at the Boijmans Van Beuningen Museum in Rotterdam.
– A.F. Vandevorst wins the 'Vénus de la Mode' award in Paris.

– Kris Van Assche and Bernhard Willhelm graduate from the Academy.
– Linda Loppa becomes director of MoMu – Fashion Museum Province of Antwerp.

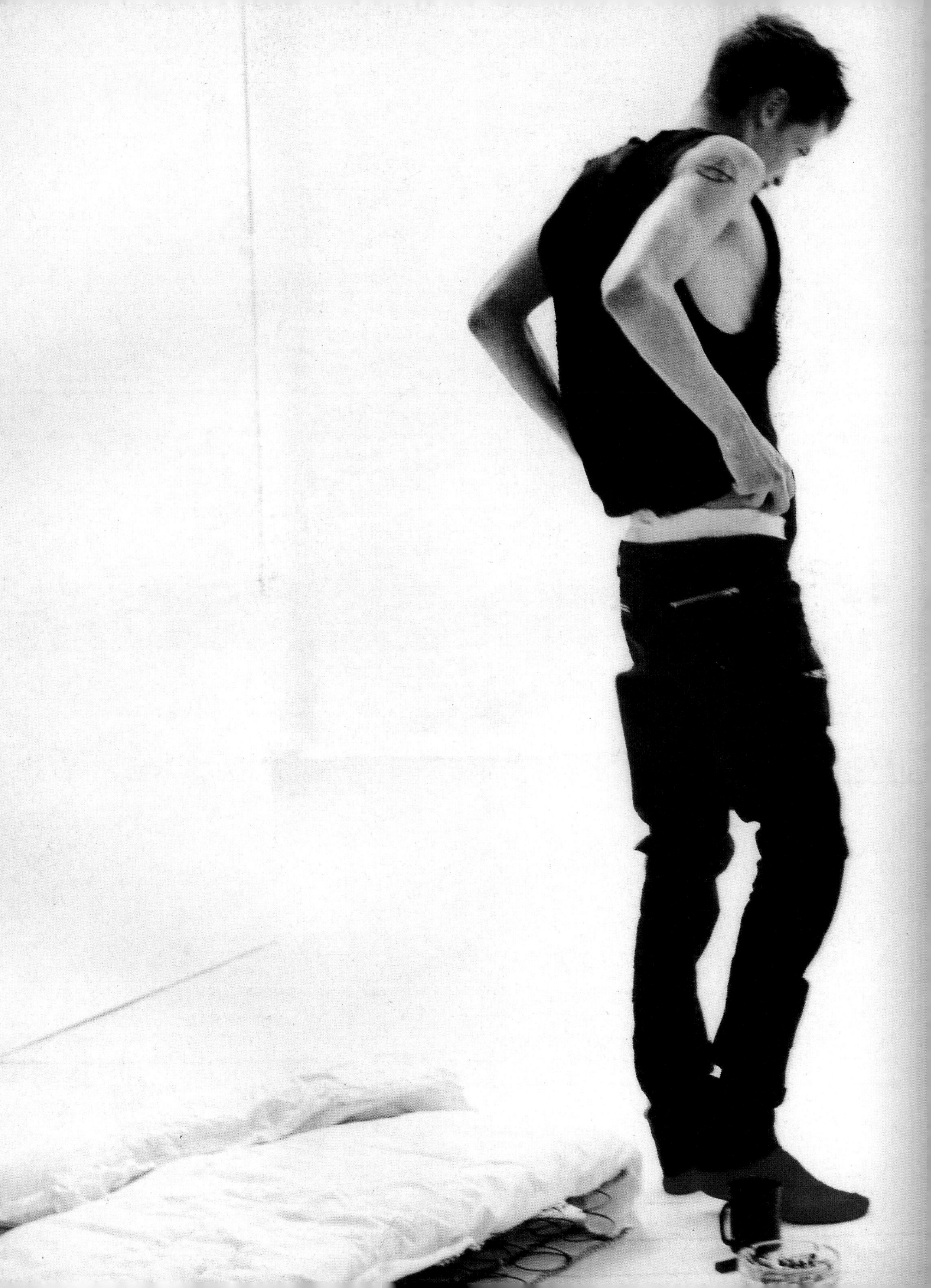

Raf Simons in *i-D*, 1998

BELGIE / BELGIE

FASH

SECOND G

2001 WIRD ANTWERPEN
ZUR FASHION-CITY DES
JAHRES. DAS MARKIERT
EINEN MEILENSTEIN IN
DER MODE-GESCHICHTE

ION

Textilwirtschaft, December 2, 1999

FASHION: SECOND GENERATION

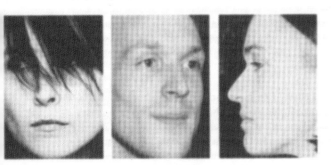

ENERATION

VON BELGIEN. EINE REIHE
JUNGER TALENTE, DIE
„SECOND GENERATION",
SETZT NEUE IMPULSE IM
MODE-MILIEU.

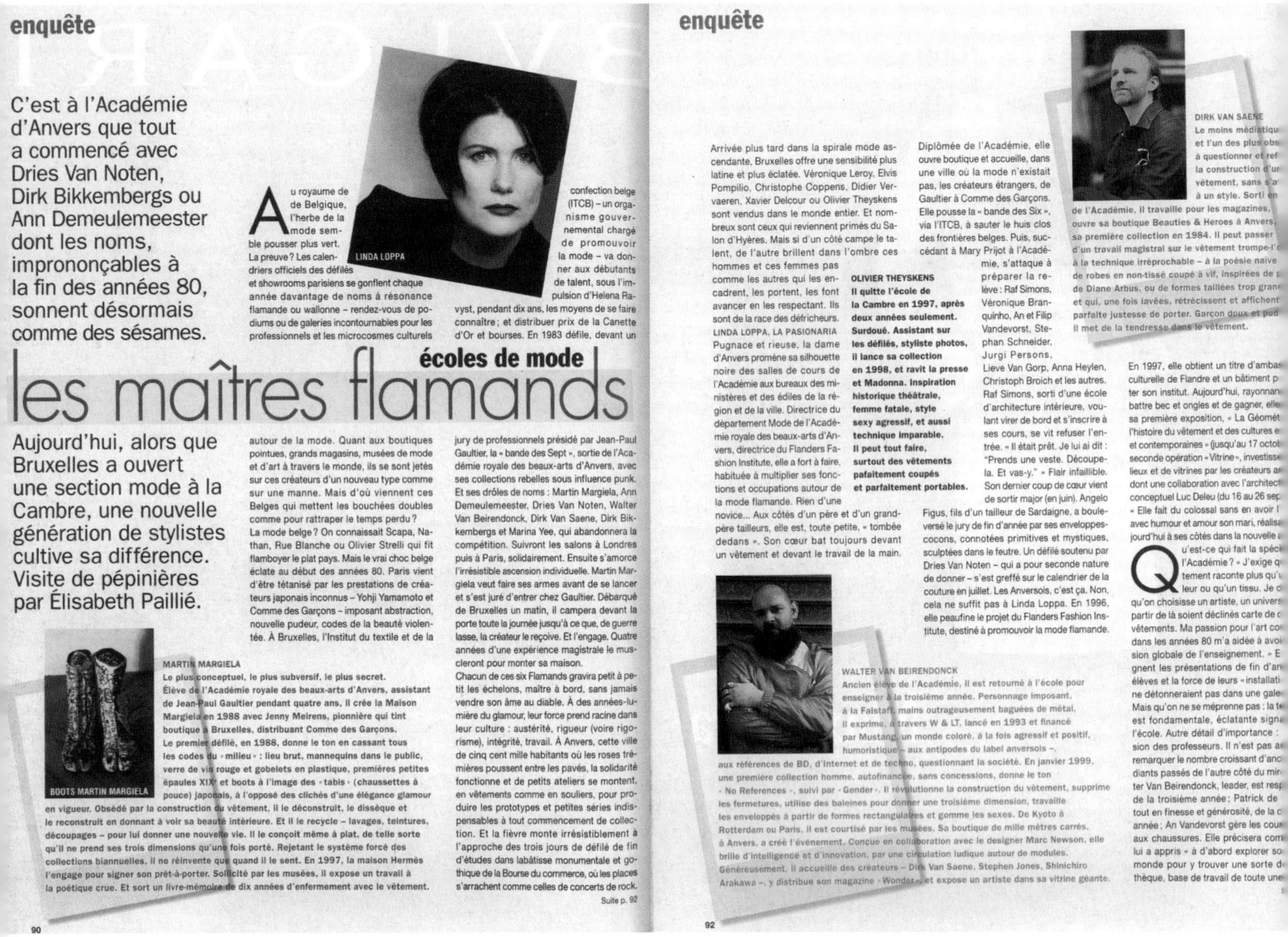

enquête

C'est à l'Académie d'Anvers que tout a commencé avec Dries Van Noten, Dirk Bikkembergs ou Ann Demeulemeester dont les noms, imprononçables à la fin des années 80, sonnent désormais comme des sésames.

LINDA LOPPA

Au royaume de de Belgique, l'herbe de la mode semble pousser plus vert. La preuve ? Les calendriers officiels des défilés et showrooms parisiens se gonflent chaque année davantage de noms à résonance flamande ou wallonne – rendez-vous de podiums ou de galeries incontournables pour les professionnels et les microcosmes culturels autour de la mode. Quant aux boutiques pointues, grands magasins, musées de mode et d'art à travers le monde, ils se sont jetés sur ces créateurs d'un nouveau type comme sur une manne. Mais d'où viennent ces Belges qui mettent les bouchées doubles comme pour rattraper le temps perdu ?

La mode belge ? On connaissait Scapa, Nathan, Rue Blanche ou Olivier Strelli qui fit flamboyer le plat pays. Mais le vrai choc belge éclate au début des années 80. Paris vient d'être tétanisé par les prestations de créateurs japonais inconnus – Yohji Yamamoto et Comme des Garçons – imposant abstraction, nouvelle pudeur, codes de la beauté violentée. À Bruxelles, l'Institut du textile et de la confection belge (ITCB) – un organisme gouvernemental chargé de promouvoir la mode – va donner aux débutants de talent, sous l'impulsion d'Helena Ravyst, pendant dix ans, les moyens de se faire connaître ; et distribuer prix de la Canette d'Or et bourses. En 1983 défile, devant un jury de professionnels présidé par Jean-Paul Gaultier, la « bande des Sept », sortie de l'Académie royale des beaux-arts d'Anvers, avec ses collections rebelles sous influence punk. Et ses drôles de noms : Martin Margiela, Ann Demeulemeester, Dries Van Noten, Walter Van Beirendonck, Dirk Van Saene, Dirk Bikkembergs et Marina Yee, qui abandonnera la compétition. Suivront les salons à Londres puis à Paris, solidairement. Ensuite s'amorce l'irrésistible ascension individuelle. Martin Margiela veut faire ses armes avant de se lancer et s'est juré d'entrer chez Gaultier. Débarqué de Bruxelles un matin, il campera devant la porte toute la journée jusqu'à ce que, de guerre lasse, la créateur le reçoive. Et l'engage. Quatre années d'une expérience magistrale le muscleront pour monter sa maison.

Chacun de ces six Flamands gravira petit à petit les échelons, maître à bord, sans jamais vendre son âme au diable. À des années-lumière du glamour, leur force prend racine dans leur culture : austérité, rigueur (voire rigorisme), intégrité, travail. À Anvers, cette ville de cinq cent mille habitants où les roses trémières poussent entre les pavés, la solidarité fonctionne et de petits ateliers se montent, en vêtements comme en souliers, pour produire les prototypes et petites séries indispensables à tout commencement de collection. Et la fièvre monte irrésistiblement à l'approche des trois jours de défilé de fin d'études dans labâtisse monumentale et gothique de la Bourse du commerce, où les places s'arrachent comme celles de concerts de rock.

Suite p. 92

écoles de mode
les maîtres flamands

Aujourd'hui, alors que Bruxelles a ouvert une section mode à la Cambre, une nouvelle génération de stylistes cultive sa différence. Visite de pépinières par Élisabeth Paillié.

BOOTS MARTIN MARGIELA

MARTIN MARGIELA
Le plus conceptuel, le plus subversif, le plus secret.
Élève de l'Académie royale des beaux-arts d'Anvers, assistant de Jean-Paul Gaultier pendant quatre ans, il crée la Maison Margiela en 1988 avec Jenny Meirens, pionnière qui tint boutique à Bruxelles, distribuant Comme des Garçons.
Le premier défilé, en 1988, donne le ton en cassant tous les codes du « milieu » : lieu brut, mannequins dans le public, verre de vin rouge et gobelets en plastique, premières petites épaules XIXe et boots à l'image des « tabis » (chaussettes à pouce) japonais, à l'opposé des clichés d'une élégance glamour en vigueur. Obsédé par la construction du vêtement, il le déconstruit, le dissèque et le reconstruit en donnant à voir sa beauté intérieure. Et il le recycle – lavages, teintures, découpages – pour lui donner une nouvelle vie. Il le conçoit même à plat, de telle sorte qu'il ne prend ses trois dimensions qu'une fois porté. Rejetant le système forcé des collections biannuelles, il ne réinvente que quand il le sent. En 1997, la maison Hermès l'engage pour signer son prêt-à-porter. Sollicité par les musées, il expose un travail à la poétique crue. Et sort un livre-mémoire de dix années d'enfermement avec le vêtement.

90

enquête

Arrivée plus tard dans la spirale mode ascendante, Bruxelles offre une sensibilité plus latine et plus éclatée. Véronique Leroy, Elvis Pompilio, Christophe Coppens, Didier Vervaeren, Xavier Delcour ou Olivier Theyskens sont vendus dans le monde entier. Et nombreux sont ceux qui reviennent primés du Salon d'Hyères. Mais si d'un côté campe le talent, de l'autre brillent dans l'ombre ces hommes et ces femmes pas comme les autres qui les encadrent, les portent, les font avancer en les respectant. Ils sont de la race des défricheurs.

LINDA LOPPA, LA PASIONARIA

Pugnace et rieuse, la dame d'Anvers promène sa silhouette noire des salles de cours de l'Académie aux bureaux des ministères et des édiles de la région et de la ville. Directrice du département Mode de l'Académie royale des beaux-arts d'Anvers, directrice du Flanders Fashion Institute, elle a fort à faire, habituée à multiplier ses fonctions et occupations autour de la mode flamande. Rien d'une novice... Aux côtés d'un père et d'un grand-père tailleurs, elle est, toute petite, « tombée dedans ». Son cœur bat toujours devant un vêtement et devant le travail de la main. Diplômée de l'Académie, elle ouvre boutique et accueille, dans une ville où la mode n'existait pas, les créateurs étrangers, de Gaultier à Comme des Garçons. Elle pousse la « bande des Six », via l'ITCB, à sauter le huis clos des frontières belges. Puis, succédant à Mary Prijot à l'Académie, s'attaque à préparer la relève : Raf Simons, Véronique Branquinho, An et Filip Vandevorst, Stephan Schneider, Jurgi Persons, Lieve Van Gorp, Anna Heylen, Christoph Broich et les autres. Raf Simons, sorti d'une école d'architecture intérieure, voulant virer de bord et s'inscrire à ses cours, se vit refuser l'entrée. « Il était prêt. Je lui ai dit : "Prends une veste. Découpe-la. Et vas-y." » Flair infaillible. Son dernier coup de cœur vient de sortir major (en juin). Angelo Figus, fils d'un tailleur de Sardaigne, a bouleversé le jury de fin d'année par ses enveloppes-cocons, connotées primitives et mystiques, sculptées dans le feutre. Un défilé soutenu par Dries Van Noten – qui a pour seconde nature de donner – s'est greffé sur le calendrier de la couture en juillet. Les Anversois, c'est ça. Non, cela ne suffit pas à Linda Loppa. En 1996, elle peaufine le projet du Flanders Fashion Institute, destiné à promouvoir la mode flamande.

En 1997, elle obtient un titre d'amba
culturelle de Flandre et un bâtiment p
ter son institut. Aujourd'hui, rayonnan
battre bec et ongles et de gagner, elle
sa première exposition, « La Géomét
l'histoire du vêtement et des cultures e
et contemporaines » (jusqu'au 17 octob
seconde opération « Vitrine », investiss
lieux et de vitrines par les créateurs a
dont une collaboration avec l'architect
conceptuel Luc Deleu (du 16 au 26 sep
« Elle fait du colossal sans en avoir l
avec humour et amour son mari, réalisa
jourd'hui à ses côtés dans la nouvelle a

Qu'est-ce qui fait la spéci
l'Académie ? « J'exige q
tement raconte plus qu'u
leur ou qu'un tissu. Je c
qu'on choisisse un artiste, un univers
partir de là soient déclinés carte de c
vêtements. Ma passion pour l'art co
dans les années 80 m'a aidée à avoi
sion globale de l'enseignement. » E
gnent les présentations de fin d'an
élèves et la force de leurs « installati
ne détonneraient pas dans une gale
Mais qu'on ne se méprenne pas : la t
est fondamentale, éclatante signa
l'école. Autre détail d'importance :
sion des professeurs. Il n'est pas a
remarquer le nombre croissant d'anc
diants passés de l'autre côté du mir
ter Van Beirendonck, leader, est resp
de la troisième année ; Patrick de
tout en finesse et générosité, de la c
année ; An Vandevorst gère les cour
aux chaussures. Elle précisera com
lui a appris « à d'abord explorer so
monde pour y trouver une sorte d
thèque, base de travail de toute une

OLIVIER THEYSKENS
Il quitte l'école de la Cambre en 1997, après deux années seulement. Surdoué. Assistant sur les défilés, styliste photos, il lance sa collection en 1998, et ravit la presse et Madonna. Inspiration historique théâtrale, femme fatale, style sexy agressif, et aussi technique imparable. Il peut tout faire, surtout des vêtements pafaitement coupés et parfaitement portables.

DIRK VAN SAENE
Le moins médiatiqu
et l'un des plus obs
à questionner et ref
la construction d'u
vêtement, sans s'a
à un style. Sorti en
de l'Académie, il travaille pour les magazines,
ouvre sa boutique Beauties & Heroes à Anvers,
sa première collection en 1984. Il peut passer
d'un travail magistral sur le vêtement trompe-l'
à la technique irréprochable – à la poésie naïve
de robes en non-tissé coupé à vif, inspirées de
de Diane Arbus, ou de formes taillées trop gran
et qui, une fois lavées, rétrécissent et affichent
parfaite justesse de porter. Garçon doux et pud
il met de la tendresse dans le vêtement.

WALTER VAN BEIRENDONCK
Ancien élève de l'Académie, il est retourné à l'école pour enseigner à la troisième année. Personnage imposant, à la Falstaff, mains outrageusement baguées de métal, il exprime, à travers W & LT, lancé en 1993 et financé par Mustang, un monde coloré, à la fois agressif et positif, humoristique – aux antipodes du label anversois –, aux références de BD, d'Internet et de techno, questionnant la société. En janvier 1999, une première collection homme, autofinancée, sans concessions, donne le ton « No References », suivi par « Gender ». Il révolutionne la construction du vêtement, supprime les fermetures, utilise des baleines pour donner une troisième dimension, travaille les enveloppés à partir de formes rectangulaires et gomme les sexes. De Kyoto à Rotterdam ou Paris, il est courtisé par les musées. Sa boutique de mille mètres carrés, à Anvers, a créé l'événement. Conçue en collaboration avec le designer Marc Newson, elle brille d'intelligence et d'innovation, par une circulation ludique autour de modules. Généreusement, il accueille des créateurs – Dirk Van Saene, Stephen Jones, Shinichiro Arakawa –, y distribue son magazine « Wonder » et expose un artiste dans sa vitrine géante.

92

Madame Figaro, October 9, 1999

THE FLEMISH MASTERS

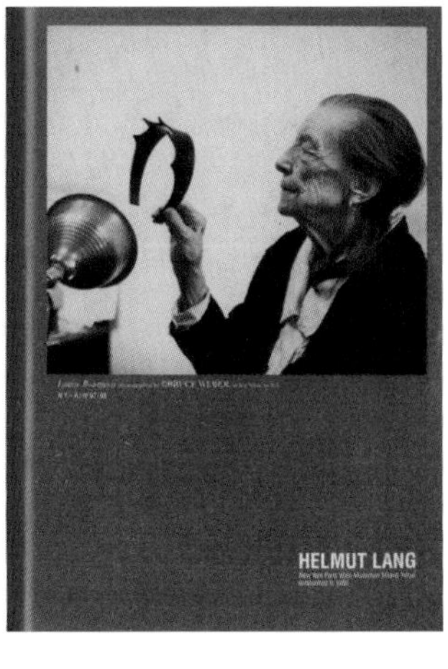

– The Flanders Fashion Institute opens an office in Antwerp.
– 'Vitrine 98': first fashion walk with exhibitions by photographer Ronald Stoops, make-up artist Inge Grognard and graphic designers Anne Kurris and Paul Boudens.

– Bernhard Willhelm dresses Björk.
– Anna Heylen opens a store in Antwerp.
– Dutch designer duo Viktor & Rolf present their first couture collection in Paris.

– Alexander McQueen: Guest Editor for *Dazed & Confused*.
– Helmut Lang settles in New York.

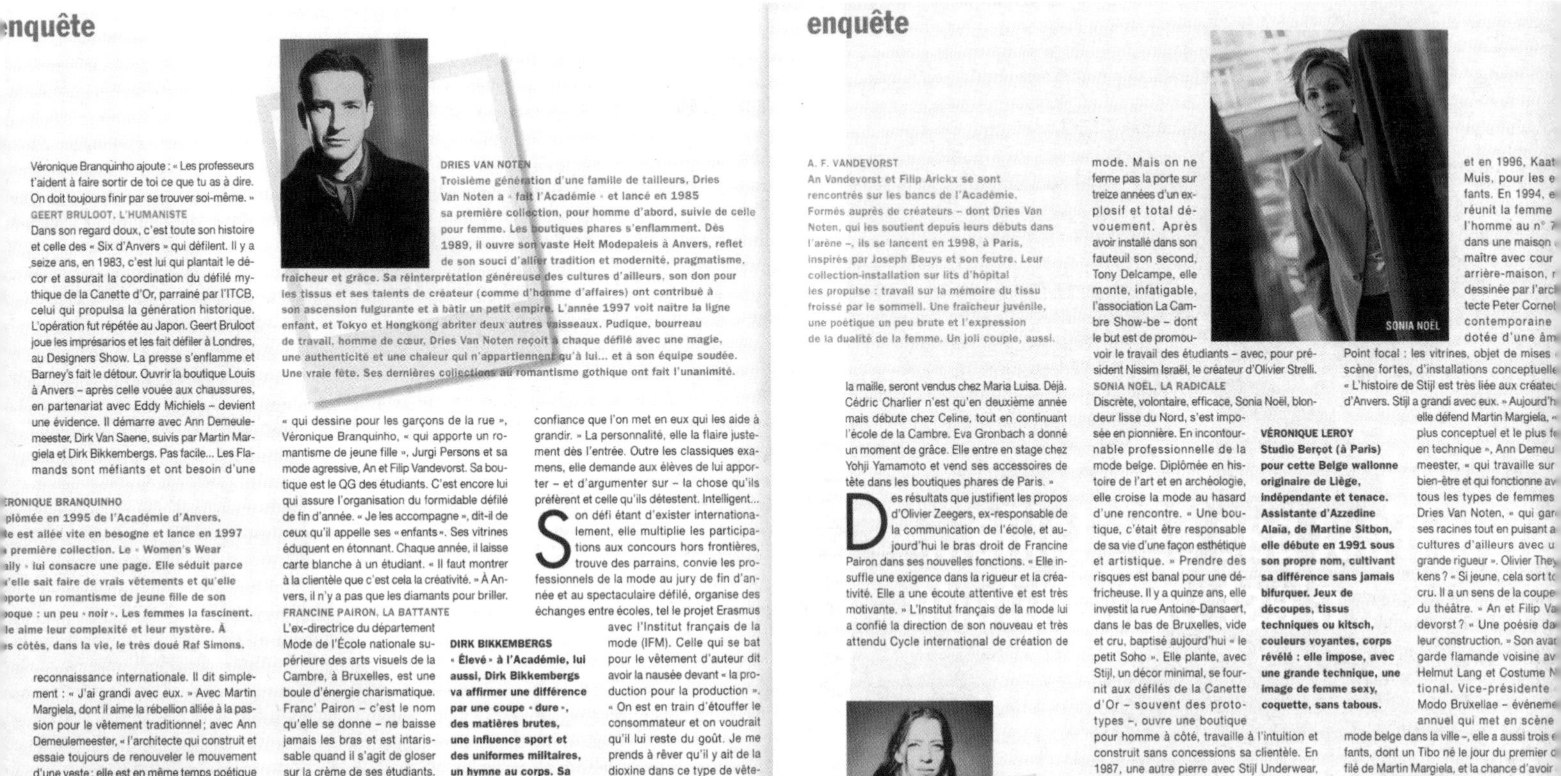

enquête

Véronique Branquinho ajoute : « Les professeurs t'aident à faire sortir de toi ce que tu as à dire. On doit toujours finir par se trouver soi-même. »

GEERT BRULOOT, L'HUMANISTE

Dans son regard doux, c'est toute son histoire et celle des « Six d'Anvers » qui défilent. Il y a seize ans, en 1983, c'est lui qui plantait le décor et assurait la coordination du défilé mythique de la Canette d'Or, parrainé par l'ITCB, celui qui propulsa la génération historique. L'opération fut répétée au Japon. Geert Bruloot joue les imprésarios et les fait défiler à Londres, au Designers Show. La presse s'enflamme et Barney's fait le détour. Ouvrir la boutique Louis à Anvers – après celle vouée aux chaussures, en partenariat avec Eddy Michiels – devient une évidence. Il démarre avec Ann Demeulemeester, Dirk Van Saene, suivis par Martin Margiela et Dirk Bikkembergs. Pas facile... Les Flamands sont méfiants et ont besoin d'une reconnaissance internationale. Il dit simplement : « J'ai grandi avec eux. » Avec Martin Margiela, dont il aime la rébellion alliée à la passion pour le vêtement traditionnel ; avec Ann Demeulemeester, « l'architecte qui construit et essaie toujours de renouveler le mouvement d'une veste ; elle est en même temps poétique et sensuelle ». Il a aussi accueilli Raf Simons, « qui dessine pour les garçons de la rue », Véronique Branquinho, « qui apporte un romantisme de jeune fille », Jurgi Persons et sa mode agressive, An et Filip Vandevorst. Sa boutique est le QG des étudiants. C'est encore lui qui assure l'organisation du formidable défilé de fin d'année. « Je les accompagne », dit-il de ceux qu'il appelle ses « enfants ». Ses vitrines éduquent en étonnant. Chaque année, il laisse carte blanche à un étudiant. « Il faut montrer à la clientèle que c'est cela la créativité. » À Anvers, il n'y a pas que les diamants pour briller.

ÉRONIQUE BRANQUINHO
plômée en 1995 de l'Académie d'Anvers, le est allée vite en besogne et lance en 1997 a première collection. Le « Women's Wear aily » lui consacre une page. Elle séduit parce u'elle sait faire de vrais vêtements et qu'elle pporte un romantisme de jeune fille de son poque : un peu « noir ». Les femmes la fascinent. le aime leur complexité et leur mystère. À es côtés, dans la vie, le très doué Raf Simons.

DRIES VAN NOTEN
Troisième génération d'une famille de tailleurs, Dries Van Noten a « fait l'Académie » et lancé en 1985 sa première collection, pour homme d'abord, suivie de celle pour femme. Les boutiques phares s'enflamment. Dès 1989, il ouvre son vaste Heit Modepaleis à Anvers, reflet de son souci d'allier tradition et modernité, pragmatisme, fraîcheur et grâce. Sa réinterprétation généreuse des cultures d'ailleurs, son don pour les tissus et ses talents de créateur (comme d'homme d'affaires) ont contribué à son ascension fulgurante et à bâtir un petit empire. L'année 1997 voit naître la ligne enfant, et Tokyo et Hongkong abriter deux autres vaisseaux. Pudique, bourreau de travail, homme de cœur, Dries Van Noten reçoit à chaque défilé avec une magie, une authenticité et une chaleur qui n'appartiennent qu'à lui... et à son équipe soudée. Une vraie fête. Ses dernières collections au romantisme gothique ont fait l'unanimité.

FRANCINE PAIRON, LA BATTANTE

L'ex-directrice du département Mode de l'École nationale supérieure des arts visuels de la Cambre, à Bruxelles, est une boule d'énergie charismatique. Franc' Pairon – c'est le nom qu'elle se donne – ne baisse jamais les bras et est intarissable quand il s'agit de gloser sur la crème de ses étudiants. C'est une femme entière, qui se jette corps et âme dans tout ce qu'elle entreprend. Formée dans l'enseignement du vêtement aux écoles d'art et dans la communication visuelle, elle a débarqué, il y a treize ans, dans l'oasis de fraîcheur de l'ancienne abbaye cistercienne de la Cambre – siège de l'école créée par Henry Van de Velde en 1927 – pour y « tailler » un département Mode. « Après la génération des Six, il fallait ouvrir une école. Le langage de la mode, en Belgique, n'existait qu'à travers les Flamands. » Apprendre à défendre ses idées et la justesse du propos est alors son obsession. « Je veux que les étudiants éclosent dans leur discours. On respecte leur personnalité, et c'est cette confiance que l'on met en eux qui les aide à grandir. » La personnalité, elle la flaire justement dès l'entrée. Outre les classiques examens, elle demande aux élèves de lui apporter – et d'argumenter sur – la chose qu'ils préfèrent et celle qu'ils détestent. Intelligent...

Son défi étant d'exister internationalement, elle multiplie les participations aux concours hors frontières, trouve des parrains, convie les professionnels de la mode au jury de fin d'année et au spectaculaire défilé, organise des échanges entre écoles, tel le projet Erasmus avec l'Institut français de la mode (IFM). Celle qui se bat pour le vêtement d'auteur dit avoir la nausée devant « la production pour la production ». « On est en train d'étouffer le consommateur et on voudrait qu'il lui reste du goût. Je me prends à rêver qu'il y ait de la dioxine dans ce type de vêtements... » Elle préfère alors s'étendre sur ses créateurs-auteurs. Un Olivier Theyskens parti – comme Xavier Delcour – à la fin de la deuxième année. « Certains ont besoin de cinq ans, d'autres de raccourcis. Lui, c'est le talent inné. Nous n'avons pas la prétention de former des talents. » Didier Vervaeren (Union pour le vêtement, devenue Transcontinents) vendait déjà ses tee-shirts en deuxième année, mais il a voulu son diplôme. Cette année ? « Nous avons des bombes... Cristof Beaufays, très conceptuel, récemment primé à Hyères, a déjà fait un stage au musée de la Mode à Paris. On le demande partout. Lætitia Crahay et José Enrique Ona Selfa, parrainé par Olivier Theyskens pour lequel il style

Suite p. 96

DIRK BIKKEMBERGS
« Élevé » à l'Académie, lui aussi, Dirk Bikkembergs va affirmer une différence par une coupe « dure », des matières brutes, une influence sport et des uniformes militaires, un hymne au corps. Sa première collection, qui le fait remarquer, en 1986, travaille la chaussure : lourde, brute. En 1988, il présente à Paris une collection homme ; en 1993, une collection femme. Coupe précise et technique irréprochable.

FRANCINE PAIRON

enquête

A. F. VANDEVORST
An Vandevorst et Filip Arickx se sont rencontrés sur les bancs de l'Académie. Formés auprès de créateurs – dont Dries Van Noten, qui les soutient depuis leurs débuts dans l'arène –, ils se lancent en 1998, à Paris, inspirés par Joseph Beuys et son feutre. Leur collection-installation sur lits d'hôpital les propulse : travail sur la mémoire du tissu froissé par le sommeil. Une fraîcheur juvénile, une poétique un peu brute et l'expression de la dualité de la femme. Un joli couple, aussi.

la maille, seront vendus chez Maria Luisa. Déjà. Cédric Charlier n'est qu'en deuxième année mais débute chez Celine, tout en continuant l'école de la Cambre. Eva Gronbach a donné un moment de grâce. Elle entre en stage chez Yohji Yamamoto et vend ses accessoires de tête dans les boutiques phares de Paris. »

Des résultats que justifient les propos d'Olivier Zeegers, ex-responsable de la communication de l'école, et aujourd'hui le bras droit de Francine Pairon dans ses nouvelles fonctions. « Elle insuffle une exigence dans la rigueur et la créativité. Elle a une écoute attentive et est très motivante. » L'Institut français de la mode lui a confié la direction de son nouveau et très attendu Cycle international de création de mode. Mais on ne ferme pas la porte sur treize années d'un explosif et total dévouement. Après avoir installé dans son fauteuil son second, Tony Delcampe, elle monte, infatigable, l'association La Cambre Show-be – dont le but est de promouvoir le travail des étudiants – avec, pour président Nissim Israël, le créateur d'Olivier Strelli.

SONIA NOËL, LA RADICALE

Discrète, volontaire, efficace, Sonia Noël, blondeur lisse du Nord, s'est imposée en pionnière. En incontournable professionnelle de la mode belge. Diplômée en histoire de l'art et en archéologie, elle croise la mode au hasard d'une rencontre. « Une boutique, c'était être responsable de sa vie d'une façon esthétique et artistique. » Prendre des risques est banal pour une défricheuse. Il y a quinze ans, elle investit la rue Antoine-Dansaert, dans le bas de Bruxelles, vide et cru, baptisé aujourd'hui « le petit Soho ». Elle plante, avec Stijl, un décor minimal, se fournit aux défilés de la Canette d'Or – souvent des prototypes –, ouvre une boutique pour homme à côté, travaille à l'intuition et construit sans concessions sa clientèle. En 1987, une autre pierre avec Stijl Underwear, et en 1996, Kaat Muis, pour les e fants. En 1994, e réunit la femme l'homme au n° 7 dans une maison maître avec cour arrière-maison, r dessinée par l'arc tecte Peter Cornel contemporaine dotée d'une âm Point focal : les vitrines, objet de mises scène fortes, d'installations conceptuelle « L'histoire de Stijl est très liée aux créateu d'Anvers. Stijl a grandi avec eux. » Aujourd'h elle défend Martin Margiela, plus conceptuel et le plus f en technique », Ann Demeu meester, « qui travaille sur bien-être et qui fonctionne av tous les types de femmes Dries Van Noten, « qui gar ses racines tout en puisant a cultures d'ailleurs avec u grande rigueur ». Olivier They kens ? « Si jeune, cela sort tc cru. Il a un sens de la coupe du théâtre. » An et Filip Va devorst ? « Une poésie da leur construction. » Son avar garde flamande voisine av Helmut Lang et Costume N tional. Vice-présidente Modo Bruxellae – événeme annuel qui met en scène mode belge dans la ville –, elle a aussi trois e fants, dont un Tibo né le jour du premier c filé de Martin Margiela, et la chance d'avoir mari qui l'assiste. Elle continue alors de p ser ses marques. Dans le local jouxtant boutique, elle installe, depuis un an, ses a tistes coups de cœur. Bouclant la boucle. Aux défilés, il est significatif de remarquer manière dont les Belges reçoivent. Simp ment, chaleureusement, avec raffinement dans la bonne humeur, des buffets sont dre sés. On les taxe d'austérité. Ils sont cepe dant « dans l'émotionnel », à leur façon. P étonnant alors que leurs vêtements – c s'appuient sur une technique imparable aient une âme. Et une reconnaissance inte nationale. En saluant « un tournant de la mo vers des choses positives », An Vandevo aura le mot de la fin : « Les gens essaient changer le monde, et les vêtements, da leur expression, sont forcément une par de ce changement. »

Élisabeth Pail

SONIA NOËL

VÉRONIQUE LEROY
Studio Berçot (à Paris) pour cette Belge wallonne originaire de Liège, indépendante et tenace. Assistante d'Azzedine Alaïa, de Martine Sitbon, elle débute en 1991 sous son propre nom, cultivant sa différence sans jamais bifurquer. Jeux de découpes, tissus techniques ou kitsch, couleurs voyantes, corps révélé : elle impose, avec une grande technique, une image de femme sexy, coquette, sans tabous.

ANN DEMEULEMEESTER
C'est en 1985, après l'Académie royale des beaux-arts d'Anvers, qu'Ann Demeulemeester fonde sa propre société, aidée de son mari, artiste et photographe, Patrick Robyn. Volontaire, rigoureuse avec douceur, pudique et indépendante, elle vit dans l'unique maison de Le Corbusier, en Belgique, et a fait construire en face ses bureaux. Efficace. Réinventant sans cesse une architecture de vêtement et jouant des contrastes, elle glisse une émotion, une poésie, une âme. Souvenir d'une collection en noir et blanc – couleurs récurrentes – aux seins voilés d'un plastron de plumes de colombe, accompagnant un pantalon masculin à la coupe précise et nonchalante, Patti Smith en bande-son : c'est elle. Elle lance la collection homme en 1996, et des tables tendues de toile blanche enduite, comme une toile de peintre. Septembre a vu l'ouverture de sa première boutique à Anvers, en face du musée des Beaux-Arts. Un espace géant, sobre, au beau volume, des cabines d'essayage offrant de l'eau et un jardin, une cage abritant deux colombes. Ses chaussures ont aussi participé à asseoir sa notoriété. « Dessiner un vêtement, c'est offrir un cadeau à quelqu'un qu'on ne connaît pas. »

96

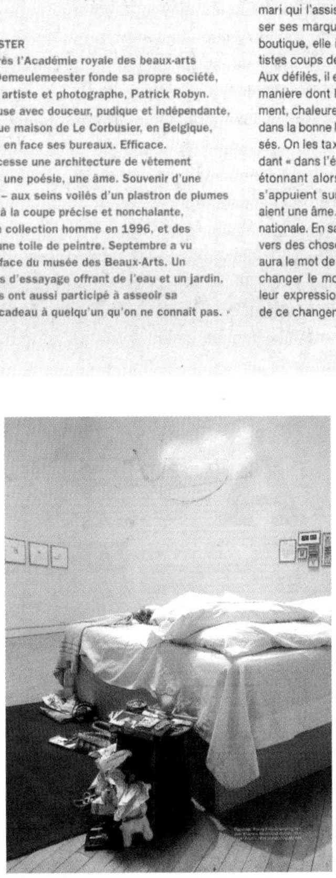

– Anna Piaggi writes *Fashion Algebra*.
– Issey Miyake launches A-POC (A Piece of Cloth).
– Second 'Fashion & Art' biennial in Florence.

– Vanessa Beecroft performance at the Guggenheim in New York.
– Tracey Emin: *My Bed*.
– Frank Sinatra dies.
– Steven Spielberg: *Saving Private Ryan*.

– Viagra on the market.
– The Monica Lewinsky affair.
– iMac.
– Smart.

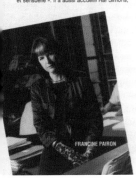

De Standaard, August 23, 1999

'FASHION IS A CALLING': ANTWERP FASHION SCHOOL 'THE WORLD'S ABSOLUTE TOP'

Anyone starting at the Fashion Academy has already been through a stringent selection process. Patrick De Muynck: 'The unique character of our fashion school lies, in part, in its artistic approach. The development of personality is very important. During the entrance exams, we look for certain characteristics in the applicants. Passion, for example: the determination to do something and to put everything you have into it. About 55 to 60 people start out in the first year. They are selected from a group that varies between 110 and 150 candidates. In the second year, there are only 20 to 25 left. In the end, seven to ten people graduate.'

The annual Academy fashion show, in June, has become an event that people are craning their necks to see. 'The international audience is getting bigger and bigger...' The show is an excellent opportunity for talent scouting. Remarkable students, such as Sardinian Angelo Figus, who graduated this year, are closely watched. Hirofumi Kurino, cofounder and buyer for the Japanese United Arrows chain, has regularly attended the show since 1993. For its most recent edition, he sat on the international jury. Says Kurino: 'There are five great fashion schools in the world: in New York, London, Tokyo, Paris and Antwerp. But Antwerp is the absolute top.'

Antwerp Academy, graduate collection
Angelo Figus, 1999

Hoewel de stad dat zelf pas als laatste schijnt te beseffen, heeft Antwerpen de voorbije jaren een belangrijke economische troef bijgekregen: de mode. Sinds de doorbraak van de zogenaamde *zes*, in het buitenland, intussen alweer bijna vijftien jaar geleden, mag Antwerpen wat de mode betreft rustig aanschuiven naast Parijs, Milaan, Londen en New York of Tokyo. In een reeks van vier artikels onderzoeken we de economische gevolgen van het Antwerpse modefenomeen.

De Antwerpse Modenatie 2

„Mode is een roeping"

Antwerpse modeschool is absolute wereldtop

Van onze medewerkster

Sinds de doorbraak van de *Antwerpse zes* begin jaren tachtig en zeker na het succes van de nieuwere lichtingen afgestudeerden, zijn de ogen van de hele modewereld op de Antwerpse modeacademie gericht. Het talent lijkt onuitputtelijk.

Het ICC-gebouw op de Antwerpse Meir, vrijdag 18 juni. Tom Depoortere — zwart rechthoekig brilletje, rode veterschoenen — staat er witte rozen rood te schilderen. Hij is één van de acht studenten die dit jaar afstuderen aan de modeafdeling van de Antwerpse Academie voor Schone Kunsten.

„Ik ben zenuwachtig", bekent Tom Depoortere. „De collectie maken, de installatie bouwen, het boek maken. Mode heeft veel meer aspecten dan alleen maar kleren tekenen."

De studenten die hun eindejaarswerk brengen, hebben vier jaar bijna uitsluitend aan mode gewijd. Studeren aan de modeacademie betekent heel hard werken. Zo wordt van hen verwacht dat ze tijdens het tweede jaar research doen rond de kledij van een historisch figuur, en op basis daarvan vijf silhouetten tekenen. Het derde jaar moeten er acht silhouetten getekend worden, geïnspireerd op de klederdracht van een etnische cultuur. De collectie die ze in het laatste jaar maken bevat maar liefst twaalf silhouetten.

Patrick Demuynck, zelf afgestudeerd in 1990 en docent aan de academie zegt dat „de studenten tussen 32 en 38 uren les krijgen.'s Avonds en in het weekend moet dus keihard gewerkt worden om de collecties af te krijgen. Er zijn crisissen, momenten dat je hen hoort klagen: 'We hebben geen leven meer'. Het betekent ook een confrontatie met de realiteit van het ontwerpen: als je je niet kan organiseren, lukt het niet. Dat is ook de reden waarom veel mensen het niet halen."

Wie aan de modeacademie begint, heeft al een strenge selectie doorstaan. Patrick Demuynck: „Het unieke karakter van onze modeacademie ligt hem voor een stuk in de artistieke benadering. De ontwikkeling van de persoonlijkheid is erg belangrijk. Tijdens het ingangsexamen zoeken we bij de kandidaat-studenten naar bepaalde kenmerken. Passie bijvoorbeeld, de drang om iets te zien en daar alles voor over te hebben. Het eerste jaar beginnen er tussen 55 en 60 mensen. Die zijn geselecteerd uit een groep die varieert tussen 110 en 150 kandidaten. In het tweede jaar schieten er nog 20 tot 25 mensen over. Uiteindelijk studeren zeven tot tien mensen af."

Door de renommee van de Antwerpse academie komen steeds meer buitenlanders hun kansen wagen. „We krijgen gemiddeld een tiental informatieaanvragen per week van buitenlandse studenten. Daarvan zijn ongeveer de helft Japanners. De Japanners tonen een grote openheid voor wat er in het Westen gebeurt. Voor beginnende ontwerpers is de Japanse markt cruciaal."

De jaarlijkse modeshow van de academie, in juni, is een evenement geworden waar reikhalzend naar wordt uitgekeken. „Het internationale publiek wordt steeds groter. Er zijn al niet-professionelen uit Japan, Canada en de Verenigde Staten die ons faxen voor tickets."

De show is een uitstekende gelegenheid voor talentscouting. Opmerkelijke studenten, zoals de dit jaar afgestudeerde Sardiniër Angelo Figus, worden nauwlettend in het oog gehouden. Hirofumi Kurino, mede-oprichter van en inkoper bij Japanse keten United Arrows komt al sinds 1993 regelmatig over voor de show. De voorbije editie zetelde hij in de internationale jury.

„Je ziet de evolutie", zegt Kurino, „hoe ze opgroeien doorheen de jaren. Je doet ontdekkingen. Ik heb dit jaar een vijftal briljante studenten gezien. Vooral die Italiaan is erg getalenteerd. Wat hij dit jaar bracht was erg avant-garde, maar ik heb zijn vorige collecties ook gezien en ik weet dat hij genoeg talent heeft voor commerciële collec-

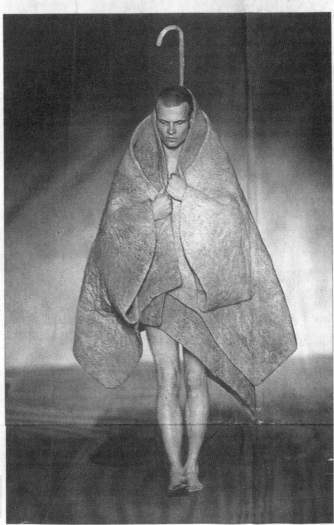

De jaarlijkse modeshow van de academie is een uitstekende gelegenheid voor talentscouting. © Marc Cels

ties. Er zijn vijf grote modescholen in de wereld, in New York, Londen, Tokyo, Parijs en Antwerpen. Maar Antwerpen is de absolute top."

Afstuderen aan de modeacademie is maar een begin. De kersverse ontwerpers zijn zich daarvan bewust. „Mijn droom is natuurlijk een eigen collectie kunnen maken", zegt Tom Depoortere, „maar of dat haalbaar is, weet ik niet. Ik verwacht wel dat ik werk zal hebben. Ik heb nog niets uitgestippeld, omdat ik alles wil openhouden. De meesten van ons gaan eerst op stage, bijvoorbeeld in Parijs. Maar dat kost veel geld. Je wordt niet altijd betaald, of soms met kleren. Maar als je iets doet wat je graag doet, dan is dat het belangrijkste."

Zijn medestudent Gert Motmans denkt er net zo over. „Mode is een roeping. Al toen ik kind was, naaide ik jurkjes voor mijn barbiepop. Ik denk dat ik nu ook eerst even stage ga lopen in het buitenland. Het is zwaar, maar je haalt er veel uit. Als je kan zeggen: 'Ik heb zoveel maanden bij Gaultier gewerkt', dan is dat meer waard dan de verloning."

De afgestudeerden worden niet helemaal aan hun lot overgelaten. Patrick Demuynck: „Dat is één van de redenen waarom we in 1997 het Flanders Fashion Institute hebben opgericht. Om dat jonge talent te kunnen blijven opvolgen en ondersteunen. Je moet niet iedereen een cheque geven en zeggen 'begin er maar aan', ze moeten zichzelf leren organiseren. Maar de ondersteuning kan heel ruim zijn. Zo zijn we aan het denken aan een fonds, dat op basis van bepaalde criteria middelen ter beschikking stelt om jonge ontwerper in hun startfase te ondersteunen. Bijvoorbeeld door middel van kredieten die ze daarna moeten terugbetalen. We hebben een aantal zeer interessante gesprekken met de banken daarover gehad. En verder proberen we ervoor te ijveren dat ateliers hun deuren openhouden voor jonge ontwerpers met kleine reeksen. Al hebben ze maar een heel kleine omzet, ze zijn misschien de Dries Van Notens van de toekomst."

Anderhalve maand na de modeshow heeft Patrick Demuynck al redenen om trots te zijn. „Tom Depoortere en Gert Motmans zijn al in dienst bij Antonio Pernas, een belangrijk modebedrijf in Galicië."

„Vorig jaar hadden we Bernhard Willhelm, die het seizoen nadat hij afstudeerde al zijn eigen defilé hield in Parijs. Dat is het summum, dachten we toen. Dit jaar hebben we Angelo Figus. Dries Van Noten was zo onder de indruk van diens defilé dat hij hem aan een breder publiek wou bekendmaken. Dankzij de steun van Dries heeft Angelo Figus tijdens de haute coutureweek van Parijs zijn collectie gepresenteerd aan een publiek van een honderdtal perslui. Hij was amper drie weken afgestudeerd."

Isabelle ROSSAERT

● *Volgende aflevering: Waar worden de kleren gemaakt?*

153

1999
– Patrick Van Ommeslaeghe shows his first collection in Paris – winter 1999–2000.
– Bernhard Willhelm shows his first collection in Paris – winter 1999–2000.

– Marina Yee curates the fashion segment of the Van Dyck Year in Antwerp.
– Angelo Figus, Bruno Pieters, Anke Loh and Carolin Lerch graduate from the Academy.

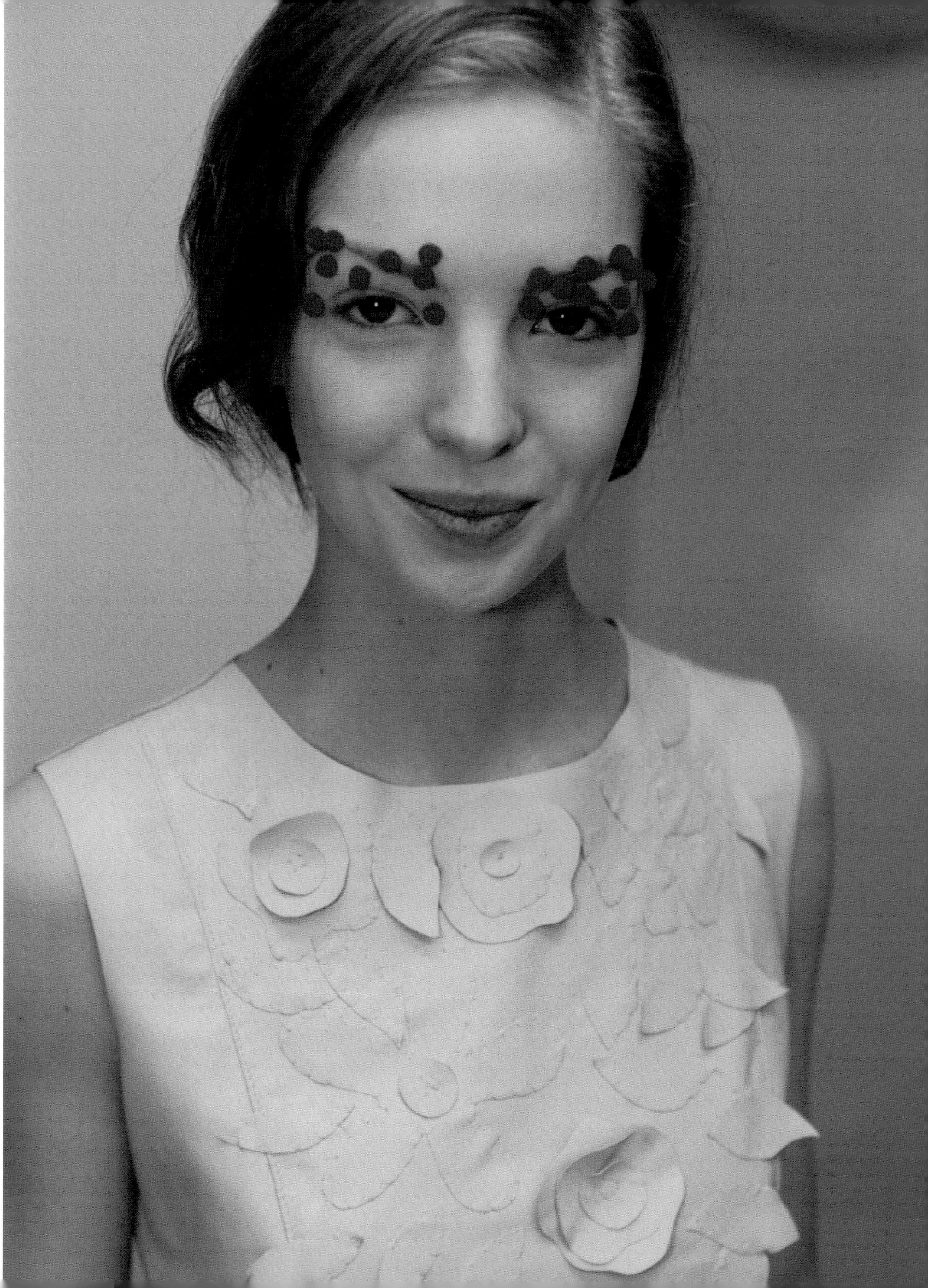

Dirk Van Saene, autumn–winter 1999–2000

RAF SIMONS : LA FIÈVRE DE L'ART

i Madonna
st apparue
la cérémonie
es Oscars
abillée par le Belge
livier Theyskens,
n est pas
n hasard.
i *Jalouse* a décidé
e prendre garde
la nouvelle garde
elge, non plus.
si Paris, Milan
t New York
ont les capitales
le la mode, Anvers
ussi. Voici quatre
réateurs fin prêts
assurer la relève.

PAR PASCALE RENAUX

Etoiles du Nord

UNE VAGUE RÉVOLUTIONNAIRE DÉFERLE SUR *JALOUSE*
AVEC LE QUATUOR PERFORMANT DE LA "SECONDE
GÉNÉRATION" DE CRÉATEURS BELGES : VÉRONIQUE
BRANQUINHO, RAF SIMONS, JURGI PERSOONS
ET OLIVIER THEYSKENS). SANS OUBLIER INGE GROGNARD,
MAQUILLEUSE FÉTICHE DE MARTIN MARGIELA, QUI
S'EXPRIME SUR LES MINOIS DE KIRSTEN ET HANNELORE.
PAUL BOUDENS, GRAPHISTE ATTITRÉ DE LA FASHION
INTELLIGENTSIA FLAMANDE, MET LE TOUT EN IMAGE.
OU SUR MESURE 100 % "MADE IN BELGIUM".

Avant, les interventions dans les magazines du créateur anversois, Raf Simons, ressemblaient à des pochettes d'albums, à de la promo pour des groupes rock. Aujourd'hui, elles s'affichent comme les annonces d'expositions ou de "live show" des galeries d'art contemporain. Après sept collections axées corps et âme sur l'univers des "teenagers", le porte-parole de la "culture jeune" retournerait-il sa veste ? "Je ne sais pas si c'est l'interférence grandissante des secteurs créatifs qui m'influence mais l'art m'est devenu essentiel. Pendant longtemps, j'ai cru que derrière chaque œuvre, il y avait une philosophie. Désormais, je sais que c'est faux. L'art est avant tout une question de feeling qu'on capte ou qu'on ne capte pas.
Ce qui m'intéresse c'est la traduction de notre époque par les artistes. Leur perception vient parfois de tellement loin qu'elle n'a plus aucun rapport avec la réalité. Alors que la musique ou le thème de l'adolescence, qui constituaient l'essence de mes collections, avaient un lien direct avec mon existence. Aujourd'hui, chez les jeunes, dans la rue, je ne perçois plus assez d'individualisme au niveau vestimentaire. Donc, aujourd'hui, inévitablement, je suis plus sensibilisé par l'art.
Mes trois artistes préférés sont Robert Gobert, Jeff Wall et Charles Ray. J'adhère totalement à leur démarche. Et puis, j'aime certaines pièces de Kiki Smith, Marc Quinn, Tony Oursler, Jake & Dinos Chapman, Matthew Barney, Mike Kelly, Paul McCarty, Damien Hirst et Vanessa Beecroft avec qui, un jour, j'aimerais pouvoir faire une performance. L'installation qui m'a le plus marqué, dernièrement, était celle de Robert Gobert, au MOCA, à L.A. J'ai été très impressionné par la réalisation de l'œuvre. Jusque dans les moindres détails, tout était fait à la main. Un travail d'orfèvre digne d'un artisan couture.
Je suis d'ailleurs très jaloux du temps imparti aux artistes. Ils peuvent se consacrer à un projet jusqu'à ce qu'il soit vraiment abouti, alors que les créateurs ne disposent que de quelques mois à chaque saison, pour fournir le meilleur d'eux-mêmes. C'est la facette du business que je déteste le plus.
Cela dit, je ne considère pas trop plus que la mode soit de l'art. Les vêtements sont des produits destinés à être portés. Je change pas à pas, mais en tentant de gagner toujours plus la confiance des acheteurs. Et, comme ça marche plutôt bien, j'ai la sensation d'avoir aussi plus de liberté pour m'exprimer. Ce que je voudrais communiquer, désormais, à travers mes présentations, c'est cette passion pour l'art. Mes publicités en sont les prémices. Quand j'ai arrêté net ma carrière de designer industriel pour entamer ma première collection, je l'ai fait sans remords parce que ce métier ne me convenait pas, me rendait malheureux. Aujourd'hui, je n'ai pas de raison de tout plaquer. La mode m'apporte beaucoup trop de satisfaction."

VÉRONIQUE BRANQUINHO : LE ROMANTISME COUSU DE FIL NOIR

Sacrée "Future Grande" à 25 ans aux "VH1 Fashion Awards" (prix décerné par une chaîne de télévision new-yorkaise), la styliste anversoise, Véronique Branquinho est la nouvelle égérie de la scène de mode internationale.
Le secret de son succès ? Une mode cousue de fil noir mais teintée de romantisme, qui, comme la reprise de "Sweet Dreams" par Marilyn Manson (la bande son de son défilé été 99), a l'étrange pouvoir de vous faire frémir et vibrer simultanément. "Le romantisme est l'une des facettes importantes de mon travail. Le reste est le reflet de la réalité : dure, rapide, matérialiste, pleine de dangers. D'où ces contrastes dans mes associations et dans mes présentations. Oser montrer ses sentiments, c'est aujourd'hui une force. Je ne pense jamais à un personnage en particulier mais à l'évocation paradoxale que peuvent engendrer certains états d'âme. Je suis fascinée par la dualité qui anime les êtres. Mon but n'est pas de "designer" les femmes en images de magazines – je déteste les effets gratuits de styling "hype" – mais de les mettre en valeur, avec leur nature intrinsèque."
Petit décodage du romantisme "Branquinho"...
Une fleur : les fleurs blanches que photographiait Robert Mapplethorpe.
Une odeur : le parfum "Féminité du Bois" de Shiseido. Je en consomme des litres.
Une couleur : le noir.
Un endroit : la forêt parce qu'elle peut être aussi effrayante que romantique.
Un film : *Pique-Nique à Hanging Rock* du réalisateur australien, Peter Weir. L'histoire de quatre étudiantes en uniforme qui disparaissent au cours d'un pique-nique et la seule qui revient est devenue amnésique. J'adore ce film pour son mystère qui reste intact jusqu'à la fin.
Une musique : Gainsbourg et la new wave des années 80.
Un créateur : Martin Margiela.

Une tenue : j'aime la sensation d'être emballée. Je trouve qu'un corps caché est souvent plus intéressant et envoûtant qu'un corps révélé.
Un auteur : les classiques comme Flaubert ou Stendhal.
Un artiste : j'ai fait mes études supérieures, en peinture, à Saint-Luc, à Bruxelles avant d'étudier la mode à l'Académie d'Anvers. Lorsque j'ai découvert, récemment, le travail sur la toile de Jenny Saville et John Currin, ça m'a vraiment donné envie de recommencer à peindre. Époque fascinante, très sensuelle, j'ai toujours été très attirée par les œuvres du Moyen Age.
Un homme : David Bowie mais dans les années 70, version "Ziggy Stardust".
Une femme : Jane Birkin pour ce côté infantile et garçonne qui me séduit et qu'elle a su garder. C'est la personne qui m'a le plus marquée. Cette adolescente, qui se métamorphose en femme, incarne mon idéal féminin. Pour mes photos et mes défilés, j'essaye toujours de trouver des mannequins qui correspondent à cette image.

Jalouse, February 1999

NORTHERN STARS

A revolutionary wave washes over *Jalouse*, with a fabulous foursome of 'second generation' Belgian designers: Véronique Branquinho, Raf Simons, Jurgi Persoons and Olivier Theyskens. Plus Inge Grognard, Martin Margiela's fetish make-up artist, who fully expresses herself on Kirsten's and Hannelore's cute little faces.
Paul Boudens, acknowledged graphic designer of the Flemish fashion intelligentsia, takes care of the layout. 100% made-to-measure, 'Made in Belgium'.

Ann Demeulemeester, spring–summer 2000

– Ann Demeulemeester opens her store in Antwerp and collaborates with Jim Dine on the 2000 summer collection.
– Angelo Figus shows his graduate collection 'Quore di Cane' during haute couture week in Paris.

– *Isolated Heroes*: photographs and book by Raf Simons and David Sims.
– 'Vitrine 99' fashion exhibition inside a container installation by artist Luc Deleu.

– 'Geometric' (Geometry): first MoMu exhibition at seven locations in Antwerp (scenography: Bob Verhelst).
– First Paris haute couture defilé by Josephus Thimister.

À droite,
pour Kirsten,
duvet à la
brosse,
couleur
chair.

Ci-contre,
pour Hannelore,
encerclement
d'ombres
pour cerner le
visage nature.

PHOTOS :
Ronald Stoops
MAQUILLAGE :
Inge Grognard
c/o Streeters
Paris
MANNEQUINS :
Kirsten
c/o Steff
Bruxelles
et Metro 2
Paris.
Hannelore
c/o Steff
Bruxelles
et Success
Paris.

157

INGE GROGNARD

Sertissage de rides aux fils d'or, fards "ready-made", application "happening", ses maquillages d'une autre nature ont changé la face des défilés. Depuis dix ans, ils ponctuent la mode des créateurs belges saison après saison. Inge Grognard et son compagnon de photographe, Ronald Stoops – duo de choc – ont toujours innové. Dans un livre mini-format, d'ores et déjà épuisé, intitulé *Make-Up*, elle a rassemblé et daté quelques-unes de ses créations-phares. "Histoire, avoue-t-elle, de légitimer ce que d'autres ne se privent pas de m'emprunter." Membre actif, désormais, de l'agence "Streeters Paris", elle signe, de ses mises à nu rehaussées d'insolite, les parutions fortes des meilleurs magazines.

JURGI PERSOONS : L'INTERPRÉTATION SANS MODÉRATION

Si son nom est "Persoons", Jurgi, assurément, est quelqu'un. Un créateur obstiné, passionné, spontané qui ne fonctionne qu'à l'instinct. Après avoir montré ses créations, durant cinq saisons, en showroom dans une galerie du Marais, cet ancien étudiant de l'Académie d'Anvers a décidé, en octobre dernier, de présenter sa collection "été 99" aux acheteurs et à la presse sous la forme d'un court métrage accompagné d'une musique live improvisée. Du début à la fin, son film met en scène la même tenue, abordée de trois façons différentes. 1/ Version "vidéo-clip bondage" sur une fille aux poignets bandés, suspendue par les bras et tournoyant dans le vide. 2 / Version "cinéma muet" aux effets tranchants de stroboscope, saccadant de manière hypnotisante la démarche du modèle. 3 / Version "nouvelle vague expérimentale" pour un corps poétiquement livré au vent et peu à peu enseveli par le sable... "Les défilés m'endorment. Ma démarche est peut-être moins commerciale mais plus personnelle. Un show est pratique pour générer une atmosphère globale, mais la formule est devenue trop systématique. A quelques exceptions près, elle ne surprend plus. Habitués à voir défiler des vêtements, en long et en large, sous toutes les variantes, les spectateurs sont devenus paresseux. Ils ne font plus aucun effort d'imagination. Or, pour moi, la mode n'est qu'une question d'interprétation. Tant pour le concepteur que pour le consommateur. Chacune de mes collections, d'ailleurs, est l'interprétation d'une fiction vestimentaire. La saison prochaine raconte la métamorphose d'une femme classique en chasseuse de mâles qui, animée de soudaines pulsions primitives, décide de reconvertir sa panoplie de secrétaire en tenue guerrière pour s'offrir une virée sauvage. En deux temps, trois mouvements, sa jupe droite s'effrange en un pagne de tweed. Son pantalon prince-de-galles se voile d'une mousseline transparente en léopard. Son corsage se détricote en une parure de coton ficelle ajourée. L'ensemble se retrouve scotché d'un lambeau de dentelle parasite qui s'étend jusque sur l'épiderme en guise de tatouage tribal."

Si les classiques constituent son fonds de garde-robe, Jurgi Persoons ne peut s'empêcher de les réinterpréter. Il les transcende en habit sexy d'un nouveau type qu'il orchestre autour de son fameux "legging-bustier", la signature hard de ses silhouettes ajustées, construites en 3D, à même le corps. Spécialiste des effets spéciaux maîtrisés "couture", il a l'art de faire d'une cape un manteau, d'une fente un entrejambe, d'une emmanchure un décolleté latéral, engendrant des surprises.

"Comme tout part de vêtements existants, il est primordial qu'il se passe quelque chose. C'est pour cela que je tente, à chaque fois d'innover, de greffer des interventions personnelles. Je veux insuffler à mes modèles fantaisie, sensualité et élégance – on a trop tendance à négliger cette notion – afin de conférer à celles qui les portent un sentiment de puissance, une sensation de pouvoir à interpréter sans modération."

– Christophe Charon launches a men's line and opens a store in Paris.
– Xavier Delcour's first Paris show.
– Walter Van Beirendonck starts work on his Aestheticterrorists® collection.

– Dries Van Noten designs costumes for Anne Teresa De Keersmaeker's Rosas dance company.
– Jurgi Persoons' first presentation; installation in Paris.

– A.F. Vandevorst designs for Ruffo Research – summer 2000.
– Annemie Verbeke opens a store in Brussels.
– Raf Simons takes a year off after his 1999–2000 winter collection.

TOPMODE IN DE VS
„Niet zonder de Belgen"

In de Verenigde Staten staan modeontwerpers Dries Van Noten en Ann Demeulemeester aan de top. Raf Simons en Veronique Branquinho volgen in hun zog. Nieuwe namen kan je vanaf vandaag, donderdag, tot zaterdag vinden op het defilé van de afgestudeerden van de Antwerpse modeacademie.

New York (VS).

„J e moet trots zijn," zegt een enthousiaste verkoopster van *Barney's* op Madison Avenue, een van de meest exclusieve kledingzaken in New York. „De Belgische ontwerpers verkopen het best, vooral Dries en Ann." Ze spreekt de namen met zwaar Amerikaans accent uit. „Dries and Ann" zijn *Dries Van Noten* en *Ann Demeulemeester.* Samen met *Martin Margiela* zijn ze de bekendste Belgische modeontwerpers

in de Verenigde Staten. „Ze worden veel gevraagd omdat ze een beetje avant-garde zijn. Het is echt 'in' om hen te dragen," luidt het bij Barney's.

Voor de Belgische mode is de VS na *Japan* de belangrijkste exportmarkt. Ann Demeulemeester haalt ongeveer 35 % van haar omzet (360 miljoen frank dit jaar) in de VS. Bij Dries Van Noten laat men zich niet verleiden tot franken of procenten. „De VS-markt is belangrijk en groeiend, maar is niet de hoofdmarkt," zegt de commercieel verantwoordelijke bij Van Noten. De balans van maart 1998 toont een omzet van 962 miljoen frank en een winst van 64,8 miljoen. Van Noten heeft ook nog een vennootschap in Parijs.

Opkomende ster *Veronique Branquinho* zegt 20 % van haar omzet in de VS te boeken. Een andere nieuweling, *A.F. Vandevorst,* haalt er 12 % (enkel via Barney's). Voor *Raf Simons* — de vriend van Veronique Branquinho — is de Verenigde Staten slechts 10 % waard (tegen 55 % voor Japan). De meer gewaagde kleding van Simons zit daar voor veel tussen.

„De VS is voor vrouwenmode een makkelijker markt dan voor mannenmode," zegt *Vincent Vantomme,* financieel en commercieel directeur bij *Connection,* de nv van Raf Simons. „Mannen kiezen veel conservatiever en kopen kostuums van *Jill Sander, Dolce & Gabbana...* In het goedkopere gamma zijn het

■ DRIES VAN NOTEN
De VS is een groeiende markt.

■ JEFFREY KALINSKY
Wonderboy opent nieuwe winkel in New York met veel Belgen in de rekken.

vooral de Amerikaanse merken zoals *Ba nana Republic, GAP* of *Hilfiger* die he doen. Ons segment hoort daar niet bij. I New York hebben we Barney's. *Sak Fifth Avenue* is nu ook geïnteresseerc maar wacht toch nog af, want het w geen risico nemen."

Nieuwe impulsen

De VS is groot en divers. Voor de dur mode zijn de hoofdsteden *San Francisco* maar vooral *Los Angeles (LA)* en *Ne York.* LA heeft de naam gedurfder t zijn. Hollywoodsterren kunnen zich mee extravagantie veroorloven dan *uppe class*-mensen op Wall Street-feestjes Raf Simons, *Dirk Bikkembergs* (waai voor de VS slechts enkele procenten be tekent, tegen 40 % in Japan) en *Walte Van Beirendonck* (twee jaar op de Ame rikaanse markt aanwezig en volgens d lokale persagent *Lou Jacovelli* met ee groeiende populariteit) hebben het da ook meer begrepen op LA en Friscc Meer neutrale ontwerpers als Van Note en Demeulemeester scoren hoger in Nev York, waar de kledingcodes sterk mee spelen in de aankoop.

Uptown in New York zitten de groo warenhuizen — Barney's, *Bergdo Goodman,* Saks Fifth Avenue, *Heni Bendel* (waar *Lieve Van Gorp* in de rek ken hangt). De meeste schuwen risico, o

■■

159

– Martin Margiela designs fifteen pieces for 3 Suisses mail order catalogue.
– *Time Magazine* names Linda Loppa among the 25 most influential fashion figures.
– Miguel Adrover shows his first collection in New York.
– Jil Sander and Helmut Lang join the Prada group.
– Gucci buys YSL.
– Daniel Myrick & Eduardo Sanchez: *The Blair Witch Project.*
– Thomas Vinterberg: *Festen.*
– Stanley Kubrick dies.

ANN DEMEULEMEESTER
VS is goed voor 35 % van de omzet.

Barney's na, waar de „grand chic" komt kopen. In Soho zijn de meeste boetieks gevestigd waar wat minder *mainstream*-mensen — maar daarom niet armer — hun kleren kopen. Een van die boetieks is de *Gallery of Wearable Art*, het enige verkooppunt van *Kaat Tilley* in New York.

Maar ook in Soho heerst toch enige braafheid. *Rika Vanhove* van *bvba 32*, de vennootschap van Ann Demeulemeester, verwacht veel van de opening begin augustus — hoewel het ook wel eens september of oktober zou kunnen worden — van *Jeffrey's*. „Soho is al tien jaar hetzelfde," zegt ze. „Dit wordt iets nieuws."

Eigenaar *Jeffrey Kalinsky* (37) bezit nu drie winkels in Atlanta en heeft naam en faam in de VS als een uitstekende advi-

NIEUWE STER

VERONIQUE BRAN-QUINHO. Vorig jaar haalde *Veronique Branquinho* 13 % van haar omzet in de Verenigde Staten. Dit jaar is dat al 20 %. Branquinho is nu vier seizoenen op de markt. Sinds het tweede seizoen zit ze

KLEREN VAN VERONIQUE BRANQUINHO *Uitgeroepen tot „best new designer" in de VS.*

al bij *Barney's*. Het is nog maar een rekje op wieltjes, met de naam bescheiden op de grond, en nog ver verwijderd van de muurlengte die *Dries Van Noten* en *Ann Demeulemeester* hebben. Maar de waardering die Branquinho heeft, is groot. Een artikel in de Amerikaanse *Vogue* heeft veel deuren geopend. En oktober vorig jaar kreeg ze de *Award for best new designer* van de populaire *VH1*-muziekzender (een Amerikaanse *MTV*). Ze werd uitgenodigd op het feest in *Madison Square Garden*, waar ze rondliep tussen alle Hollywoodsterren. In mei hield ze in Japan een show voor de tiende verjaardag van *Elle*.

„Ik maak geen reclame," iedereen komt naar hier," zegt ze. „Het eerste seizoen had ik 25 klanten, van wie enkele grote, hoewel ik enkel een showroom had in Parijs. Het tweede seizoen was er een show en een persagent."

Branquinhos vennootschap, *James*, werkt met vijf personen, maar er komen er twee bij. En in de periode van de verzending werden twee tijdelijke werkkrachten, ex-*Levi's*, ingezet. Ze heeft sinds december een autogarage in de Antwerpse Nationalestraat — halfweg tussen het trendy Zuid en het modecentrum rond de Lombardenstraat — ingericht als kantoor en magazijn. Branquinho wijt haar succes aan het feit dat ze op het juiste moment met een heel gevoelige en romantische mode op de proppen kwam.

seur voor hen die begeleiding willen bij het kopen van hun kleren (om het oneerbiedig te zeggen : voor zij die er wel geld voor bezitten, maar er geen verstand van hebben). Klanten vliegen vaak van Chicago en New York naar Atlanta om samen met hem hun inkopen te doen. Anderen krijgen een set thuis gestuurd waaruit ze kunnen kiezen. Met sommige klanten gaat hij op zijn kosten naar Europa om er shows te kijken en kleding te kopen. „Waarom geen 300 dollar besteden aan een ticket voor iemand die voor 16.000 dollar kleren koopt ?" Kalinsky verkocht ooit een kleed aan iemand om haar de volgende dag, na een nacht piekeren, op te bellen en te zeggen dat ze moest terugkomen, omdat dat kleed eigenlijk niet bij haar paste.

Jeffrey Kalinsky verkoopt in Atlanta Dries Van Noten, Ann Demeulemeester, Martin Margiela en Veronique Branquinho. „De Belgische ontwerpers zullen er belangrijk zijn in mijn nieuwe winkel," zegt hij. *„Je kunt geen modewinkel openen zonder de Belgen."*

Kalinsky heeft een voormalige *Nabisco*-koekjesfabriek gekocht van drie verdiepingen in een ex-industriële buurt die volop aan het heropleven is. Tussen een hele reeks kunstgalerijen ligt ook een schitterende winkel van *Comme des Garçons*, die wat weg heeft van Van Beirendoncks winkel in Antwerpen. Jeffrey's nieuwe winkel zal Ann Demeulemeester, Dries Van Noten, *Anna Heylen* en Martin Margiela brengen. „De Belgen hebben de laatste jaar zo'n geweldige invloed gehad op de mode," zegt Jeffrey Kalinsky. „Ze zijn erg talentvol. Ann en Martin hebben een nieuw concept ontwikkeld ; Dries is ook erg visionair en bovendien erg commercieel."

GUIDO MUELENAER

De Standaard, June 1999

NOT WITHOUT THE BELGIANS

'You have to be proud', says an enthusiastic salesperson at Barney's on Madison Avenue, one of the most exclusive department stores in New York. 'The Belgian designers sell the best, especially Dries and Ann.' [...] Together with Martin Margiela, they are the best-known Belgian fashion designers in the United States. 'They are requested a lot because they are a little avant-garde. It is really *in* to wear them', is the word here at Barney's.

In Atlanta, Jeffrey Kalinsky sells Dries Van Noten, Ann Demeulemeester, Martin Margiela and Veronique Branquinho. 'The Belgian designers will be important in my new store', he says. 'You can't open a fashion store without the Belgians.'

– The Euro introduced.
– SMAK, the Ghent Municipal Museum for Contemporary Art, opens with Jan Hoet as Director.

2000
– Maison Martin Margiela opens first store in Tokyo.
– Anke Loh: first Paris presentation – summer 2001.

– First defilé by Angelo Figus – winter 2000–2001.
– Björk wears Bernhard Willhelm at the Golden Globe Awards.
– First Paris defilé by Anna Heylen.

Hoewel de stad dat zelf pas als laatste schijnt te beseffen, heeft Antwerpen er de voorbije jaren een belangrijke economische troef bijgekregen: de mode. Sinds de doorbraak van de zogenaamde *zes* in het buitenland, intussen alweer bijna vijftien jaar geleden, mag Antwerpen voor mode rustig aanschuiven naast Parijs, Milaan, Londen en New York of Tokyo. In een reeks van vier artikelen onderzoeken we de economische gevolgen van het Antwerpse modefenomeen.

De Antwerpse Modenatie — 1

HOE DE BELGISCHE MODE DE WERELDTOP BEREIKTE

MADE IN ANTWERP

162

HAD men vijftien jaar geleden geopperd dat België een toonaangevend modeland zou worden, de voorspelling zou waarschijnlijk op meewarig gegrinnik zijn onthaald. Tot in 1986 zes jonge ontwerpers uit Antwerpen op een Londense modebeurs de aandacht van de wereld trokken. Vandaag staat de Belgische mode aan de internationale top en is *Belgisch* in de mode synoniem geworden voor hoge kwaliteit, grote creativiteit en een overvloed aan talent.

Claudia Bruss, de zaakvoerster van de modezaak, in Hamburg zegt dat „de Belgische ontwerpers een echte goede feeling hebben voor materialen en ze verliezen nooit dat opwindende. Elke collectie die ze brengen, is weer iets heel nieuws. Tegelijk kan je bijvoorbeeld gerust Dries Van Notenspullen dragen die al tien jaar oud zijn, zonder dat ze aan actualiteit inboeten." Ze lacht: „Wat dat betreft, zijn hun kleren niet geschikt voor *fashion victim*."

Hirofumi Kurino is een van de oprichters, marketing director, en inkoper van United Arrows, een keten van kledingzaken in Japan. In juni was hij even in Antwerpen, ter gelegenheid van de show van de modeacademie, voor hij naar Parijs afzakt, waar de defilés voor de herencollecties beginnen. United Arrows bestaat tien jaar, gaat dit jaar naar de beurs.

De keten verkoopt een breed gamma aan kleding, waarvan ongeveer tien procent van createurs. Kurino: „Van de ontwerperscollecties is dertig tot veertig procent Belgisch: Martin Margiela, Raf Simons, Véronique Branquinho, Dries Van Noten, Dirk Van Saene."

Wat maakt de Belgen in Japan zo aantrekkelijk?

„Iedereen stelt me die vraag. Ze is niet zo eenvoudig te beantwoorden, want ze zijn allemaal heel verschillend. Maar wat ze met elkaar gemeen hebben, is dat ze in hun collecties een zeer goed evenwicht vinden tussen fantasie en realisme. Veel andere ontwerpers leggen een te eenzijdige nadruk op het artistieke. Maar met kunst kleed je je niet. De Belgen weten dat artistieke en het realistische goed te combineren. Dat en hun respect voor tradities houden hen aan de top."

Niet voor niets beginnen we een artikelenreeks over de Belgische mode met commentaar van buitenlanders. Zij geven immers een beeld van hoe groot, in termen van naambekendheid, de Belgische ontwerpers wel zijn. Andere graadmeters zijn

Petra Teufel is de naam van een boetiek in de Neuer Wall, de straat met de meest exclusieve handelszaken in het Duitse Hamburg. De rekken zijn gevuld met overwegend zwart textiel: designerskleren van Issey Miyake en Paul Smith. In het midden van de ruime winkel, ter hoogte van een mezzanine, hangt een klein platform in plexiglas. Daarover gedrapeerd: 'de' sjaal van Dries Van Noten. De winkel koopt er ieder seizoen één exemplaar van in, een exclusief stuk voor de rijke Hamburger. Behalve de collectie van Dries Van Noten verkoopt de winkel ook deze van de Belgen Ann Demeulemeester, Martin Margiela en Raf Simons.

Isabel ROSSAERT

hebt tegenover financiers, firma's boven jou, een enorm verkoopnet en dergelijke, dan ben je niet meer flexibel genoeg en kan je niet meer reageren op nieuwe impulsen."

Ook Ann Demeulemeester spreekt niet graag over omzetcijfers. „Van belang is dat we een goed product maken en dat op een professionele manier op de markt brengen en dat we bijgevolg ook een professionele omzet hebben. Maar wat dat betekent in cijfers, daar heeft niemand zaken mee. Ik vind het verkeerd als mensen gevoelig gemaakt moeten worden door een cijfer. De schoonheid van het product, daar is het om te doen. Maar als je vertelt dat er wereldwijd 200 winkels zijn die Ann Demeulemeester verkopen, dan weet je ook dat het niet om vijf jurkjes gaat."

Geert Bruloot kan het weten. Hij gaat door het leven als de man die, volgens de mythe die hij intussen is geworden, de *Antwerpse zes* beroemd maakte. Dat gebeurde in de eerste helft van de jaren tachtig: de Belgische textielindustrie lag op sterven en met het Textielplan ondernam toenmalig minister van Economische zaken Willy Claes een laatste reanimatiepoging.

Het Instituut voor Textiel en Confectie in België (ITCB) wordt opgericht en er wordt een Gouden Spoelwedstrijd in het leven geroepen om jong creatief talent stimuleren. Wellicht dankzij die wedstrijd wordt de aandacht gevestigd op een aantal opmerkelijke jonge ontwerpers die in de jaren '80, '81 en '82 aan de modeafdeling van de Antwerpse Academie voor Schone Kunsten afstuderen.

Londen was op dat moment *the p* voor de mode. En omdat schoen een beetje mager was, werd besl de kledingcollecties te neme dere ontwerpers sprongen mee op

Geert Bruloot: „Dat eerste jaar Demeulemeester niet mee, omdat ger was. Van haar werd enkel een getoond. Toen ze het jaar daarop collectie had, vroeg ze me of ik die komen bekijken. Ik was zo weg va lectie dat ik ze meteen aankocht. hebt geen winkel, hoe ga je dat ve vroeg Ann. Waarop ik antwoord snoods verkoop ik ze in mijn appa Eigenlijk ben ik met mijn kledingz begonnen wegens die eerste coll Ann."

„*Maar als je vertelt dat er wereldwijd 200 winkels zijn die Ann Demeule verkopen, dan weet je ook dat het niet om vijf jurkjes gaat*"
(Ann Demeulemeester)

— Work begins on 'ModeNatie' (FashioNation).
— Angelo Figus designs the costumes for the Dutch opera, *Rêves d'un Marco Polo*.

— Anke Loh designs costumes for the Anne Teresa De Keersmaeker dance performance. *In Real Time*, and wins the fashion competition in Hyères.
— Dirk Bikkembergs: visiting designer for Pitti Immagine Uomo, Florence.

— Christian Wijnants starts his own label.
— Stephan Schneider opens a store in Antwerp and first men's show in Paris.
— Walter Van Beirendonck wins the Flemish Culture Award for Design.

De Standaard, August 21, 1999

MADE IN ANTWERP:
HOW BELGIAN FASHION
REACHED THE TOP

What makes the Belgians so attractive in Japan? Hirofumi Kurino, United Arrows: 'Everybody asks me that question. It is not so easy to answer, because they are all so different. But what they have in common in their collections is that they all find an equally good balance between fantasy and realism. Many other designers put too much one-sided emphasis on the artistic. But you don't dress yourself in art. The Belgians know that the artistic and the realistic can combine well. That, and their respect for tradition, keeps them at the top.'

163

Pauw. Tijdens het tweede seizoen kwam daar Komlan in Milaan bij, dat destijds toonaangevend was en meteen een groot order plaatste. In België zelf was er in het begin een heel negatieve sfeer rond alles wat Belgisch was. Het is dan ook een bewuste strategie geweest om eerst naar het buitenland te gaan en daarna de Belgische markt te veroveren. Dat ik meteen een grotere impact had inzake naambekendheid, komt misschien ook omdat ik als eerste naar buiten kwam met een eigen collectie en een eigen winkel. In de beginjaren werkte ik freelance voor verschillende fabrikanten en als ik tijd over had, maakte ik bij die fabrikanten, met de overschotten van de stof, een kleine reeks. Ik had een heel klein winkeltje. De ene week hingen er alleen maar broeken, de andere week alleen maar hemden. Dat was op die manier niet vol te houden. Dankzij de *Gouden Spoel* kwamen we aan de nodige contacten en waren we in staat eigen reeksen te ontwerpen, die we ook konden realiseren."

Dat was voor Londen. Vandaag is het kleine winkeltje Het Modepaleis geworden, sinds 1989 gevestigd in de Antwerpse Nationalestraat. De

Dat ik voor Antwerpen kies, is gewoon omdat ik hier woon: ik heb alles rondom mij georganiseerd."

Ann Demeulemeester beweert geen strateeg te zijn. „Ik neem alle beslissingen met mijn hart: ik doe nieuwe stappen zodra ik vind dat de tijd er rijp voor is en ik het op mijn manier goed kan doen. Niet onder druk van iemand anders. Ik maakte bijvoorbeeld al lang collecties voor ik mijn eigen defilé deed. Mensen zaten mij daar jaren over aan mijn kop te zeuren. Nu vond ik dat het moment gekomen was om met een eigen winkel te beginnen. Die winkel vertegenwoordigt het *universum van Ann Demeulemeester*, zodat mijn kleding ook duidelijker wordt voor de consument. Het is ook een plek waar je de hele collectie kan vinden, in tegenstelling tot multimerkenwinkels die noodgedwongen een beperkte keuze brengen. En verder is het ook belangrijk dat er een voorbeeld komt voor de professionele wereld. Je kan ook niet verwachten dat er meerdere Ann Demeulemeesterwinkels komen, als je niet met een eerste begint. Niet dat ik de uitbouw van een keten plan, maar het is mogelijk. Ik heb er altijd voor gezorgd dat ik niet te snel groeide, want ook dat kan gevaarlijk zijn. Ik wil alles onder controle kunnen houden."

- Raf Simons and David Sims exhibit *Isolated Heroes* in Paris.
- Cult catalogue by Steven Meisel for Gianni Versace.
- David Beckham in *Arena Hommes Plus* by Steven Klein.

- Tom Ford becomes Creative Director at Yves Saint Laurent.
- Alexander McQueen joins the Gucci group. Azzedine Alaïa joins the Prada group.

- Style.Com established by Condé nast.Net.
- Naomi Klein: *No Logo*.
- Wolfgang Tillmans wins the Turner Prize.
- J.T. Leroy: *Sarah*.

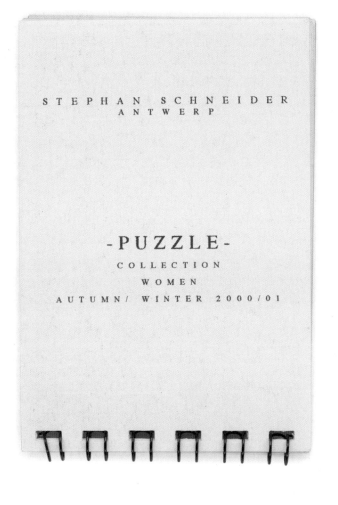

Stephan Schneider, lookbook autumn–winter 2000–2001

STEPHAN SCHNEIDER
ANTWERP

GROUP THEORY

COLLECTION

MEN

SPRING/ SUMMER 2001

Stephan Schneider, lookbook spring–summer 2001

The Light of an Old City Shines on New Ideas

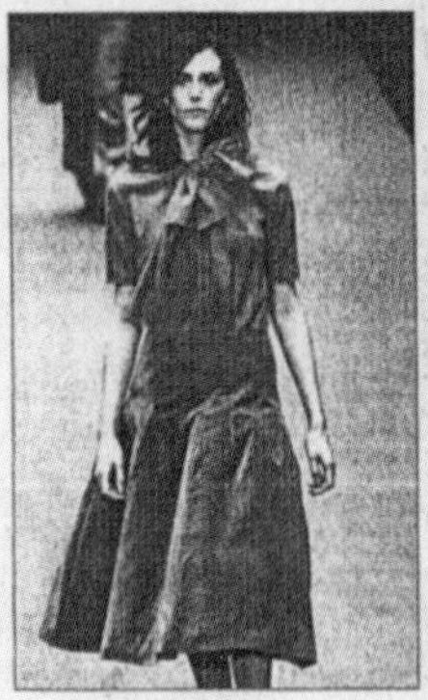

Clockwise from top left: Dries Van Noten; Ann Demeulemeester at her fall 2000 show; "youngster" Olivier Theyskens; a purple satin frothy skirt under a brown tweed short coat from Theyskens's fall 2001 collection; a pants outfit from Veronique Branquinho's fall 2001 line; a revealing skirt set from Martin Margiela's fall 2001 collection; a feminine blouse and full skirt from Van Noten's fall 2000 line.

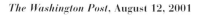

The Washington Post, August 12, 2001

THE LIGHT OF AN OLD CITY SHINES ON NEW IDEAS

There are enough Belgians working in Paris – more than a dozen on the most recent official schedule of fashion shows – and with enough artistic clout that one can discuss a Belgian aesthetic. As a group, they have articulated a unique point of view, one that calls to mind words such as 'poetic,' 'melancholy,' 'classic' and 'imperfect'. 'The Belgian aesthetic is a marriage of dreams and pragmatic thinking,' notes designer Dries Van Noten.

Unlike the Japanese, who introduced an abstract quality to clothes, Belgian design – no matter how adventurous – is always rooted in tradition. And that makes it wearable.

Many factors shape the Belgian aesthetic, [...]. There is, of course, the environment of Antwerp – the light, the architecture, the stone streets. These designer businesses exist on their own terms: private, without a laundry list of licenses, with little advertising. This business model operates in defiance of the fashion industry's current chest-pounding, avaricious nature.

It also allows for a distinctly personal point of view.

'It's not just a technique or something intellectual like deconstruction, but a sensibility. There is something about Belgium that is conducive to this interesting sensibility – the Belgian climate, a failed country divided between French and Flemish speakers. It's at the center of Europe but there's no real center to it,' says Valerie Steele, a fashion historian at New York's Fashion Institute of Technology, where she recently curated an exhibit on Belgian designers. 'In Antwerp it's almost like they're talking to themselves,' Steele says, [...] 'So many [of the designers] talked about their youth. There's a real psychoanalysis of the artist.'

'At the Royal Academy, students are encouraged to look inward. Most fashion training encourages you to look outward. There, you're encouraged to go deeper and deeper into a subjective consciousness,' says Steele. In Antwerp, fashion is a private endeavour, much like writing. Outside influences are internalized and eventually articulated in a profoundly personal voice.

THE INSPIRATION ISSUE NO.206

cover stars: **chloe and robbie** photographed by **willy vanderperre february 2001**

167

heroes

guest edited by raf simons

vanessa beecroft
anuschka blommers
larry clark
anna cockburn
peter de potter
alexei hay
guido
bert houbrechts
james iha
nick knight
brian molko
peter saville
david sims
niels schumm
olivier rizzo
steven sprouse
willy vanderperre

£3.10 US$9.99

MADE IN THE UK

9 770262 357051   02>

LIRE 16,000 DM 20.00 Hfl 15.95 YEN 1500

SOUND

International Herald Tribune, May 29, 2001

FASHION LANDS IN ANTWERP:
A 5-MONTH CULTURAL CELEBRATION OF FLEMISH STYLE

Fashion 2001 has landed! That is the title of an ambitious five-month cultural project that opened in Belgium last week and gives public recognition to the powerful voice of Flemish fashion. 'Mode 2001 Landed-Geland' encompasses four imaginative exhibitions and a series of events […].

Catalogue #1 Fashion 2001 Landed-Geland

2001
– Raf Simons returns with his 2001–2002 winter collection.
– Walter Van Beirendonck is curator of 'Fashion 2001 Landed-Geland' and organizes the 'Mutilate?', 'Emotions', 'Radicals' and '2Women' exhibitions.

Rei Kawakubo collaborates on '2Women' and shows her collection at five locations in Antwerp.
– Bruno Pieters presents an haute couture collection in Paris.

– Ann Demeulemeester dresses the Sint-Andries Church Madonna in Antwerp.
– Raf Simons is guest editor for *i-D*.
– Erik Verdonck starts his own collection.

168

Style

In Antwerp's city square, Walter Van Beirendonck, artistic director of the festival.

Fashion Lands in Antwerp

A 5-Month Cultural Celebration of Flemish Style

By Suzy Menkes
International Herald Tribune

ANTWERP, Belgium — This city of solid stone buildings in dusty Pieter Brueghel colors has a bright new summer wardrobe. From the top of the Police Tower, patches of fluorescent green, vermilion, orange and electric blue stand out among the cityscape of cathedral spire, crenellated roofs and vast seaport.

Fashion 2001 has landed!

That is the title of an ambitious five-month cultural project that opened in Belgium last week and gives public recognition to the powerful voice of Flemish fashion. "Mode 2001 Landed-Geland" (until Oct. 7) encompasses four imaginative exhibitions and a series of events that included an effervescent opening party held against a backdrop of grounded airplanes at Antwerp airport.

From the giant series of billboards celebrating fashion radicals — staged like a Stonehenge circle on a wasteland by the port — to the striking images of bodily alterations at the "Mutilate?" art show, this is a fashion vision on a grand scale.

Behind it are two forceful figures: the designer Walter Van Beirendonck, the artistic director and instigator of "Mode 2001," and Linda Loppa, who is celebrating 20 years as an inspirational teacher at the Flanders Fashion Institute, which has put Belgian design on the international stage.

After a striking success with a Van Dyck festival in 1999 that brought a million visitors to Antwerp, the city and regional government produced from public funds 75 percent of the $5 million budget for this summer's fashion fest.

Their virtue was rewarded by a sun-kissed opening to an event that deserves to be seen far and wide. For Van Beirendonck has succeeded in highlighting — literally and figuratively — the power and energy of Antwerp style. It comes through in the vivid colors that clothe buildings and beam from posters, in the "fashion walks" focusing on the quirky stores of young designers and in the historical sweep that takes in African tribal ritual and the classic chic of Coco Chanel, while celebrating all that is revolutionary and modern.

"It sounds too chauvinistic to say that this couldn't be done anywhere else but Antwerp," said Bruno Verbergt, the co-ordinator of the event. "But we have this unique mix of the academy to foster cre-

Skinny Twiggy and spiky stiletto at the "Mutilate?" exhibition.
Photographs by Etienne Tordoir

Suzy Menkes

Van Beirendonck with Rei Kawakubo, and, at right, her body-deformation on display.

cohesive quality is at the heart of its fashion. "It's like a small village — there is the possibility of getting away from the real fashion world," he says. "It's very comfortable — close to London, Paris and Amsterdam. But it's nice to come back here."

If that sounds cozy, then take a look at the global village Van Beirendonck visits in "Mutilate?" This splendid show at MUHKA, the Museum of Contemporary

At the Chanel show, too, Van Saene mingles film with iconic "Coco" elements, like the quilted bag, tweed suit and the No. 5 fragrance. Also on video are testaments of emotional fashion moments in the lives of industry personalities brought together in six hours of footage. They are captured by Bob Verhelst in "Emotions," an exhibition staged at the top of the Police Tower with the officers coming up from their canteen

What's Hot and Cool?
The Shopping Scene

International Herald Tribune

ANTWERP, Belgium — In the windows are pink flamingos, to complement the fuchsia jeans and candy-colored shirts (for men) and the butterfly-light women's clothes. This is Dries Van Noten's Modepaleis — opposite his family's traditional men's store — where the influx first began of cool young Belgian designers into a nondescript area near the Groenplaats.

Now the Art Nouveau Modepaleis (at Nationalestraat 16), with its cupola and wrought iron balconies, is the epicenter of an individualist designer area that includes modern jewelry boutiques and stores selling tactile, layered, monochrome Belgian fashions.

Around the corner, on Kammenstraat are funkier sportswear stores, especially Fish & Chips with its cool streetwear and cheeky window displays. The street also

Christoph Broich in his new store.
Etienne Tordoir

includes snowboard and surfing suppliers, body-piercing and fetish shops and gothic fantasies, like laced-up vinyl jeans or a black leather purse with violet velvet episcopal cross. The collection at Naughty-1, from Pucci-esque swirl-print pants to gilded leather trench, includes vintage clothes "picked by hand from across the world," as the founder and owner, Luc Carpentier, puts it.

Around the block is Walter Van Beirendonck's striking store (Sint-Antoniusstraat 12), where a window display of airplane tail wings fronts the white hangar of a store (a converted garage). Clothes by the designer, or from fashion soul mates like Bernard Willhelm and Carol Christian Poell, are displayed in a world of not-so-innocent childhood: a huge, threatening teddy bear and a Red Riding Hood wooden hut with log seats.

A newcomer to this hip arena is Christoph Broich, who opened a shop last week (at Steenhouwersvest 28) to showcase his imaginative prints. Inspired by the photographic manipulation of Man Ray, the German-born Broich X-ray-prints a pair of jeans with the keys and coins that might be in its pockets, or the pins and needles that were used when the clothes were under construction. The store, hollowed out from an old building, is poetically "unfinished" with bared brick walls and a patchwork of different floor tiles.

This designer area will have its mecca in the ModeNatie, where the Flanders Fashion Institute will open its new headquarters and museum in 2002. The Nationalestraat building appropriately started life as a department store in the 19th century, when this area was last a shopping hot spot.

Designers Do Denim

International Herald Tribune

ANTWERP, Belgium — Strung overhead like lines of wind-blown laundry, the dangling denim competed for attention with Rubens paintings and images of voluptuous Venus. But "Designers Do Denim," last week at Antwerp's Royal Museum of Fine Arts, was far more than an exercise in design virtuosity. Although it was fascinating to see how a pair of humble blue jeans could be transformed with lacy embroidery by Dries Van Noten or turned into a pair of page's breeches, complete with knee bows, by Angelo Figus, the purpose was noble: to create collector's items that were auctioned off in an AIDS benefit on Sunday, which raised $32,000.

The design director, Ninette Murk, worked for more than a year to cajole high-profile participants and to raise consciousness among the fashion crowd. The denim creations, all customized from Evisu jeans, showed how much can be done with a simple idea and a lot of imagination. The jeans could be sexy, as with Veronique Leroy's zippers snaking up the inside legs; racy, when Ann Demeulemeester attached a plume of crimson horsehair at the waist, and artistic, when Hans de Foer cut out circles and used the pieces as appliqués.

With 50 international designers and artists competing for the hearts and purses of fashion followers, the bidding started on the Internet in February on Valentine's Day, with the highest e-mail bid used as the starting price for the live auction. After holding exhibitions in Brussels, London and Utrecht, and promoting the event in cyberspace, the organizers succeeded in making a statement that has resonated far beyond Antwerp.

Jean-François Carly

Lace-embroidered

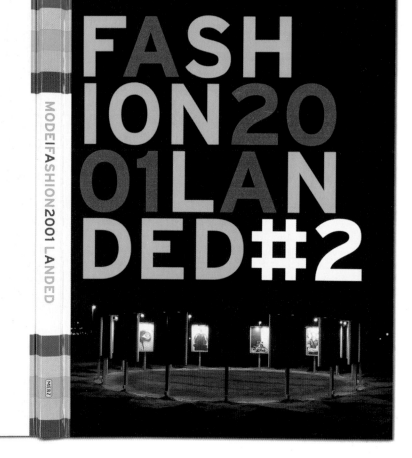

Catalogue #2 Fashion 2001 Landed-Geland

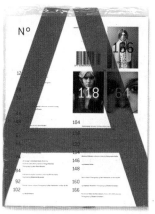

– Christoph Broich opens a store in Antwerp.
– Stephan Schneider opens a store in Tokyo.
– Walter Van Beirendonck designs the costumes for Ivo Van Hove's *The Massacre at Paris*.

– First Paris collection by Christian Wijnants.
– *N°A magazine featuring Dirk Van Saene* is published as part of the 'Fashion 2001' programme.

– Olivier Rizzo becomes stylist/consultant for the Louis Vuitton men's line.
– Dirk Schönberger dresses Bono for the U2 'Elevation' tour.

Weekend Knack, 2001

LIMB–LESS

– The Prada store, designed by Rem Koolhaas, opens in New York.
– Hussein Chalayan shows in Paris.
– Karl Lagerfeld invites Vive La Fête for the Chanel defilé.

– 9/11.
– Afghanistan is invaded.
– Kylie Minogue: *Can't Get You Out Of My Head*

2002
– Maison Martin Margiela opens stores in Brussels and Paris.
– *N°B magazine featuring Bernhard Willhelm* is published.
– First Haider Ackermann defilé in Paris – winter 2002–2003.

LEDEMATEN
MEDEMATEN

In de Carolus Boromeuskerk meten de royale en opulente silhouetten van modestudent Kanya Miki zich met het barokke interieur. Zoveel barok bijeen zorgt voor een overdonderend effect. „Zelfs als niemand ervan houdt, dan nog ben ik tevreden."

– Bruno Pieters shows his first prêt-à-porter collection in Paris.
– Les Hommes: first men's collection – summer 2003.
– Haider Ackermann designs for Ruffo Research – summer 2003.

– Dirk Schönberger launches a women's collection – winter 2002–2003.
– A.F. Vandevorst designs costumes for *Vèc Makropoulos* by Leos Janacek at the Dutch Opera in Amsterdam.

– Tim Van Steenbergen gives his first Paris presentation – winter 2002–2003.
– Wim Neels opens his own store in Antwerp.
– 'ModeNatie' opens.

174

Outfit N° 1

Apple-green sweat-shirt with "FIFTIES
Ball-room-dress"-detail

A-line, knee-length skirt in tweed with
zig-zag pattern

1360 DIRK VAN SAENE WINTER 2002-2003

Outfit N° 22

Slimm-fitted coat in heavy tweed

Is Belgian Avant-Garde Out of Fashion?

Ann Demeulemeester at a fete to celebrate the 20th anniversary of Belgian fashion.

Dries Van Noten in his Antwerp shop.

Walter Van Beirendonck in his shop.

Filip Arickx

Continued from page one
verge of closing.

Certainly, the economy, which has made it difficult for young designers everywhere, is partly to blame.

But as Antwerp, the home of the famous 3Six2, last month celebrated its 20th anniversary on the fashion map with a party and exhibit at the recently minted Mode Museum, designers are now asking a new question: Has Belgian fashion lost its edge? And what does that mean for the avant-garde?

"I think the concept of the avant-garde is outdated," said Ann Demeulemeester. "It's a 1980s leftover. Tell me, what's avant-garde now?"

But for many years, at least to the outside world, Belgian fashion was exactly that. Retailers turned to Milan for sexy marketable collections, New York for cool sportswear and to Paris for couture-level chic. Belgium, and Antwerp in particular, earned a reputation for thought-provoking clothes so complex that at times they were sold with directions on how to put them on.

The hubbub that surrounded the Antwerp brigade has calmed. No longer do Goth groupies clamor for a ticket to a Veronique Branquinho or Raf Simons show. Now those designers are hunkered down trying to grow their businesses and make more wearable clothes.

To be sure, the image of Belgian fashion is changing. Names such as Dries Van Noten and Demeulemeester are no longer considered edgy. Their businesses have blossomed and retailers now cite their brands among their perennial best sellers.

Even Martin Margiela, the Paris-based Belgian long known for his abstract approach, this season launched a line of classic clothes, including cashmere sweaters and silk blouses, which are more geared to the typical luxury client than the alternative crowd.

"The trend is no longer for the conceptual," said Maria Luisa Poumaillou, who operates the Maria Luisa designer boutiques in Paris. "But the Belgians are no longer conceptual. Ann Demeulemeester is a classic; she's the Giorgio Armani of Belgium. Martin Margiela's a classic for me, as is Veronique Branquinho. They remain among my best-selling brands. But if the Belgians aren't the avant-garde, than the avant-garde doesn't exist. They still have the extra twist."

What has changed? As Antwerp settles into its role as an established fashion hub, the mindset shows signs of evolving and the market has matured. Twenty years ago, Belgian fashion hardly existed. Even homespun companies like Scapa veiled their affiliation to Belgium.

"It just wasn't attractive to be Belgian," said Van Noten. "A company like Olivier Strelli sounded more French than Belgian. When we started making clothes and vindicating our status as Belgians, it was a departure. We wondered if we shouldn't change our name. Dries Van Noten isn't exactly easy to pronounce."

When the so-called 3Six2 — Margiela, Demeulemeester, Van Noten, Walter Van Beirendonck, Dirk Van Saene and Dirk Bikkembergs — burst on the scene in the early Eighties, they became synonymous with subverting fashion convention.

Margiela, for example, worked with recycled garments and Van Beirendonck's style shuttled somewhere between Mars and Venus. With her poetic, brooding clothes and wraparound draping, Demeulemeester championed the rebel rocker queen.

But breaking new ground is not as easy as it once was, designers say.

"Most everything weird has already been done," said Van Noten. "People started to look to Antwerp for conceptual fashion. But you learn that clients aren't interested in wearing avant-garde garments. Maybe the need no longer exists. The industry has changed; before there was a need to shock. Now it seems more interesting to create beautiful — not experimental — garments."

Marc Gysemans of Gysemans BVBA, who produces Simons' collection under license,

> **"The industry has changed; before there was a need to shock. Now it seems more interesting to create beautiful — not experimental — garments."**
>
> — Dries Van Noten

blames the economy.

"Antwerp designers always did their biggest business in the Far East," he said. "But the euro is too strong against the yen and SARS hurt a lot. A crisis period is not the best moment in which to make crazy clothes."

Belgian designers have also had to cope with decreasing manufacturing muscle at home. In the recent past, young designers who would have had difficulty manufacturing abroad found domestic producers willing to bet on emerging talent that only sold hundreds of garments per season.

But Belgian manufacturing is on the decline. Recently, Dries Van Noten moved much of his production to Eastern Europe.

"We needed to get better prices," said Van Noten. "People no longer want to work in factories in Belgium. It's a pity. Young designers got a lot of help from the local manufacturers."

"The situation has become almost impossible for young designers in Antwerp," said Stephan Schneider, who founded his line seven years ago. "It's becoming impossible to get anything produced. And for the more established designers the manufacturing situation has made it impossible to grow. If I ask my manufacturer to do 10 jackets, fine. But I can't ask them to do 100. They simply can't do it."

Designers also have to deal with a swing in fashion tastes. As celebrity culture reaches new summits, Belgians continue to shun the roaring publicity machine. Margiela, of course, is the most extreme example, refusing to be photographed or interviewed face to face.

"There has never been one Belgian style," Van Beirendonck said. "But the designers here share a similar approach to fashion. We've been more intellectual and experimental. But that fashion moment is now over. Fashion's about celebrity and making women look like sex objects now. People are beginning to wonder if Belgian fashion is now out of fashion."

Meanwhile, whereas much of the fashion industry in the late Nineties was caught in a wind of fusions and acquisitions, the Belgians remained fiercely independent. This has been both a force and a limitation.

Although designers like Van Noten boast that they still control every aspect of their business, from choosing buttons to shop windows, they acknowledge that to grow larger would necessarily change their approach.

"My company remains controllable," said Van Noten, adding his company generated about $30 million in revenue last year. "But if it gets much larger I'm afraid that I'd have to make decisions that would compromise that control."

"I wouldn't like to have to answer to anyone," added Demeulemeester. "Making my own decisions is the sweet side. But I can't say that I'll open a new store tomorrow. I don't have the resources. This remains a family business."

Some younger designers have forged industrial partnerships. Branquinho, for example, sold a stake in her company to Gysemans. Simons and Tim Van Steenbergen, one of the last Belgians to launch his own line, have similar agreements with Gysemans.

Gysemans said that the bad economy has reined in growth. "We've had to work with less money," he said. "We have to control costs. We can't spend as much on shows."

But others have begun to feel the limitations of going at it alone. "We're looking for a new model," said Filip Arickx who, with An Vandevorst, designs the AF Vandevorst brand. "I'm interested in having a business plan and finding the right way. But we're not a mass product. And that poses certain challenges."

As a teacher at the Royal Academy, the school that has given birth to three generations of designers here, Van Beirendonck has been among the most solid supporters of youngsters trying to set up on their own. He has carried their collections in his shop and he has instructed them in the nuts and bolts of running a business.

"There's a new attitude among the designers graduating from the academy," he said. "Before they wanted to be experimental as soon as possible. They wanted to have their own collections. They were interested in making a statement. But that doesn't interest them anymore."

He continued, "The ambition to start straight up with a collection no longer exists. When the economy got bad, they saw that it wasn't that easy. Before, everybody that came out of the school was having tons of success right away. They all wanted to follow in their footsteps. But when they started closing down or having real difficulties, they started to have second thoughts."

But that development hardly signals the death knell for Belgian fashion.

"For a boutique like mine, Belgian designers have become the bread and butter," said Poumaillou. "They give the added value and individuality that you don't find in Milan or London. They may be out of the spotlight for the moment. But they're still there. They are still strong."

Women's Wear Daily, October 9, 2003

IS BELGIAN AVANT-GARDE OUT OF FASHION?

'The trend is no longer for the conceptual,' said Maria Luisa Poumaillou, who operates the Maria Luisa designer boutiques in Paris. 'But the Belgians are no longer conceptual. Ann Demeule-meester is a classic; she's the Giorgio Armani of Belgium. Martin Margiela's a classic for me, as is Veronique Branquinho. They remain among my best-selling brands. But if the Belgians aren't avant-garde, than the avant-garde doesn't exist. They still have the extra twist.'

'The industry has changed; before there was a need to shock. Now it seems more interesting to create beautiful – not experimental – garments.' – Dries Van Noten

'There has never been one Belgian style, but the designers here share a similar approach to fashion. We've been more intellectual and experi-mental. But that fashion moment is now over. Fashion's about celebrity and making women look like sex objects now. People are beginning to wonder if Belgian fashion is now out of fashion.' – Van Beirendonck

'For a boutique like mine, Belgian designers have become the bread and butter,' said Poumaillou. 'They give the added value and individuality that you don't find in Milan or London. They may be out of the spotlight for the moment. But they're still there. They are still strong.'

Bernhard Willhelm, autumn–winter 2003–2004

Wim Neels – Taille, autumn–winter 2003–2004

184

Frankfurter Allgemeine Zeitung,
October 8, 2005

THE MASTER OF THE BANQUET: DRIES VAN NOTEN SERVES UP THE YEAR'S MOST SPECTACULAR FASHION SHOW OUTSIDE THE GATES OF PARIS

Historic places are favourite sites for Dries Van Noten, who is now issuing invitations to his fiftieth fashion show, a great jubilee celebration. He has always found the most weird and wonderful places to hold his shows […]

Van Noten may not be the most famous of designers, but his shows are unsurpassable. This may be due to the fact that he works for himself, rather than being part of a big company, because instead of putting his money into advertising, he puts it all into the shows that are his favourite medium.

In the faded suburban town of La Courneuve, Dries Van Noten from offbeat Antwerp shows just what Paris can mean. Tom Ford given early retirement, Jean Paul Gaultier grey-haired, John Galliano forced to conform – and Dries Van Noten resurrected. *Voilà!*

– Veronique Branquinho opens her own store on Nationalestraat in Antwerp and starts a men's line.
– Dirk Bikkembergs dresses the Inter Milan football team.

– Inge Grognard wins the Flemish Culture Award for Design.
– Olivier Theyskens designs his first collection for Rochas.

– *N°D magazine featuring Olivier Theyskens* is published.
– Martin Margiela designs his last collection for Hermès; Jean Paul Gaultier succeeds him.

frei: Dries van Notens Entwürfe auf einem besonderen Laufsteg

Foto Helmut F[...]

Der Herr der Tafelrunde

Dries van Noten tischt vor den Toren von Paris in der spektakulärsten Modenschau des Jahres auf

[...]ktober. Nichts deutet [...] die Schau des Jahres [...]eladen hat Dries van [...] alte belgische Desi-[...]neuve außerhalb von [...]orort, so herunterge-[...]n in der Dämmerung [...]nhaltestelle nach Hau-[...]macher hat einen An-[...]nladung gelegt. Aber [...]stem oder guten Fah-[...]a Mittwoch abend aus [...]nktlich hierher. Von al-[...]illgelegte Industriean-[...]houetten. Historische [...]rain von Dries van No-[...]Männermode begann, [...]amen- und Herrenkol-[...]rt und nun zu seiner [...]chau lädt, zu einem

[...]er die schönsten und [...]Orte gefunden: im eis-

Brücke beim Gare du Nord, im Oktober 1997 im geradezu gotischen Kulissendepot der Opéra National, im März 1999 in der Concièrgerie, im März 2001 in einer gigantischen Tiefgarage am Montparnasse. Van Noten, der in alle Welt verkauft, aber nur zwei eigene Geschäfte besitzt, eines in Hongkong und eines in Antwerpen, woher er kommt und wo er die legendäre Modeschule besuchte, mag nicht der bekannteste Designer sein. Aber seine Schauen sind unübertroffen – vielleicht auch deshalb, weil er keinem großen Konzern gehört, sondern nur sich selbst, weil er sein Geld nicht in Anzeigen steckt, sondern allein in die Schauen, sein liebstes Medium. Und ins Essen, sein zweitbestes Medium.

In der fußballfeldgroßen Industrieruinenhalle des Babcock-Konzerns von La Courneuve ist der mehr als 120 Meter lange und zweieinhalb Meter breite Tisch gedeckt. Die Tischdecke ist aus einem Stück, die böhmischen Kristall-Lüster hängen tief und schwer über der Vorspeise aus Pil-[...]

Fisch mit Gemüse. 250 livrierte Kellner servieren den 500 Tafelgästen. Und der Nachtisch? Muß warten.

Am Tischende fällt ein Vorhang, und die Wand aus Fotografen erscheint (sie bekamen immerhin Pasta). Die Lüster werden geliftet. Am anderen Ende steigen die Models auf den Tisch und tragen auf den ewig langen 120 Metern die schönsten Kleider spazieren, die van Noten je entwarf. Von osteuropäischer Folklore ließ er sich inspirieren, und das verhieß angesichts aufgesetzter Ethno-Trends nichts Gutes. Aber van Noten lädt seine Seidenstoffe mit Blockstreifen, seine mit Ecru und Schwarz kontraststark inszenierten Jacquards nicht mit peinlichem Bauernblusenschick auf. Er nimmt nur die interessantesten Farben und die schönsten Blumenmuster, verfremdet sie leicht durch elegante Schnitte, ausgestellte weiße Röcke und altertümelnd gesmokte Blusen. Er läßt die von indischen Händen gefertigten rumänischen Stickereien nicht geschmack-[...]

Er zeigt allen, die wie Armani jetzt Indien schwören, daß er die Zeiten na[...] Anverwandlung längst hinter sich [...] Antwerpener schon seit den Spaniern fremdesten Einflüsse als die normalste [...]genkultur sehen. Er darf durchaus [...] mit kitschverdächtigen Glassteinen [...] fünf Zentimeter Durchmesser die Sä[...] beschweren und mit dickem Brokat [...] Blusen aufmotzen. Es paßt.

Den Kleidern applaudieren die G[...] nicht, nein, sie rufen ihnen zu, jub[...] schreien, pfeifen, springen auf. Daß s[...] mißgelaunte Laufstegfotografen app[...] dieren, gestandene Modeleute weinen, [...]dakteure am Ende Erinnerungsfotos [...]chen wie die Touristen – wann gab e[...] zum letzten Mal? Vor Monaten, w[...] scheinlich Jahren. Dries van Noten [...] dem schrägen Antwerpen zeigt im ver[...]ten La Courneuve, was Paris bedeu[...] kann. Tom Ford frühpensioniert, Je[...] Paul Gaultier frühvergreist, John Gall[...] zwangsangepaßt – und Dries van No[...]

187

– Maison Martin Margiela becomes part of the Diesel group.
– Walter Van Beirendonck designs costumes for the Flanders Ballet for their *Not Strictly Rubens* production with Marc Bogaerts.

– First Kathleen Missotten collection.
– The FFI organizes the 'Fashion this is Belgian!?' 25th anniversary exhibition at 'ModeNatie'.
– Claude Montana's couture line discontinued.

– Graphic designer Paul Boudens publishes his book 'Paul Boudens Works Volume I'.
– Iraq is invaded and Saddam Hussein is ousted.

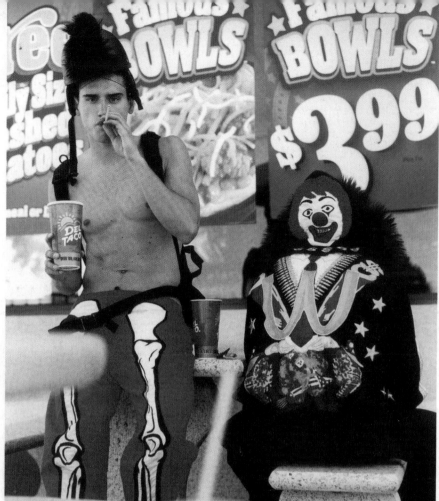

FROM LEFT: ARTHUR
WEARS TROUSERS
AND HELMET, BOTH
TO ORDER, WALTER
VAN BEIRENDONCK.
BACKPACK, £65,
THE NORTH FACE.
DANNY WEARS
HOODED JACKET,
TO ORDER, WALTER
VAN BEIRENDONCK.
TROUSERS, £156, MARC
JACOBS. SEE DATA
FOR DETAILS. STYLED
BY GARTH SPENCER

GQ, 2006

SEASON AW.06/07 – DESIGNER OF THE MOMENT: WALTER VAN BEIRENDONCK

How come the most striking collection was by a designer who hardly ever shows? [...] Walter Van Beirendonck, a lone voice in menswear.

AW.06/07 THE SEASON – DESIGNER OF THE MOMENT: ONE

WALTER VAN BEIRENDONCK

HOW COME THE MOST STRIKING COLLECTION WAS BY A DESIGNER WHO HARDLY EVER SHOWS? ALEX NEEDHAM MEETS WALTER VAN BEIRENDONCK, A LONE VOICE IN MENSWEAR.

Sometimes, Walter Van Beirendonck feels a bit like the polar bears drowning off the disappearing icecaps in the North Sea. In fact, he identifies with them so strongly that they inspired the 49-year-old Belgian designer's first fashion show in five years. Presented in Paris men's week and titled 'Stop Terrorizing Our World', it featured a procession of models in oversized navy and black military-tinged workwear embroidered with multilingual slogans. Midway through, they stripped to psychedelic underpants, took confetti out of their shoes and smeared it over their faces (where it stuck), then put their outfits back on inside out.

The backs revealed lifesize nightmare characters of hallucinatory brightness: an Amazonian Madonna, an Incredible Hulk with a computer called Mr Manipulator, and an evil Ronald McDonald, his tie an inverted golden arch, an image of George Bush riding a rocket emblazoned on his greedy stomach. Angry, audacious and blatantly political, it had next to nothing to do with the rest of fashion week, but that was pretty much the point. As Van Beirendonck's long-term supporter Suzy Menkes of the *International Herald Tribune* said: 'At a time when fashion is looking back to formalwear, it was refreshing to see a designer caring so passionately about the future, rather than the past.'

'Making a normal collection is not enough any more,' says Van Beirendonck, five months later, over lunch at a restaurant

in his adopted hometown of Antwerp. 'It is also about making a political statement. The main inspirations were two stories I read in the newspapers. One was about the polar bears; the icecap has receded so far, and the distance the bears have to swim has got so long, a lot of them get so tired they drown. The second was the Amazon, which is totally drying out: it looks more like a desert in certain areas.'

As has been noted, Van Beirendonck looks not dissimilar to a bear himself. He is rotund and twinkly, with a poker-straight grey beard. And, in one sense, he *is* a bear: a pioneering participant in the fat 'n' fur-loving gay subculture of that name ('Ten years ago, you'd go to a bear club in London and it was 40 people – now it's 400.') His maverick spirit makes him hugely engaging company. Whatever he's doing, he comes back to Antwerp twice a week to teach at the Royal Academy of Fine Arts, where he studied; one imagines he's an inspirational and popular teacher.

He misses the days when subversive brainiacs like Malcolm McLaren would make radical statements about the world via clothing. 'Fashion's too corporate, and it's becoming all the same,' he says. 'If you don't see the name on the label, it's difficult to recognise it; in the shops, it's becoming one product. I have a lot of respect for a designer like [Miuccia] Prada, because she's an incredible designer, but if you see what success does: all these lines and variations and decisions... it's a pity. You have to choose. If you want success you have to go with the flow.'

Van Beirendonck has never gone with the flow, but instead created his own world, separate from the endless trend cycle of ▷

fashion. Sometimes this means he's suddenly 'relevant', for instance: when the day-glo colours and trippy graphics of his clothes struck a chord with the rave generation. Sometimes it means he can't get arrested. When everything went Prada-black at the end of the last decade, it spelt doom for his second line, Wild & Lethal Trash (the designer walked in 2000 after his commercial partners, Mustang Jeans, tried to tone down his work; the label had 600 shops worldwide at the time).

Now, Walterworld is a desirable destination again. London labels such as Cassette Playa, underground fashion magazines like *Super Super*, and the whole 'neu rave' scene, involving clubs like White Heat in London's Soho and bands like the Klaxons, owe more than a neon-print T-shirt to his fearlessly lairy style. 'I know a lot of people now are fascinated with what I did in the W&LT period,' says Van Beirendonck. 'I remember the moment in London in the Nineties that there were a lot of people wearing my clothes, but in a totally different context than I was thinking of. It's strange sometimes. But the nice thing is that I'm being picked up by young generations again.'

In an age when fashion conglomerates can chew up talents of the magnitude of Jil Sander or Helmut Lang, Van Beirendonck's hard-fought independence now seems like a smart position. Not only does it allow him to take the piss out of Gucci and Dior with one outfit (worn by a decaying Amazon as a comment on 'skeletons wearing designer clothing'), but it also means he can run his own label as 'an artistic project that is specific to my taste. I don't think about commercial considerations; I just do what I think should be right.'

Without corporate backing, how can Van Beirendonck make his own label work as a business? 'It's not easy to get it produced and onto the market, because the quantities aren't that big,' he says. 'But I have loyal clients who have followed me for a long time, who are flexible. If you are behind my way of thinking, we can work together, but if you want perfect early deliveries, in the middle of the winter, for summer, that's not how it works. It's a tiny company, run according to my way of working – that's it. It's a luxury to think that way, because it's not giving guaranteed results. I'm taking risks, and I'm doing it within a very small structure.'

Then there are the commercial jobs he takes on in order to fund his label. Van Beirendonck designs children's clothes for JBC, a firm with 60 shops in Belgium. The label is called Zulupa-PUWA! This season, his third, features a very Van Beirendonck cartoon character with cartwheel ears and a pointy tail coming to earth to spread love and stardust. 'It's a low-price project, but it works perfectly; it's selling well and I can do what I want,' says the designer. He has also just started designing for Kappa Sport as artistic director. 'If I can make commercial products that are intended to be that way, I enjoy that. But if I have to suffer and copy things I don't like, I hate it.'

Born in the Antwerp province of Brecht, Van Beirendonck was inspired to become a fashion designer by David Bowie. From the age of 12 to 16, he saw Bowie evolve from the Ziggy Stardust period. 'It was totally shocking and a constant inspiration. I saw that it was possible to be different and to dare to do things with clothes.' He went to the Royal Academy of Fine Arts when he

was 18, and became firm friends with classmate Martin Margiela. (The two have not spoken for six years – Van Beirendonck says that Margiela has cut all ties with Antwerp, and mischievously adds that he has heard that the designer, who famously never allows his photograph to be taken and insists on total anonymity, now 'feels a bit sorry that nobody recognises him.')

Van Beirendonck graduated in 1981, with the rest of whom we now know as the Antwerp Six: Ann Demeulemeester, Dries Van Noten, Dirk Van Saene, Dirk Bikkembergs and Marina Yee. In two mobile homes, with the tall Bikkembergs sleeping in a tent ('his feet would stick out of the end'), they went to trade shows in Milan and, in 1985, the London Fashion Fair at the YMCA. The Belgians found themselves stuck on the third floor, where nobody bothered to go (the likes of Bodymap had the plum sites on the ground floor), but sent down models with flyers, which piqued the interest of PR Marysia Woroniecka. She took them on and pitched them to then-booming style magazines *Blitz* and *The Face*. The Antwerp Six were go, and neither fashion nor Antwerp have been the same since.

Walking to Van Bierendonck's studio, it's striking how much the city bears the marks of their success. Dries Van Noten has a

> 'IT'S A TINY COMPANY, RUN ACCORDING TO MY WAY OF WORKING – THAT'S IT. IT'S A LUXURY TO THINK THAT WAY, BECAUSE IT'S NOT GIVING GUARANTEED RESULTS. I'M TAKING RISKS, AND I'M DOING IT WITHIN A VERY SMALL STRUCTURE'
> WALTER VAN BEIRENDONCK

lavish two-storey store, which you'd call a flagship were it not the only one in the world. Demeulemeester and Bikkembergs have shops further down the street, and Van Beirendonck has Walter, a huge, white-painted former carpark that also sells clothes by kindred spirits Bernard Willhelm (whom he taught), Comme Des Garçons, A'N'D and Kim Jones. Antwerp makes a refreshing contrast to the uniformity of posh fashion streets the world over – however, the big brands are moving in, with Chanel and Louis Vuitton materialising in the city centre like Starbucks, a comparison with which Van Beirendonck mournfully agrees.

His studio is an elegant space overlooking a park, to which he moved to live in 1981 (he's since decamped to the suburbs). There's a bear mask on a marble bust, a sculpture of a dog with silver-foil-wrapped head, and such quintessentially Van Beirendonck debris as a hat with a propeller on the top, a Hungarian beaded belt, and a toy figure in a tiger-stripe Mexican mask. It's an appropriate nerve centre for a man determined to hang on to his eccentricities in a world that pushes uniformity, a man who once likened himself to Greenpeace. 'I am like them – a lot of actions and not many results,' says Van Beirendonck, his smile belying the gloomy sentiment. After all, he's still here, and after his bruising experience with W&LT and subsequent T-shirt label Aesthetic Terrorists (killed by September 11), he is happy going his own way, which no longer even includes the fashion-show treadmill. 'I won't show every season; it'll happen when it should happen,' he says. 'I decided to step back into the world, but that doesn't mean I'm going to act normal.' Whimsical and maverick but pragmatic and tough, Walter Van Beirendonck is an endangered species who deserves protecting. ∎

189

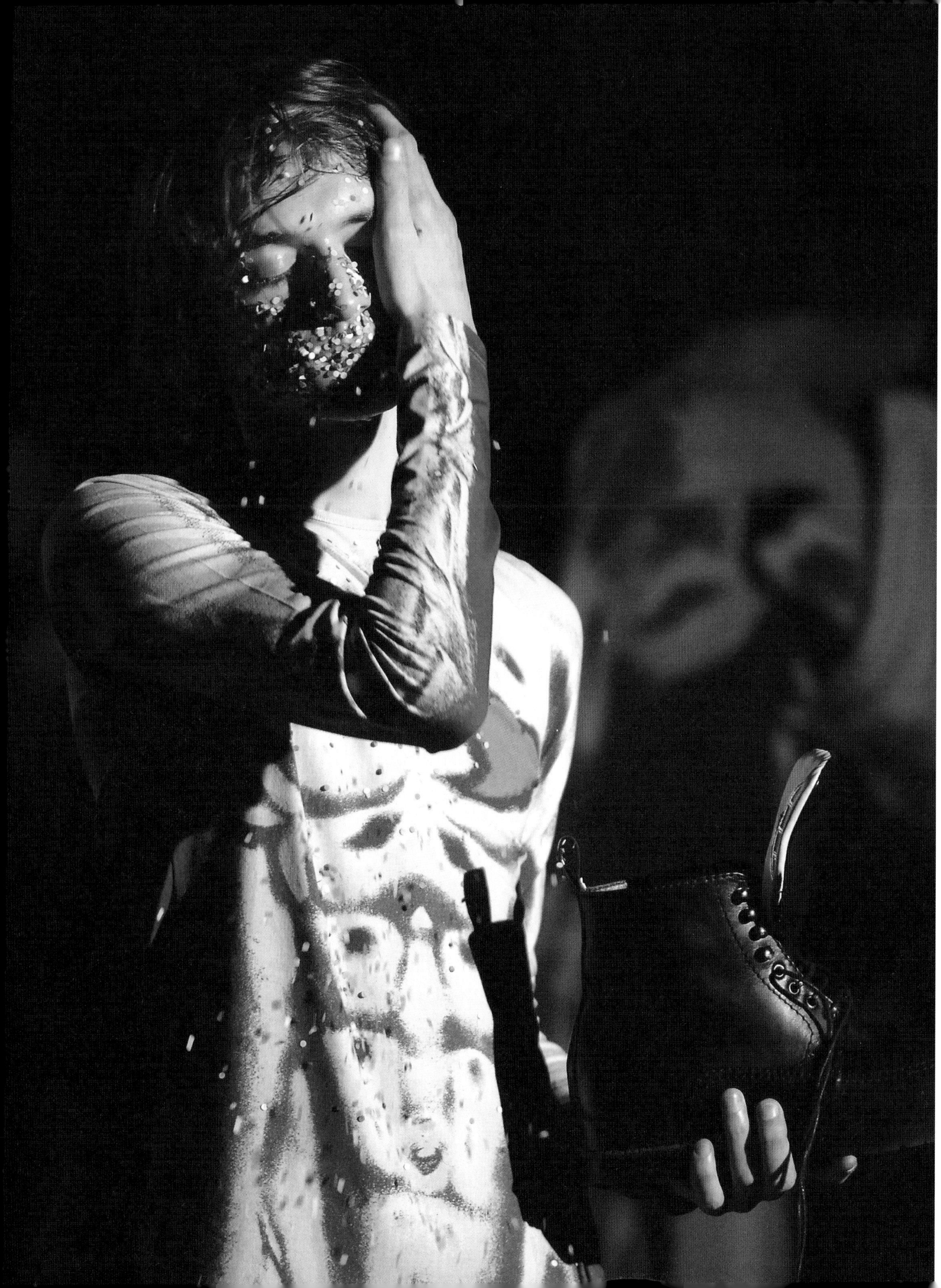

LA BALLE AU BOND

Il ne se contente pas d'habiller une équipe de foot : Dirk Bikkembergs est le designer-sponsor du FC Fossombrone, en Italie. Et compte bien marquer de nouveaux buts en 2006.

Après avoir lancé en 2000 une ligne « Bikkembergs Sport » dédiée aux chaussures à crampons et autres survêtements ; après avoir été, pendant deux saisons, le designer officiel de l'Inter Milan, Dirk Bikkembergs a finalement concrétisé un rêve d'enfant. Il s'est offert un club de football, le FC Fossombrone, petite équipe amateur de la ville italienne où est déjà installée la maison de production du créateur belge. Tenues de jeu blanches et bleues coupées sur mesure pour chaque joueur, costumes d'après-match, jeans et blousons… Rebaptisée Bikkembergs FC Fossombrone, l'équipe italienne est la première à porter une garde-robe entièrement signée par un styliste de mode. Mais l'ambition de Dirk Bikkembergs va au-delà du simple sponsoring. Il projette de moderniser le stade de la petite ville de dix mille habitants, et d'y établir un jour ses bureaux principaux : *« Pour moi, le football est le terrain de jeu idéal pour exprimer toute ma créativité. En travaillant avec d'authentiques sportifs, je peux créer des vêtements qui seront portés dans la vraie vie, et pas seulement sur un podium de défilé. »* **K. P.**

Ci-dessus, le *clubhouse* du club FC Fossombrone, photographié par Dirk Bikkembergs juste avant un repas de la victoire. Cliché réalisé pour *Stiletto* avec l'appareil photo numérique « Easy Share V550 », **KODAK**.

034

Stiletto, 2006

ROLLING THE BALL

After launching his 'Bikkembergs Sport' line in 2000, dedicated to sports shoes and clothing, and having been Inter Milan's official designer for two years, Dirk Bikkembergs has finally made a childhood dream come true. He has bought a football club: FC Fossombrone, a small amateur team from the Italian town where the Belgian designer's production house was already installed. [...]
'For me, football is an ideal medium for expressing all my creativity. Working with real-life sportsmen, I can create clothes that will be worn in the real world, and not just on the catwalk.'

2004
– Haider Ackermann receives the Swiss Textiles Award from the Swiss Textiles Federation.
– Dries Van Noten celebrates his 50th Paris défilé with his 2005 summer collection.

– Veronique Branquinho is visiting designer for Pitti Immagine Uomo, Florence.
– Walter Van Beirendonck creates his own version of the Nissan Micra for the Brussels Car Fair.

– Kanya Miki starts the Kosmetique Label unisex line.
– *N°ABCD* becomes *A Magazine*. #1 features Maison Martin Margiela as guest curator.

Bix

Fútbol de alta costura

El legendario estadio milanés de San Siro, la 'Scala' del fútbol, fue el escenario elegido por el diseñador belga Dirk Bikkembergs para presentar la Bix, una bota de alta costura, con el sello de calidad 'made in Italia,' confeccionada de modo completamente artesanal y que nace con la firme intención de recuperar los valores del fútbol en sus orígenes.

*Por **Israel G. Montejo** / **Milán (Italia)** • Fotos: **Bikkembergs***

La Bix vio la luz en el mejor marco posible: un San Siro vestido de gala para la ocasión, un escenario incomparable que, sin embargo, fue 'tomado' por el C. Bikkembergs Fossombrone, el modesto equipo italiano que el diseñador belga Dirk Bikkembergs patrocina y apadrina, y que se ha

intento de "comunicar el deporte en su simplicidad": el fútbol en estado puro, pegado al deportista. El hombre, un balón, unas botas de calidad... Nada más.

La Bix 2006 bebe directamente de tres fuentes: máxima calidad, alta costura y simplicidad. Huye deliberadamente de las formas

𝕬𝖓𝖓 𝖔𝖋 𝕬𝖓𝖙𝖜𝖊𝖗𝖕 THE DARK QUEEN OF
BELGIAN FASHION CASTS A LONG SHADOW OVER THE FALL COLLECTIONS.
CATHY HORYN PAYS TRIBUTE TO ANN DEMEULEMEESTER.

The setting of the Le Corbusier house where the designer Ann Demeulemeester lives and works in Antwerp reflects her place in the fashion world. It stands at the edge of a treeless lot near a highway overpass, isolated both aesthetically and physically from the apartment blocks in the southern part of this Flemish city. The original owner of the house, built in 1926, had hoped to establish a Modernist community, if only to counter the local gingerbread, but it never came. What came instead was a world war and senseless urban planning. In 1985, her career not yet begun, Demeulemeester and her husband, Patrick Robyn, who was trying to establish himself as a photographer, bought Belgium's only Le Corbusier house and started to restore it. Now, except to travel to their country home, 30 minutes away, they rarely leave Antwerp.

"I'm not confused about what's happening in fashion, because I follow my direction and go," Demeulemeester says one afternoon at her dining table. She has laid out plates of salad and cold tuna and opened a bottle of wine. She is 47, and the lines of her face have begun to set in, but it is still a fascinating face to look at, pale and

vigilant and framed by dirty-blond hair. Victor Robyn, the couple's only child, an art student in Brussels, has dropped by and left with friends. When Victor was 3, his parents built a studio next door, with offices and a private entrance for the family, so that Demeulemeester wouldn't have to feel like she was actually leaving her son to go to work. Today the family compound consists of four buildings. Although the house is by no means a shrine to its architect, Demeulemeester and Robyn are eager to play host to Le Corbusier's ideas. There are the original paint colors — chocolate, azure and cream for the main room. There are simple light fixtures and cool, black-tiled floors. There is, as well, the grid of windows facing a small walled garden. Demeulemeester seems oblivious to the traffic beyond the open windows. She says she doesn't pay attention to other designers' work: "I never study what others are doing because it doesn't help me."

This seems strange. At a moment when many designers, along with architects, star chefs and art dealers, feel driven to be everywhere in the world — in China, at the latest art fair, opening

Portrait by Thomas Struth

Landmark status
Clockwise from left: Patti Smith at Ann Demeulemeester's fall 2006 men's show; the designer's restored 1926 Le Corbusier house in Antwerp; a show invitation.

Self-determination
Clockwise from above: Demeulemeester in her home studio; Jim Dine photo prints graced the 2000 summer collection; a show invitation.

a hotel in Dubai — Demeulemeester is interested in only her world. Her influence is pervasive this season. Among those designers like Marc Jacobs and Miuccia Prada whose power we readily trust, if only because they more easily monopolize one's attention, there was a strong sense in their clothes of Demeulemeester's proportions, her asymmetrical cuts, her blunt, northern femininity. Discharging their ladylike tweeds and presumably the women in them, designers now spoke of "urban females" and "the warrior woman," ignoring, as Sarah Mower of Vogue pointed out, that this has been Demeulemeester's single-minded view for 20 years.

Demeulemeester says she was unaware of her influence until a journalist mentioned it, and then, even in the collections where it seemed most obvious, like Marc by Marc Jacobs, it wasn't evident to her. "When I looked at the clothes, I didn't see my thing," she says. She is at least sensitive to the prevailing rhetoric. "I hate when people suddenly say, 'And now we are going to do the glamorous woman, now we're going to do the strong woman,'" she says, studying me. "Sorry, I am a strong woman. And I go for it. I don't have to play this game."

Demeulemeester and the other Belgian designers of the late 1980's, among them Martin Margiela and Dries Van Noten, made their reputations by opposing and even mocking the barbarism of the decade — none more so than Margiela, who made clothes from recycled garments and plastic trash bags and set himself up as a virtual designer, remote and unanswerable, before the term was fully understood.

It may be that in the current climate of opportunism, with its what-do-I-get-out-of-this attitude, people again want clothes of substance and surprise. Clearly Demeulemeester thinks so. "I don't think women can take superficiality much longer," she says. "They want a soul again. I've always worked with this emotion. That's why people are turning toward me, I think."

Demeulemeester graduated from Antwerp's Royal Academy of Fine Arts in 1981, the same year that Rei Kawakubo showed her first Comme des Garçons collection in Paris. Kawakubo, with her almost brutal cutting techniques, proposed that women were strong and self-determined. Demeulemeester, born a generation later, just assumed that they were. Both her father and her grandfather earned their living drying chicory for the coffee market, and when she was 16, she met Robyn, a local boy who already had leanings to become an artist. Demeulemeester says the only time fashion entered her consciousness in her girlhood was when she made drawings of classical portraits; she noticed the relationship between the subject and his clothes.

At the academy, she says, she felt like an outsider "because I was not fashionable in the eyes of the others." Though Belgium produced children's clothes and fine tailoring, it had no fashion identity, and of the two old women who taught Demeulemeester pattern making, one sewed her own clothes and the other was extremely rigid. She believed that you should not put white and black in the same outfit. "That was my big discussion with her," Demeulemeester says, smiling. "And she was, like: 'Ann, you can't use white. It's not chic. Use off-white. Chanel used off-white.' Chanel was her ideal. So I had a big fight with her. All these things were happening, punk in London, and

244

— Tom Ford and Domenico de Sole leave Gucci.
— Karl Lagerfeld designs a collection for H&M.
— Louis Vuitton celebrates its 150th anniversary.

— Sofia Coppola: *Lost in Translation.*
— ABC broadcasts the television series *Lost.*
— *The Face* publishes its last issue.

2005
— Ann Demeulemeester's first men's collection défilé — summer 2006.
— Maison Martin Margiela is visiting designer for Pitti Immagine Uomo, Florence.

esign
below:
ations
gner's
black
d red);
s from
ection.

ANN DEMEULEMEESTER ETE 2004
VENDREDI 10 OCTOBRE 2003 - 19H30
ECOLE NATIONALE SUPERIEURE DES BEAUX ARTS
14 RUE BONAPARTE 75006 PARIS

PRESSE: MICHELE MONTAGNE
TEL. 01.42 03 91 00 - FAX 01.42 03 12 22

Warrior princesses Below, from left, Demeulemeester's loose, layered style has always had a romantic toughness.

FALL 1995   FALL 1997   FALL 2004   SPRING 2005   SPRING 2006   FALL 2006

-white world."

a appellation born in London in the late
ounding Flemish names. In reality
n the group. "Everybody was doing his
We weren't doing things together."
d established themselves as devout
with Demeulemeester projecting a
ernism. Her women looked cool and
l a gig in Rotterdam. Though she has
s and fabrics, like the papery leather she
ng white shift, her clothes follow a
n the 90's, when designers fell under one
"I had the impression, around 1995,
changed," Demeulemeester says. "It was
i had started. For me, it was the opposite
d."
w me her studio, and we head upstairs,
, has black-tiled floors and wall colors
esemble velvet. We follow a passage
enter a large white studio with a copy
w independent designers have the
l-90's, Demeulemeester asked Anne
usinesswoman, to run her company,
Chapelle restructured the business "as a
created a holding company that today

includes the rising Belgian star Haider Ackermann.

We pull out photographs taken by Robyn of early collections, beautiful portfolios produced despite the fact that the couple had little money. Demeulemeester is often associated with Patti Smith, but to my mind her clothes have never resonated more emotionally than when she collaborated with the artist Jim Dine. "I saw his photos in a gallery, and it was one of those moments that you don't have often," she explains. "I could feel it in the pit of my stomach. I felt sick. I came home and wrote him a letter. I had to do it. And four or five days later, he was sitting here in my studio and saying, 'O.K., we're going to work together.' Can you imagine?" The result was exquisite asymmetrical dresses with silvery-gray photo prints of birds of prey.

For fall, as other designers were paying homage to her past work, Demeulemeester explored drapery, creating wrapped dresses that lent mystery to her tailoring. She has her store in Antwerp, which each week sends hard-to-find pieces to clients in New York, and I know women who have as much Demeulemeester stashed in their closets — skinny T-shirts, boyish black boots — as they do Prada. She recently expanded her men's collection and would like to do a perfume.

"I never organize or plan things," she says. "I go step by step. Maybe it's safe like this, I don't know." Demeulemeester smiles, coyly, and you know that this thought doesn't trouble her in the least. She says: "I just wait because I think people will find me. And I'm not the kind of person who will knock on somebody's door. I wait. If they're good for me, they will come towards me." ∎

The New York Times Style magazine, autumn 2006

ANN OF ANTWERP — THE DARK QUEEN OF BELGIAN FASHION CASTS A LONG SHADOW OVER THE FALL COLLECTIONS

[Demeulemeester's] influence is pervasive this season. Among those designers like Marc Jacobs and Miuccia Prada whose power we readily trust, if only because they more easily monopolize one's attention, there was a strong sense in their clothes of Demeulemeester's proportions, her asymmetrical cuts, her blunt, northern femininity. Discharging their ladylike tweeds and presumably the women in them, designers now spoke of 'urban females' and 'the warrior woman,' ignoring, as Sarah Mower of Vogue pointed out, that this has been Demeulemeester's single-minded view for 20 years.

'The Antwerp Six' was a media appellation born in London in the late 1980's to help manage foreign-sounding Flemish names. [...] By the early 90's, the Belgians had established themselves as devout individualists at the Paris shows, with Demeulemeester projecting a militant, and often tender, modernism. Her women looked cool and tough. [...] Though she has always pursued experimental cuts and fabrics, like the papery leather she used this past spring for a stunning white shift, her clothes follow a narrative, which was a problem in the 90's, when designers fell under one extreme influence after another. [...] 'It was all about these big houses. Gucci had started. For me, it was the opposite of freedom. I couldn't understand.' [Demeulemeester]

In the mid-90's, Demeulemeester asked Ann Chapelle, an acquaintance and businesswoman, to run her company, and, as Demeulemeester says, Chapelle restructured the business 'as a little multinational.' Later they created a holding company that today includes the rising Belgian star Haider Ackermann.

200

– *A Magazine curated by Yohji Yamamoto* is published.
– Christian Wijnants receives the Swiss Textiles Award from the Swiss Textiles Federation.

– Peter Pilotto's first collection.
– Raf Simons becomes Creative Director for Jil Sander.
– Raf Simons is visiting designer for Pitti Immagine Uomo: the book, *Raf Simons*

Redux, and the *Raf Simons Repeat 1992–2005* video installation are presented.
– *A Magazine curated by Haider Ackermann* is published.
– Annemie Verbeke, Violetta & Vera Pepa, and Romy Smits open stores in Antwerp.

ものにとても興味を持っていました。シーズンごとにどんどん新しいものへチェンジするその速いリズムが好きなんで美術館で見るようなものではなく、生き物であると思いました」とアン。

そして二人は「世界最高のモード学校の一つ」と称される王立芸術アカデミーに入学する。

アンとフィリップ。
二人のコンビネーション。
「今でも鮮明に覚えています。王立芸術アカデミーに入学した初日のオリエンテーションの時が出会いでした。クラス分けでは別のクラスになったのにフィリップが突然私のクラスに来て、クラス担当のリンダ・ロッパ女史（現、校長）にアンと同じクラスに入りたいから、このクラスに入っていいですか、ときいたんです。もちろんそれは受け入れられなかった。でも、誰かと入れ替わるならよい、ということで、ある学生とクラスを交替してもらい、その時から今まで一緒にモードに向かい合ってきました」

'91年、アカデミーを卒業した二人。アンはマルタン マルジェラでの研修生を経て、ドリス ヴァン ノッテンで約6年半アシスタントとして経験を積む。フィリップは友人であり先輩のダーク・ビッケンバーグのスタイリングや手伝い、ファッション雑誌のスタイリングやフリーでコマーシャルラインの服をデザインするなど、モードをいろんな角度から学んでいた。お互いに違うフィールドの中で経験を積み重ね、5、6年後には、クリエーションのイメージができ上がり、自分たちのコレクションづくりを考えはじめたという。

パリ・コレクションにデビュー。アーティスト、ヨゼフ・ボイスの哲学、生き方に共鳴し、タイトルはずばり「ヨゼフ・ボイス」だった。

次シーズンもやはりヨゼフ・ボイスのイメージで、その時発表したホスピタルルックはヴィーナス賞の新人賞を獲得。その後も、二人の作品には、常にヨゼフ・ボイスのエスプリが服作りの基本に流れる。

6年前に結婚し、名実共にモードに道目を浴び評価された。コンセプチュアルなコレクション

An Vandevorst

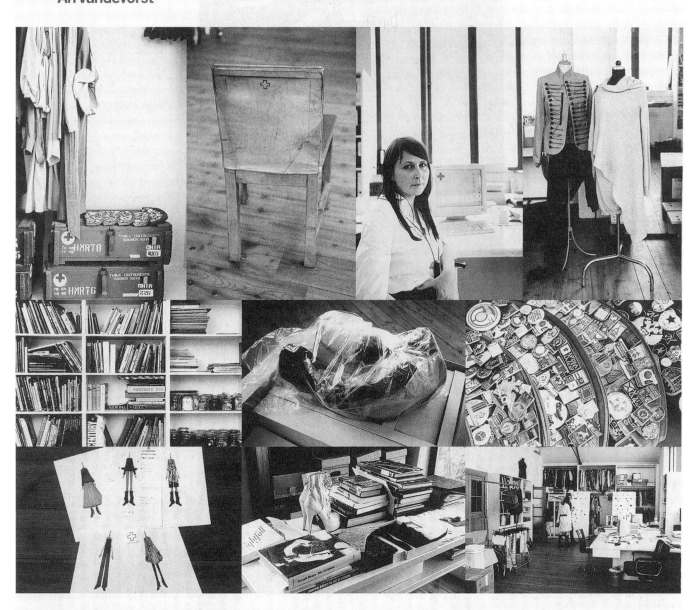

WORKSHOP

アンとアシスタントのヴェレナ、生産管理のリヨネルが働くデザイン室。至る所に十字のロゴを発見できる。アンのペンダントはお守り代わりのライター。ただし半年前から禁煙中。アーミー帽に刺した大量のピンはのみの市で購入。ビニールに包まれたブーツを指して「こういう感じが好き」とアン。机上にはたくさんの資料と日本で見つけた帯ひもなどの来季のアイディアソースが。彼女のデザイン画はそのまま作品にできるくらい精密。

201

8

A. F. ヴァンデヴォースト。
彼の、彼女の出発点。

ベルギーのアントワープを拠点として活動するファッションデザイナー、アン・ヴァンデヴォーストとフィリップ・アリックス。二人がA. F. ヴァンデヴォーストを設立、パリ・コレクションにデビューしたのは1998年。今回、彼らのコンビネーションとクリエーションの実態を探るためにパリから高速列車、タリスに乗ってアントワープを訪れた。アントワープ市街の北方、港に面した倉庫の立ち並ぶ一角にある船の修理工場の元事務所だったという建物が彼らのクリエーションの現場である。

フィリップとアンはアントワープの王立芸術アカデミーの同級生で、気の合う友達だった。フィリップがモードにかかわるきっかけとなった話がおもしろい。「15歳の時、ある雑誌で『ティーンエージャーは服に対して個性がない』という記事を読んで『それは違う!』と、記事を書いたドイツ人のジャーナリストに直接手紙を書きました。そうしたら彼に接手紙を書きました。そうしたら彼に出演していたデザイナー、ダーク・ビッケンバーグは僕を気に入ってくれ、番組終了後に『きみはデザイナーになったらいいな』とアドバイスをくれました。そしてなんと、彼は当時15歳だった僕をパリ・コレクションに連れていってくれ、ティエリー・ミュグレー、ジャンポール・ゴルチエ、コム デ ギャルソンのショーを見せてくれたんです。それが僕にとっての始まりです」

自分の意見をはっきり述べる早熟な少年フィリップが浮かび上がる話。「私には彼のようなショッキングな出会いはありません(笑)。私が美術の教師をしていたせいもあり、アーティスティックな環境にいたと思います。コンテンポラリーアートを見たり、エキシビションにはよく足を運びました。自然のなりゆきみたいにクリエイティブな仕事を考えて、最初はダンサーを目指していました。でも背中を傷めてしまってダンスができなくなりました。そんな時、王立芸術アカデミーのことをテレビで見て……。私は前からファッションのスピードという

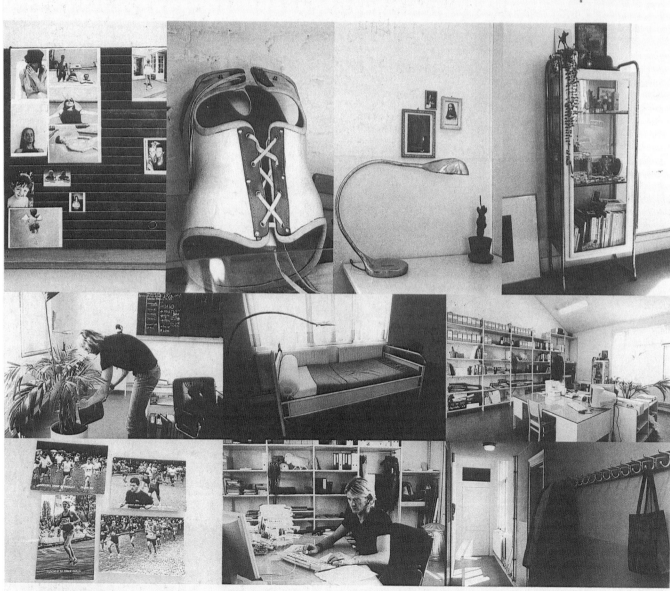

奥のドア(写真右下)を開けるとそこはフィリップの仕事部屋。ボイス関連の本や黒板、コルセット、プライベート写真、今は亡き愛犬ボンブーのベッドなど、彼らのフェイバリットアイテムとアイディアソースであふれている。

左下は彼が出場したハーフマラソンの写真。身長182cm、アスリートのような体型の彼の健康法はジョギングとスイミング。ほかにも水上スキーやスノーボード、ジムでのトレーニングなどもこなす、超スポーツマン。

202

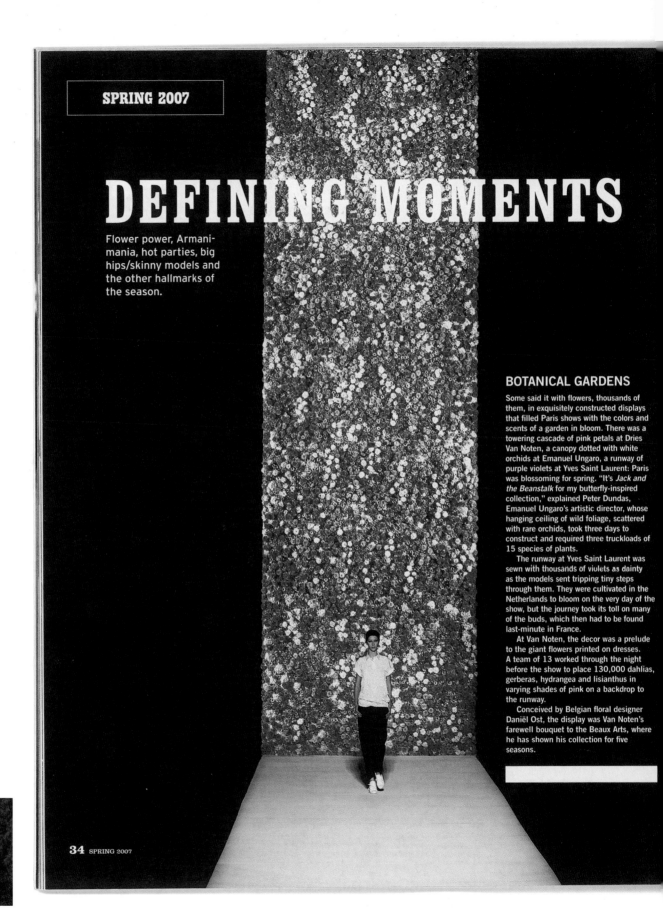

DEFINING MOMENTS

Flower power, Armani-
mania, hot parties, big
hips/skinny models and
the other hallmarks of
the season.

204

BOTANICAL GARDENS

Some said it with flowers, thousands of
them, in exquisitely constructed displays
that filled Paris shows with the colors and
scents of a garden in bloom. There was a
towering cascade of pink petals at Dries
Van Noten, a canopy dotted with white
orchids at Emanuel Ungaro, a runway of
purple violets at Yves Saint Laurent: Paris
was blossoming for spring. "It's *Jack and
the Beanstalk* for my butterfly-inspired
collection," explained Peter Dundas,
Emanuel Ungaro's artistic director, whose
hanging ceiling of wild foliage, scattered
with rare orchids, took three days to
construct and required three truckloads of
15 species of plants.

The runway at Yves Saint Laurent was
sewn with thousands of violets as dainty
as the models sent tripping tiny steps
through them. They were cultivated in the
Netherlands to bloom on the very day of the
show, but the journey took its toll on many
of the buds, which then had to be found
last-minute in France.

At Van Noten, the decor was a prelude
to the giant flowers printed on dresses.
A team of 13 worked through the night
before the show to place 130,000 dahlias,
gerberas, hydrangea and lisianthus in
varying shades of pink on a backdrop to
the runway.

Conceived by Belgian floral designer
Daniël Ost, the display was Van Noten's
farewell bouquet to the Beaux Arts, where
he has shown his collection for five
seasons.

– Stella McCartney works for H&M.
– Clint Eastwood: *Million Dollar Baby*.
– Pope John Paul II dies.
– Maarten Van Severen dies.
– Hurricane Katrina destroys New Orleans.

2006
– Ann Demeulemeester opens a store in
Tokyo and is guest of honour at the Hyères
festival.
– Linda Loppa announces her departure to
become Dean at Polimoda in Florence in
January, 2007.

– *A Magazine curated by Jun Takahashi/
Undercover* is published.
– Bruno Pieters receives the Swiss Textiles
Award from the Swiss Textiles Federation.

ONE OF THE PARIS SEASON'S PRETTIEST INVITATIONS—DELICATE , dried flowers in a transparent plastic bag—came courtesy of Dries Van Noten. For those familiar with the Antwerp designer's proclivity for fanciful florals and flights of folksy chic, it said: Brace for some serious flower power.

But for Van Noten, who loathes being pigeonholed after having worn the "ethnic" yoke for so long, the invitation was a deliberate way to throw his guests a curve.

"Usually, I use a lot of flowers in the collection," explains Van Noten, who is an avid horticulturist and the proprietor of what is said to be a spectacular garden (though he allows only his closest circle to see it and absolutely refuses to let it be photographed by the press).

"By putting the dried flowers in the plastic bags, I was sure people would say, 'Oh, another collection about flowers.' But, for me, the invitation wasn't about the flowers," he says. "It was actually about the plastic bags, with the accessories in plastic. Flowers weren't such an obvious part of the collection. This collection was about limiting myself. I wanted to take my style one step further."

It's a bright and unseasonably warm October afternoon in Antwerp, and Van Noten, who is 48, is seated in his fifth-floor office at his cavernous headquarters here. A bouquet of dahlias sits on his uncluttered oak desk, and from the windows unfurls a panorama that stretches across the Scheldt River and the bustling docks below.

Soft-spoken and reserved, Van Noten, his brown hair neatly trimmed, is dressed in natty chalk-striped blue trousers and a cardigan, giving him a slightly professorial air.

a tailor known for resurrecting worn jackets and turning them inside out, then founded a successful men's ready-to-wear firm.

Van Noten's father left the family business to create his own prosperous chain of men's stores that sold upscale collections like Zegna. As a youth, Van Noten remembers the weekend ritual of clients attending fashion shows as coffee and snacks were served.

A similar sociable approach to commerce has pervaded Van Noten's own career. Ask any editor or buyer who knows him well and he or she undoubtedly will rave about Van Noten's sparkling hospitality, or being served his succulent Belgian meat loaf.

Even his shows are among the favorites in Paris—he gives enormous attention to creating a memorable set, whether it be hundreds of inverted umbrellas hanging from the ceiling or a sit-down dinner followed by models walking on the table. (For spring, he created a breathtaking backdrop of thousands of fresh flowers.)

"I'm a product of my education," offers Van Noten. "Just growing up in a store environment becomes an important part of your education."

Being steeped in retail culture also instilled in Van Noten a high regard for commercial viability. He says he never designs clothes only for show.

"Everything on the runway is for sale," he says proudly. "Our collections are quite big and varied. It's important that each store can give it their own spin."

Though he is intensely private and reluctant to discuss figures, Van Noten's clothes are carried in more than 500 stores around the world and he employs 65 people in

BLOOM

Never one to go by the rules, Dries Van Noten strives for the unpredictable in his latest independent production. **By Robert Murphy**

"I wanted to do a story that was really for the modern woman and to make a kind of evolution in my aesthetic," he says, reaching for a rack of fabrics to help explain how he took his usual rich decorative trappings in a simpler and sportier direction.

"We started working with draping, so the emphasis naturally fell on the fabrics. The simplest cotton, for example, mixed with a paper yarn, produced a twist in the cloth impossible to get from cotton alone that changed the look of a garment. We also did mixtures of polyesters with silk or nylon with cotton. It gave us the possibility to do a very simple dress, just by the way the fabric draped or didn't drape, to get something new.

"Typically we also have some couture elements in the collection, like bright silk, or shiny yellow," he continues. "But when we added to those sportswear elements, it gave a very modern twist to couture. You had a parka with a military or sportswear feel, but by playing drawstrings, you got a balloon sleeve or a round bottom. It was really very fun touching on those connotations."

The effort certainly pleased retailers. Julie Gilhart, senior vice president and fashion director at Barneys New York, says it showed "a true, complete idea of what a woman can wear in every aspect of her life. He makes a woman feel unique and allows her to be her own style icon."

Gilhart adds that Barneys' Van Noten business continues to grow. "He has absolute devotees," she says. "He tends to attract a clientele that is highly educated and very creatively inclined. They appreciate the study and intensity that goes into making the collections unique."

Van Noten founded his house in 1985 and was one of the pioneers—with the so-called group of "Antwerp Six" designers that includes Ann Demeulemeester and Walter Van Beirendonck—that put this small, Flemish-speaking town, better known for its diamond trade, on the fashion map.

But fashion—or at least clothes—has always run in his blood. His grandfather was

Antwerp. "Let's just say things are going very well," says Van Noten when pushed to pinpoint the size of his business.

Similar cryptic responses are offered on other business or personal matters. In most cases, the best he will offer is a puzzled shrug.

But then, Van Noten has never aspired to participate in fashion's celebrity circus—"You don't have to in Belgium," he says—and he fiercely clings to his independent status.

Van Noten does not advertise and prefers to funnel his energy into clothes rather than higher-margin accessories, which account only for about 6 percent of his house's sales.

"I want to have a kind of freedom that allows me to do what I feel," he says. "Because, at the end, fashion has to be fun. And being an independent designer, I have to do what I feel. There's no one looking over my shoulder telling me I have to do prints if I don't feel like prints."

So even if Van Noten's focus remains firmly on his clients, he increasingly reserves the right to surprise them by bending his trademarks in new directions.

For example, when he started selling his spring collection in September, many buyers were puzzled. In place of his usual palette of rich colors, there was a predominance of black and white. His ethnic touches had been reined in, and even sequins were relegated to tone-on-tone. "Some of my clients said, 'Oh, where are the ethnic influences and the prints?'" Van Noten relates with palpable relish. "But we've moved one step further. Fashion can't only be what you're good in, but you have to push yourself further.

"You often don't need to make a big statement to change things," says Van Noten. "Sometimes you just change the colors or the fabrics. But I want to feel young, and to move on. It's important to change without betraying what you stand for." ∎

205

209

AMAZING GRACE: MARTIN MARGIELA AND THE ANTWERP SCHOOL

Maison Martin Margiela, spring–summer 1991

Often it is the places that are seen as backward which turn out to have the greatest potential for innovation. In France, the land that had come to represent elegance itself, Belgium existed almost only in jokes; and the combination of Flanders with fashion would sound like an oxymoron to French ears – at least it would have, up until the 1990s. Maybe it was just because of its appearance as a backwater that Antwerp became the site of a fashion revolution comparable only with the breakthrough of Japanese designers into the European scene. The 'Antwerp Six' have fundamentally changed European fashion: in their wake, we see clothing differently. The success of the Antwerp school was as unexpected as it was decisive. The most recent example of this breathtaking triumphal march is Raf Simons for Jil Sander.

The designers of the Antwerp school appeared at the moment that the Century of Fashion, and with it the monopoly of Paris, came to an end.[1] In the Fashion after Fashion, three parameters are subject to an essential modification: the relation of fashion and time, the relation of fashion and the body, and the status of the *griffe*.[2] The Antwerp school engage with the idea of fashion, with fashion as a system; their creations are a commentary on the fashion system. It seems to me that the most pure and radical, and at the same time the most graceful, in this respect is Martin Margiela. His method can be considered as a negative aesthetic or, more precisely, as

a deconstruction of the fashion system.[3] Margiela dis-mantles the strategies of the contemporary fashion scene. From this dismantling, something new arises – amazing grace.

To illustrate this in an initial way, consider the autumn–winter collection of 2007, which takes 'Dust, Furniture, Off' as its themes. The collection picks up on three structures that are constitutive for fashion – the relation of old and new, the symmetry of the body that is produced through dressmaking, and the opposition naked/dressed. These moments are not simply destroyed, but displaced, and, in this displacement, reconfigured. At first, the dusty clothes, covered in mould stains as if they had been lying in some attic for years, seem to be simply the opposite of fashion – rags, not even good for the Salvation Army, excluded from the fashion system. But it is not here simply a matter of a counter-discourse to the fashion system. For the peculiar kind of fungus on the clothes transforms itself, assumes different aspects, and now and then appears like stardust. Thus these creations oscillate between the domain of the discarded and that of the fairy-tale. Even an evening dress covered with rhinestones manages to evoke a melancholy sense of the woman who hurried hopefully in it to the ball twenty years ago. One escapes one's own reification in these clothes, because one is also wearing the traces of other lives, on their way to death.

211

1. c.f., Gilles Lipovetsky, *L'empire de l'éphémère: la mode et son destin dans les sociétés modernes*, Paris 1897.
2. c.f., Barbara Vinken, *Fashion – Zeitgeist, Trends and Cycles in the Fashion System*, Translated by Mark Hewson, London: Berg, 2005.

3. For the term deconstruction, see Barbara Vinken, 'Dekonstruktiver Feminismus – Eine Einleitung' in *Dekonstruktiver Feminismus: Literaturwissenschaft in America*, Frankfurt am Main: Suhrkamp, 1992, 2nd edition, 1994. A careful reconstruction of the concept and praxis of deconstruction in relation to fashion is to be found in 'Deconstruction Fashion: the making of Unfinished, Decomposing and Re-assembled Clothes', in *Fashion Theory*, vol.2, issue 1, p.25–50, 1998.

Maison Martin Margiela. lookbook autumn–winter 2005-2006

A jacket made out of a soft, grey, woollen cloth that, at first sight, looks altogether classic, comes to appear misconstructed when it is put on, since it is not symmetrical. But then, if one looks again, one finds it has a special charm from being slightly 'off', slightly bent out of shape. That which would count as a defect, in a system ordered around strict symmetry as the condition of beauty, turns out to be an aesthetic plus.

A hand-knitted, V-neck pullover made from thick, petrol-coloured wool, such as our fathers might have worn skiing or hiking, suddenly cuts away at the shoulders. The naked shoulders are exposed rather than covered by a transparent, skin-coloured material, similar to that used in nylon stockings of the 1950s. The wit of this pullover does not lie in a maximization of the sex appeal – the nakedness of the shoulders highlighted by their unexpected and surrealistic peering out of the ski pullover. The voyeuristic effect is contained in a strange way. For the retro look that makes the pullover seem so sentimentally beautiful does not at all match the nylon, which has something repulsively ugly about it. The exposure of naked skin becomes ambivalent through its relation to this material, at once attractive and repellent.

One can see this re-interpretation, the destruction and reconfiguration of the fashion system, in the black wool trench coat, which belongs to the 'Furniture' section. The trench coat was originally a waterproof soldier's coat in camouflage paint, designed for life in the trenches. Conceived with the harshest wartime conditions in mind, totally functional, it has become a basic of both male and female wardrobes, thanks to its compatibility with the rigours of everyday life. Margiela's trench coat is a most interesting interpretation of this military piece of wardrobe. Nothing seems less well adjusted to the body, nothing seems more of an affront to every kind of tailoring whose art lies in its ability to elegantly grasp the body, than the seat covering attached to this trench. The functional fell seam of the furniture acquires a marked aesthetic quality from the rhythmicization of the material. The seat cover is a *clin d'oeil* to the martial volumes of the epaulettes of the trench coat that, beyond all aesthetic value, were originally intended to keep off the rain. In an unbelievably skilful *tour de force* of dressmaking, the chair covering becomes quite unexpectedly a graceful sculpture – a touch of surrealism then adheres to the wearer. The armchair covering neither bulkily over-forms the body nor, like the epaulettes of the original trench coat, simply ignores it in the interests of functionality, but quite wonderfully flatters it. The armchair covering metamorphoses into something like a sculpture of leaves, out of which the woman emerges. The trench coat, designed entirely in order to defend against the hostile elements, becomes, through the bias cut piece covering the shoulders, a creation that wraps itself flattering around the body. Through the revealing of the throat and the emphasis on the shoulders, the trench coat even acquires something of the eroticism of an evening dress. An intimate celebration of the body takes the place of the initial functional indifference and the evocation of the, by now, thoroughly disrupted horizon of expectations adds an element of irony that in no way detracts from this celebration.

Maison Martin Margiela, lookbook autumn–winter 1999-2000

Margiela recently produced an allegory of his negative de- and re-figuring relation to fashion in his contribution to 'Le monde selon ses créateurs' (The world according to its designers).[4] In a glistening, white negative Margiela presents his fashion under an all-penetrating X-ray, which passes beneath the surface and reveals what is otherwise invisible. Two constitutive elements of fashion – the perfect, invisible handiwork and the effect of the artifice, the complete and enchanting moment of the ephemeral appearance – are thus abandoned by his work, unmasked and undermined. The procedure has been described as the 'evocation of the garment's secret history'.[5] Margiela exposes the traces of the preparation, the work and the staging; all that is ordinarily completely effaced in the blinding moment of the entrance.

There is more at issue in this exposure than the trade secrets of a guild. Felipe Salgado, in one of the first and most brilliant reviews of Margiela's work, speaks of 'decodification' and 'dissection'. He brings out the aggressive aspect of the method with a scandalous comparison: it is, he writes, as if Margiela were lifting the skirt of Paris, to reveal a terrifying secret. What secret? Is it the becoming visible of the female genitalia, which causes anxiety because it threatens castration? If it is true that fashion is a process in which the feminine body is disguised as a fetish, in order to lose its horrifying sexedness and to become attractive, then Margiela deconstructs the product of fashion, brings its secrets to light, and unmasks its smooth perfection as a disguise, as a fetishization of the woman. The rejected element of femininity, femininity as rejection, flashes up in his clothes, for an unstable moment. The moment of difference, of castration and death, is not repressed in his disarticulated bodies, but rather brought to light, and beautifully reconfigured.

The grace of his clothing comes from just this: from the brief flaring up of violability, of destructibility, and this can go to the limit-point of ugliness, which is then parried by a beauty that is all the more delightful in that it not only knows of its mortality, but has taken this into itself. The traces of that which is rejected in fashion – time as the duration of ageing, individual deviations from the norm; in short, that which the organic has left behind it in the inorganic – are not overcome in a dialectical, Hegelian sense, but rather are inscribed, preserved.

1. GRIFFE

While the other designers work to create an image, to give a name, a face and a biography to a design, so that later it can sell perfume and handbags, Margiela refuses – iconoclastically, one could say – every image of himself, all biography. He is not selling himself, not styling himself as a star; he doesn't circulate stories about his history or his personality, does not make personal appearances, and doesn't have his picture taken. In a market in which the name is everything, he remains incognito: he is faceless and nameless. His designs are not anthropomorphized, are not lent a voice or a face. They have to stand for themselves.[6]

The models, too, who display his pieces are often faceless. While the fashion establishment sells its

4. *Le monde selon ses créateurs*, Musée de la Mode et du Costume. Palais Galliéra, 6 June–15 September 1991.
5. Olivier Zahm, 'Before and After Fashion – A Project for *Artforum* by Martin Margiela', *Artforum*, March 1995.

6. c.f. Sarah Mower, 'Le mystère Margiela', in *Vogue Paris*, No. 224, February 2002.

213

clothes with the image of the models, in his publications Margiela preserves their anonymity. They appear not as advertising images, but as private people. A bar drawn over the eyes, a thickly wrapped veil around the head, ostentatiously protect the identity – and this in a world in which the major events consist in the new face chosen for Chanel or Lancôme to give the brand an identity, a voice, a history. At the moment, one can sell anything with Kate Moss, from H&M to Dior. Margiela thus dispenses with one of the main triggers to purchasing – the narcissistic identification with the mirror image, the narcissistic participation in the idol.

The politics of the incognito is reflected in the label and the appearance of the stores. The store that opened last year in New York is the very opposite of what has become known as the flagship store. Inconspicuously situated amidst the brick townhouses of the West Village, it is not easy to find. No name emblazons the door, no shop window displays the newest collection. In front of the house, there is a typical, cheap, New York placard – a little too cheap for this very civilized neighbourhood: the kind on which a hot-dog stall displays its prices or an old cinema announces its showings in movable, black letters, usually not too straight. On this sign, the name Martin Margiela stands, quite unremarkably. Nothing could be more 'out' than such a sign, nothing cheaper or less fashionable. Such a name does not stand for eternity – *sic transit* – and could not, in fact, appear less permanent or more exposed to time, to contingency, to the random combinability of the letters. Once inside, one immediately feels at home, taken back to one's student days – it is as if some very pleasant squatter had temporarily taken up residence here.
As is well known, Margiela does not sign his designs; instead, he attaches a tag to the garment, of the kind that is sewn into a child's school clothes. The four stitches, attaching the little band of cotton cloth at each corner, can be seen on the outside of the garment, so that the uninitiated would consider it a defect, even perhaps a childish name tag. At the most prominent point in the garment, there is no name; instead, there is an empty place, an empty brand tag and, sometimes, numbers. Margiela's clothes are thus *degriffé* in advance. But the very humility of this branding is of course at the same time a *clin d'oeil* to the initiated people who thus can immediately recognize each other.

2. DRESS AND TIME

Fashion is always the newest. Every six months it claims to revolutionize the world, to completely reinvent itself, to separate everything else out as unfashionable. Just by appearing and giving form to the now, fashion also belongs to yesterday, to the old, to the *passé*. Fashion essentially denies time as mortality. It privileges solely the blinding moment: that which time passes by without trace. The process of ageing is excluded from it – it shows exactly what is *démodé*, the opposite of fashion. Fashion has always been a flight from the time that makes old, that uses up and wears out. 'The century of fashion' cuts time out of itself. Fashion kills, in coming alive. Paul Morand, who helped Chanel produce lapidary literary aphorisms, compares fashion to Nemesis, the goddess of destruction. *Plus la mode est éphémère et plus elle est parfaite. On ne saurait donc protéger ce qui est déjà mort.*[7] (The more ephemeral the fashion, the more perfect it is. One can hardly protect what is already dead). Fashion in the moment of its appearance is a promise that it has already broken at the moment at which it becomes true. As the art of the perfect moment, of the surprising and completely harmonious appearance, it realizes the ideal, and so for a last time, and for the price of a last gaze, the ideal can be possessed. The veil of melancholy heightens the tormenting beauty of the fleeting moment. In the moment of appearance, time as *durée* is negated, the traces of time are extinguished: the model stands outside of time, a normativized body, beyond ageing and decline. Fashion is by its very nature melancholy and fetishistic; it is haunted by death, which it denies; by time, which it excludes; by what it rejects as *passé* and *démodé*. Presented by the styled and toned corporeality of models, it is only so much the more mercilessly pursued by death. In its most interesting variants, the fashion that comes 'after' the Fashion of the moderns does nothing but deconstruct the time structure of the Century of Fashion, the fashion dominated by fetishism.

This ability of fashion to make everything new is restaged every year in the fashion shows. This seasonal rhythm is the only ritual to which Margiela submits – though here, too, not without undermining it. For what could shatter this hunger for the new, this will to forget time, this euphoria of the moment, more effectively than to see one's favourite

7. Paul Morand, *L'allure de Chanel*, Paris, 1976, p.140.

pieces from the preceding collection? A collection that shows old things? Margiela's fashion is an art of memory, *ars memoria*, in stark contrast to fashion, which is an elixir of forgetting. He prefers indexed signs to images. His clothes are signs of time, made of material that quite literally bears the traces of time, the traces of use. Constructed from worn-out cloth, they do not reanimate the past, do not bring it back into a timeless present, but carry individual traces of death. They show an unknown trace of memory, into which duration is discontinuously inscribed. The duration of its own production, the amount of work-time that has gone into it, is exactly readable in the finished product. Often it bears witness, as in time-lapse photography, to the historical development of certain styles. If the defining structure of *la mode de cent ans* consisted in the cyclical revival of forgotten fashions, Fashion after Fashion tends to incorporate time as duration into its material: the cloth bears the traces of the time in which it discolours; the time of its washing out; the time of the work invested in its fabrication; and the time that other bodies imprint into the cloth.

Margiela has quite literally taken the materials for his clothes from that which fashion has discarded: rags: clothes that no one wants to wear any more. And even in this domain, he often tends towards the lowest: lining, felt, old gloves. This year, he even created vests out of the tags bearing brand names and washing instructions. This strategy, in a society based on consuming and disposing, of saving the most disposable, the most contemptible, can sometimes have something a little wilful about it, something a little mannered. The material itself in such creations costs nothing, and it is only the immense handiwork that has gone into them that suggests luxury – although the aesthetic surplus value can remain very doubtful. I would suspect this would have to be said of the ski jacket made out of ski gloves (2006); perhaps also of the vest made out of the washing instructions and labels.

On the other hand, a wonderfully successful example of this metamorphosis of the discarded into beauty is Margiela's answer to the cut of Vionnet. Vionnet's path-breaking discovery lay in cutting silk crossways, as in underwear, so that the body is modelled almost as if naked. For this winter's collection, Margiela took apart ivory, white and eggshell-coloured twin sets from the 1940s and then knitted the pieces together to create a cocktail dress. Some of the discarded pieces may have had moth holes or become faded through use. Instead of patched-together rags, however, the result is a dress that hugs the body to perfection and loses nothing in comparison with the bias cut. The act of taking up the discarded with tolerant affection lends a grace that is beautiful in a new way. Whereas Vionnet's bias-cut dress makes the body appear whole as a classical statue, the body that wears this dress seems to vacillate between fragmentation and wholeness. But what here appears in between the *corps morcelé* and the integral body is the grace of femininity that, in the temporal depths of the cloth and of the bodies that have visibly worn it, no longer has to conceal its mortality, but can carry it with itself.

3. THE FETISH 'FEMININITY'

No other designer surfaces the difference between fetish and woman with such force and decision. Margiela's fashion began with the practice of making the body readable as the site of fetishistic inscriptions. This is possible precisely because the body is not identical with the inscription, does not incarnate it. Rather, it *carries* the fetishized femininity as a construct alien to the body. Life awakens underneath or even in the disguise, in the mimicry of the old, melancholy set pieces. Women dressed by him do no longer have to incarnate fetishistic femininity: they relate to it as to an alien construct; demonstrate it rather than embody it. Margiela attains this aim through a refined play between the tailor's dummy as the measure, norming the body, and the living body: between the mannequin and the woman. Margiela discovered the Flemish trace in the heart of French elegance and made it into the leading motif of his work: the mannequin, in Flemish, mannekin: the cloth or wooden doll in the studio of the designer. He tears the mannequin out from behind the scenes into the footlights, dressing up women as mannequins. His finished clothes remain as they were on the dressmaker's dummy: the seams and the modelling darts turned outwards, the attachments still visible. All the hidden tricks of the dressmaker's art are turned out to the light. The whole art of dressmaking consists in the movement by which these dolls appear

Maison Martin Margiela – newspaper, autumn–winter 2005–2006

218

as nature, incarnated by the models. The mannequins, named after the tailor's doll, the mannekin, set the doll's body in motion. Unfinished clothing reveals the concealed nexus of fashion as a fascination with the inanimate, with the doll at its heart. In Margiela, this process is laid bare: now it has become reversible. It is not the lifeless mannequin that is incarnated without remainder: the living, human body appears as mannequin and discovers itself as living difference to this incarnation. The woman is no longer tailor-made for the fetish, but carries it, assumes it as something foreign, displays it as an alien body, a wearable portent of death, a sign of new life, an art of life

In this sense, many of Margiela's creations are unique. Their uniqueness lies in the indices of the impression left by individual bodies. The traces are signs that the body leaves behind on the way to death. In this wholly Benjaminian sense, Margiela's fashion achieves what it sets out for – it becomes authentic. The fashion designer as rag collector: thereby, the circle has closed, and we are once again in Baudelaire's Paris, in the second half of the nineteenth century. With Benjamin, Margiela could say: 'Method of this project: literary montage. I needn't say anything. Merely show. I shall purloin no valuables, appropriate no ingenious formulations. But the rags, the refuse – these I will not inventory, but allow, in the only way possible, to come into their own: by making use of them.'[8] Only this fashion has preserved the movement towards life that lies in the art of encountering death.

8. Walter Benjamin, *The Arcades Project*, Cambridge, 1999 (from the Convolute, 'On the theory of knowledge, theory of progress', N1a,8, p.460. Perhaps taking up my interpretation (1993). Caroline Evans also arrives at this parallelization of Benjamin and Margiela, c.f., 'The Golden Dustman: a critical evaluation of the work of Martin Margiela and a review of Martin Margiela': Exhibition (9/4/1615), in *Fashion Theory* 2 (1), p.73–94, 1998.

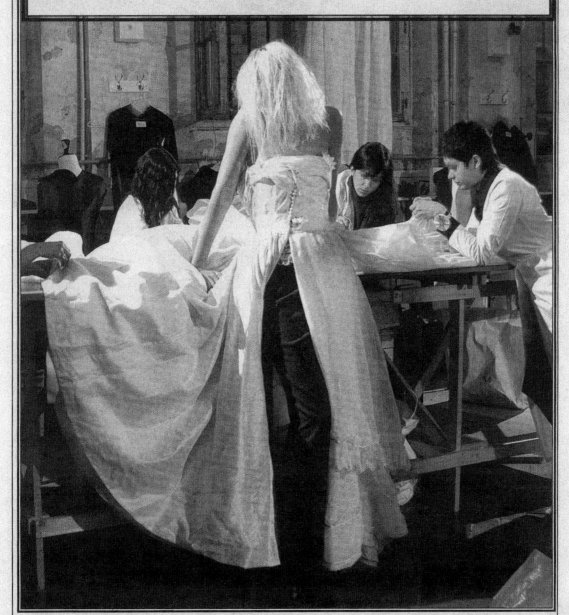

ビンテージ・ウエディングドレス

VINTAGE

WEDDING DRESSES ARE TRANSFORMED INTO

A BALL GOWN

スタイルも時代も異なる三着のウエディングドレスを組み合わせ、それをビンテージ・コルセットに縫いつけて、舞踏会ガウンが一つ一つクリエートされる。この作業は最初から最後まで型紙なし。直接マネキンに着付けるように進行する。ウエディングドレスをガウンのスカートに縫いつけないのは、スカートの前と後ろに大きなスプリットを入れるため。こうしてガウンが、完全な男性的スタイルのスーツとなる。ドレスの元の白は、そのままにすることもあり、黒に染め直すこともある。

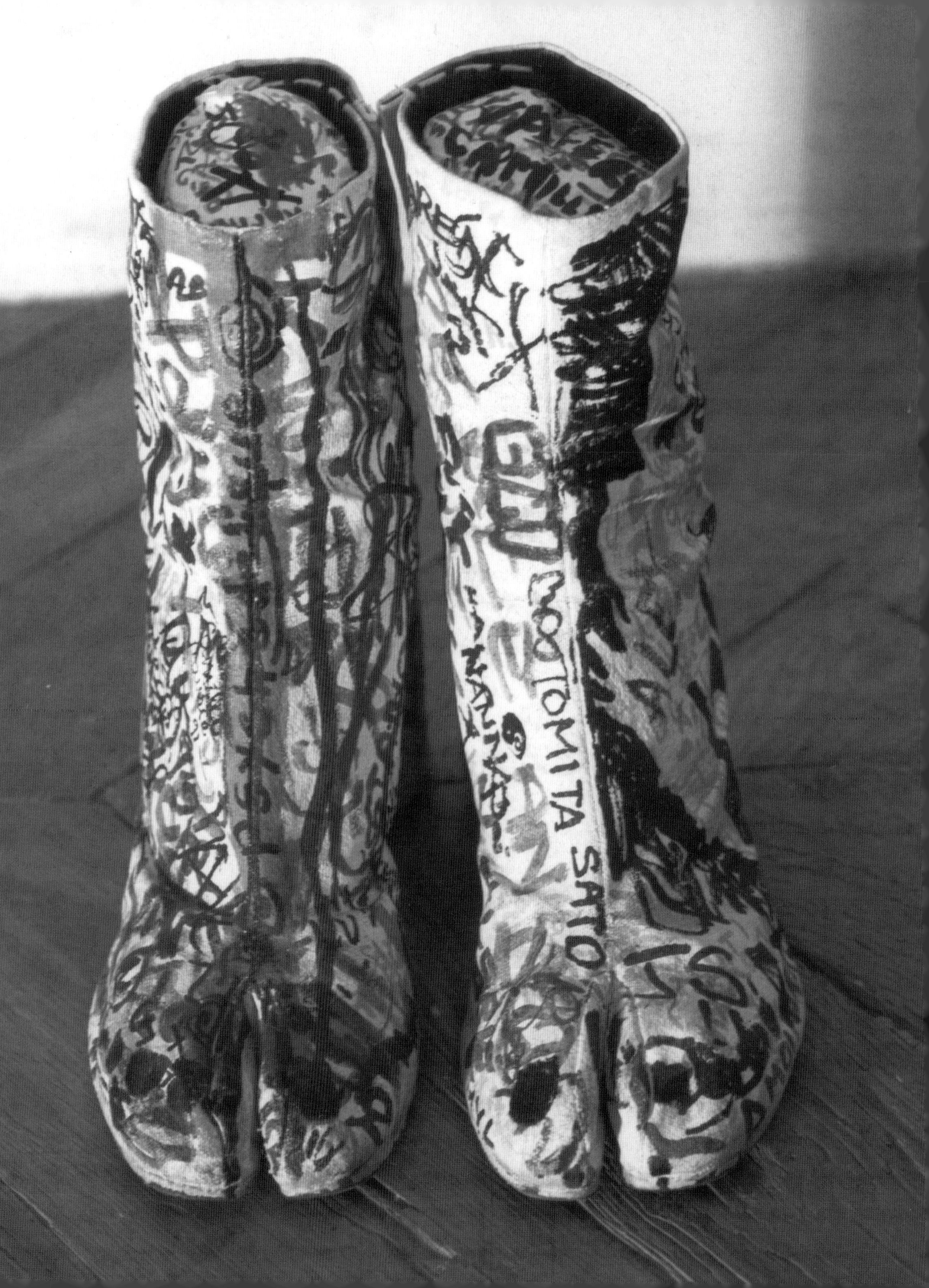

Maison Martin Margiela, painted tabi boots, 1991

Maison Martin Margiela, autumn–winter 2002–2003

CREDITS

TIME TABLE

6+
ANTWERP FASHION
AT THE FLEMISH
PARLIAMENT

EXHIBITION

The exhibition was organised by the Flemish Parliament, in collaboration with MoMu, the Fashion Museum Province of Antwerp

FLEMISH PARLIAMENT

President: Marleen Vanderpoorten
Director of External Relations and Reception: Kris Van Esbroeck
External Relations Junior Advisor: Pieter Pletinckx
External Relations First Assistant: John Thielemans
Director of Infrastructure and Logistics: Dirk Matthijs
Purchase Coordinator: Jean-Louis Lormans
Purchase Senior Assistant: Myriam Vermaelen

MOMU

Curator – Scenographer: Geert Bruloot

Director: Linda Loppa
Exhibition Policy: Kaat Debo
Production manager: Annelies Verstraete
Press and Communication: Valérie Gillis, Lieven Van Parys
Press international: Nicolas Delarue – At Large (Paris)
Installation mannequins: Erwina Sleutel, Ellen Machiels
Graphic design: Paul Boudens

Production scenography: Solution nv
Lighting:

⊠ DELTALIGHT®

With special thanks to:
A.F. Vandevorst, Haider Ackermann, Dirk Bikkembergs,
Veronique Branquinho, Christoph Broïch, Frieda Degeyter,
Ann Demeulemeester, Demna Gvasalia, Anna Heylen,
Carolin Lerch, Les Hommes, Maison Martin Margiela, Kanya Miki,
Kathleen Missotten, Wim Neels, Jurgi Persoons, Bruno Pieters,
Peter Pilotto, Stephan Schneider, Dirk Schönberger, Raf Simons,
Johanna Trudzinski, Kris Van Assche, Walter Van Beirendonck,
Lieve Van Gorp, Dries Van Noten, Dirk Van Saene,
Tim Van Steenbergen, Erik Verdonck, Christian Wijnants,
Bernhard Willhelm, Marina Yee

FFI Flanders Fashion Institute
www.ffi.be – www.modenatie.com

Levis Akzo Nobel

Tim Stoops, Tobias Hendrickx
Godelieve Bols

CATALOGUE

Editors: Kaat Debo, Geert Bruloot
Graphic design and typesetting: Paul Boudens
Publisher: Ludion, Ghent
Colour separations and printing: Die Keure, Brugge
Copy-editing: First Edition, Cambridge
Translation: all texts by Mari Shields except the essay
by Barbara Vinken: Mark Hewson

COVER IMAGES

Front: photography Patrick Robyn – Ann Demeulemeester 1989
Back: invitation showroom and show British Designer Show 1988

Printed on Freelife Vellum 120 grs. (cover),
RePrint 150 (inside pages) and 200 grs. (end papers),
distributed by Map Belux – www.mapbelux.be

Copyright © 2007 Ludion Ghent and the authors

www.ludion.be
ISBN 978-90-5544-659
D/2007/6328/04

Print run: 3000 copies

Flemish Parliament
IJzerenkruisstraat 99
1000 Brussels
www.vlaamsparlement.be

223

VLAAMS PARLEMENT